新装版

本物の野菜つくり

その見方・考え方

藤井平司——著

農文協

まえがき

今日の野菜つくりは、農薬にたよりすぎて、旬《しゅん》につくることを忘れてしまっている。農業の「近代化」は、より高い値段で売ることを目的に、野菜の品種や、つくり方を変えてしまった。このような農業技術が〝進歩〟といえるのだろうか。

作物に薬害がないから安全だという人間を無視した薬剤散布、耕地を沙漠化する化学肥料と糞尿の多施、雑草は殺すが作物は生長するという金縛りの選択性除草剤、単位面積当りで減収していても、規模拡大で増収するという割に合わない省力化、食べものの生産地を汚物の捨て場にする体制側の有機農業、中味を忘れたコンピューター装置野菜、と数えたてるときりがない。

このような近代化路線のあやまりは、多くの人の認めるところとなり、今、問題視されている。わたしは、現在の農業技術体系や食体系、流通機構は、根底から変えなければならないと思っている。それには、日本全体の機構変革が必要だと思う。

本来、自然社会は、共存の社会である。そのような自然社会をみるのに、近代化農業では、競争の論理だけで割り切り、人間と、作物や家畜だけを生かすことを考えてきた。それは、病虫害防除のやり方などに、はっきりと出ている。

今の野菜つくりについて、農家が、自分たちの経済生活をおびやかすからといって、まちがった栽培を不問にするならば、それは、資本の生み出す〝悪〟をかばうことになる。人間としての生き方をつらぬくためには、食べものをつくるという思想をもつ必要がある。それには、より高い次元にたって、栽培や、食生活のなかでの野菜の見かた・考え方をもつ必要があろう。

また、野菜についていえば、近代化路線の先鞭をつとめたのは、単一組成の実験式をつくる実験至上主義の官製技術である。過去の農家の「しきたり」のなかにあった合理性を、野菜の商品化のためには、不都合なものとして黙殺してきたことにある。

わたしは、三十数年間の体験のなかで、はじめて「しきたり」のなかにある合理性に気づくことができた。この「しきたり」と私の体験から、官製技術を批判しつつ、混迷した野菜つくりから抜け出す道を考えてみた。

わたしの主張は、これまでの農業の見かたや栽培学からみて、異質なものであるかもしれないが、この本が野菜を通して、日本人の健康と農業に、いささかでも役立てば幸いである。

さいごに、この本は、わたし一人でできたものではない。わたしは、ご援助をくださった皆様がたに、心から、お礼を申上げる。

一九七五年八月五日

藤井平司

目　次

二、ネ　ギ

三、ウ　リ　類

五、サトイモ

六、ニンジン

七、ダイコン

九、ホウレンソウ

性質は葉菜でなく根菜的
ビタミン野菜の代表種

一〇、キクナ（シュンギク）

つみとりを基本にした自給型野菜
食卓の香料＝食欲を増進する

二、冬の露地野菜

道理にかなった防寒対策

農家のしきたりに生きる知恵と原理

暮らしと野菜つくりの原型をさぐる

一、暮しと生産のしきたり

生産のしきたりと食生活

人間が生産活動を始めてから、食べ物の生産が多くなるにつれて、人間の社会は繁栄してきた。食物のないのに人間だけがふえたという話は聞いたことがない。

本来、人間の食物を考えるばあい、その国土で最も安定して豊かに生産されるものを基礎にして考えるのが当然のことである。それで、食糧が不足すれば死ぬのはあたり前であるが、どうしても餓死するようなことはあってはいけないことだ。そんなことのないように、安定した農法（昔からのしきたり）がある。この農法と食体系の結びつき、ここにそれぞれの国の歴史なり文化がある。

しきたりを否定することは亡国の思想

だから日本人が、わたしたちが今日あるのは、昔から今までの食生活は、それなりに事足りていたわけである。にもかかわらず、かつての日本の食事は貧しい、だからそれを変えなければいけないと考えることは、つみ重ねてきた農法や食生活を否定することで、それは「亡国の思想」というほかはない。

日本における栄養学や料理学は、ほんとうに人間が生きるための学問なのか疑わしい。生きるためには、カロリーとタンパクとビタミンと……、それと良質な動物質と新鮮な生野菜と……、それを確保するために必要な生産量は——こう考えると、これは生産が消費に完全に従属している。そこには科学進歩への過信がある。

とくに日本は、有史以来、外来文化の「つぎたし」で組んだ「つぎはぎ」文化のきらいがある。つまり、存在してきた歴史と新規まき直しの体質改善とは、つねに対立してきた。

少なくとも農業の分野においては、食糧生産から、人間の生活および人体の健康と、疾病の治療まで関与していたものである。これの具体化した生活内容が〝しきたり〟となって受けつがれてきた。また、理論化されたものは「本草学」として、いちおうの体系はできあがってはいたけれど、栽培偏重の「農書」の出現によって、新奇を追うコミュニケーションが成立した。明治の欧米化思想は、古いしきたりを否定すると同時に、農書以降の新しい体質を伝えるために「伝統」をつくった。

それは〝しきたり〟をこわして新規に「伝統」をつくろうとするあやまりである。その一つの典型が栄養学ではなかろうか。

食べることは生きること

近代栄養学は、西欧の学問を基礎にして、そのまま日本人に適用するところにあやまりがある。デンプン、タンパク、ビタミンといった栄養素や、うまい味といった面からだけ食糧を考えるのは、うまいものをガツガツ食べ、ぶくぶく太る家畜的人間をつくりだすだけである。肉食がふえて、長寿者が減り、高血圧、ガン、糖尿病などの病人が多くなる。いわんや、食欲とは満腹することが目的ではない。食べることは生きることである以上、口から病は入れられない。

本来の栄養学は、風土のなかに生きる人間、その関係を研究するもので、土地柄にあった作物を食べる食生活という文化的な学問である。要するに、間違い栄養学は、主食と副食とに分けて、偏食へ指向するなかで栄養素をとやかくいう。そうではなくて、日本人の栄養学は「かて（糅）て加えて」というたきこみご飯が栄養摂取になっている。すなわち、〝混食〟は農法と食体系をつなぐことである。そのなかで、野菜の占めるウエートは大きい。

たとえば、春先の栄養源として欠かせないものには、クキタチナ、キクナなどの生長部が良質のタンパク源となっているように、野菜はたんにビタミンの価値だけではない。

わたしの地元では、タケノコの収穫期には毎日タケノコを食べるので、その間、肉や魚が売れないというほどである。

秋は、落葉樹の葉がカロチン増加で色づくように、人間だって、冬に向かって、栄養のたくわえをする。そのために、ニンジンやカボチャをはじめ有色、濃緑色の野菜が必要となる。

つまり、冬に向かっての生長と、耐(冬)性のために、ビタミンAを急激に摂取する食生活がある。

野菜は、古くから、その地域に根づいて、独特の食生活（食体系）を築きあげてきた。したがって、古くから地域に根づいてきた野菜には、その地域で食べつづけることに大きな価値がある。

つくりやすいということ

近ごろの常識では、一代雑種とビニール栽培とが発達したせいもあって、どんな野菜でも、だれでもがかんたんにつくれる、と思われている。

それは、雑種強勢は無条件に病虫害に強く、生育も旺盛であると観念的になっているからである。ビニールは、ガラスよりも扱いやすい、紙よりも丈夫、しかも能率的な保温資材だと思っている。それだけに、今日的な農家は、従来の栽培を無視して、大胆な不時栽培をする。

今の野菜は「地でいく」適地がない

ところが、いざつくってみると、なかなかうまくできない。それが野菜づくりである。なぜならば、野菜は、自衛力を伸ばす条件がととのわないからである。現在の近代的な栽培野菜には、以前の野菜とちがって、日本の自生種がないからである。本来の性質を「地でいく」適地がないということである。今栽培している大部分の野菜は、日本に土着してから、独自の発達をとげたものである。

たとえば、以前は古くからの野菜といわれているものでは、ダイコン、サトイモ、ネギ、ツケナ、ナス、キウリ、マクワ、ニンジン、ゴボウ、セリ、ミツバ、フキなどがあって、これらの野菜は、その土地柄でないと、持ち前の特性が発揮されないほど定着していた。そしてそれが、各地の農家の「暮し」と、風土とをつくりあげてきた。

それは、生活上の実用性である。日本じゅうに栽培地をもつダイコンの適地は、地をつくって適地とし、サトイモは、水田の休閑作として「田イモ」つくりの様式が各地で特有の発展をしている。ネギはハラ用、サト用と、耐風性が品種分化のきっかけになったり、ゴボウ、フキなどのキク科植物が、土壌消毒（とくにセンチュウ害など）の役目を果たしたりする。これが持ち前の特性発揮である。

しかし、現在は、一般的に市販される「規格品」づくりのための品種、周年化のための品種をつくることが当然になって、古くからの品種は、なおざりにされる傾向にある。それが、いかに野菜つくりの本道からはずれているか――それを思えば、なかなかうまくできないもの、が本音であろう。

今の品種に適地適作は不合理

今の花形野菜には、トマト、ハクサイ、キャベツ類があるが、これらは明治期以来の近代ものである。もっとも新しい洋菜といわれるレタス、セルリーは、いまだ必ずしも、日本に土着したとは思えないものがある。ところが、土着種といえども、品種分化が進むにつれ、よりつくりやすくなったとは考えられない。優良品種は、つねに過保護的に扱われて、かえってつくりにくさがあるということだ。

昭和期に入ってからの生態育種は、土地に向くという土着性が基本にならないで、市場性という流通上の便宜で、作物の生態を変えようとした。たとえば、市場性からみた夏キャベツの要望に対する育成は、表面的には、耐暑性の増大ということであるが、その実は、酷暑にでも育つような対策が前提になっている。土の温度上昇を防ぐための深耕と粗大有機物の投入、そして地面を冷却するかん水設備などが完備されたなかで、育成種が誕生することになるのだから、こうした過保護扱いのできない農家技術では、初手からムリを承知でかからねばならない。いわゆる「最適の条件」という育成品種向きの条件でしか能力は発揮しないことになる。

この終局は、ケミカルコントロールによる工業的な化学農法によることになろう。

いっぽう近代では、栽培とは環境と作物に施す処理、と解され〝適地適作〟を基本とした特産地が形成されてきた。そのさい、さまざまな都合を考えあわせて、それが最適の栽培になればよいのだが、なかなかそうはいかなかった。

市場出荷が前提なら
つくりにくい

いろいろと前の項目からつづけて書いてきたが、野菜の品種には、かつては栄養や料理との関係で欠かせない品種があった。また、今よりもつくりやすいという品種が古いものにあった。それが最近、奨励されている品種の多くは、市場の好みに合うとか、市場出荷を前提とする専作に向くとか、というようなものにしぼられている。そして野菜には周年需要があるから、不適期の栽培、すなわち自然的不適期が経済的な最適期となることさえある。こういうことで、品種選択の基準は、すべて、市場出荷が前提である。それは真に農家に役立つ、ひいては消費者のための品種が、見捨てられているという傾向である。結局、野菜はつくりにくいものになっている。

農家にとって、野菜のつくりやすさということは、基本的にいって、野菜は未熟栄養器官の収穫を栽培の目的とするものである（採種栽培は別である）。だから〝つくりやすい〟というのは、作物の在圃期間が短いものか、あるいは短期間で収穫できるものか、である。自然条件で、生育日数を短縮することは、抽台の安定性をたかめ、日増しに発病する病虫害を回避する効果をもっている。そしてそれが、つくりやすさの決め手になる。このさい、野菜自体の品種の早晩性は関係がなかろう。むしろ〝適期〟すなわち旬つくりである。

もちろん、栽培管理に個人差があるので、各人の栽培地の環境と自己の腕前（個性）とで品種を決定するのが無難である。と同時に、品種にも独特な味（個性）があることを理解しなければならない。決して、オールマイティな、そして全国的な品種はない。

品種よりも本性が優先

とにかく、野菜は〝濃〟地で生産するのが、栽培の大原則である。濃地とは、露の多く結ぶ、野菜が繁茂する土地をさしている。このような土地でつくるかぎり、野菜に肥料や農薬はいらない。また、肥料や農薬を使わないことが、野菜のためにも親切な行為になっている。

今の野菜つくりは、市場に支配された周年栽培、施設栽培で品種統一までするから危険性がいっぱいにある。最も安定した野菜生産は、自給を基本とした多種類、少量生産で、これは、昔も今も変わらない。なんとなれば〝誰でもが無理なく取組むことが自然にできていくのが農法というものなので、きわ立って特別なことをするということではないのだ（守田志郎氏、一九七五年）〟。だから、作物は、本性を発揮して、すくすくと育つのである。

作物の本性は、それぞれの作物にそなわっている本来的な能力である。これを知ることは、体験のなかからつかみとるべきもので、根の形態を知って、根を生かす、葉の形を観察して葉を生かすというぐあいに、本性をつかむことが栽培の前提になる。カネが前提になると、そんなことはどうでもよい。早くとれば金になる……という俗論におちいってしまう。

野菜は多種類栽培のなかに合理性がある

もともと、野菜生産のなかには「コメと菜」の生活において、栄養補足としての薬物的意味もあった。だから、生活の身近にある必要があった。それに、新鮮であることも必須条件である。

なおまた、野菜生産には、食生活や季節に合わせた一年間のスケジュールが必要である。しかしスケジュールを実行するには、四季の変化があまりにも微妙だった。たとえば、同じ条件の技術経験は、二度くり返す体験が農家の一生に一度もないほど、環境の支配をきびしく受けている。俗にいう〝野菜つくりに卒業はない、いつも一年生だ〟である。

複雑な総合環境が生産を安定させる

この制約に対する処置が、じつは、自給生産を安定させる基礎となるのである。すなわち野菜生産の経営では、土地の利用面において、輪作や混作の合理性が生かされている。また、野菜の生態を利用した多種類の共存は、致命的な伝染病害のまん延を防いでくれる。野菜の形態は、その形成する草丈の高低、葉の形状や茂りぐあいの組合わせによって、病虫害が軽減され、総合して（地上空間の活用）収量は高まるのである。

いっぽう、栽培管理上、いちばんやっかいで、最も微妙な気候変化を知るのに〝観天望気〟に基礎づけられた体験が重視された。それは栽培地点の近くの樹木（これこそ植物生活の長年の実績をもっている）の気象反応をみて体得すべきものであった。農耕の指標がそれである。

品種分化の多様性

また、栽培上の地の利を知る判断も、人間自身の感じではなく、作物自体が受けるミクロの反応によって決められていた。そのことは、今ある在来種をみるとわかることである。野菜栽培での必要な品種分化は、気象災害や虫害の回避には、まず早中晩生の熟期がある。土着品種には、個体差という雑然性がある。その雑然性のなかにも病虫害に対する強さがある。そして雑然であるからこそ、長期継続的な収穫利用の可能性をもっているというところに意味があった。こういう品種の多様性は、人間の食生活には重要な基本事項である。

だが最近の企業化、単作化での品種育成は、これらの基本を全く無視した品種が優良品種になっている。たとえば、流通上の早晩生、および周年化は、作物にとって、毎日が不良（不向き）天候と対決せざるをえない。これはエゴ的栽培で、作物を冒とくすることである。まして、良質多収だけがねらいの「純化」は、ホモ因子の集積による弱体化であって、収穫するまで身がもたないのも当然である。また、ヘテロシス利用の一代雑種は、価格暴落の最大原因になっている。収穫期に余裕がないから、収穫が集中するのだ。加えて、単作産地の形成は、そのままでは、栽培が作物を集団自殺に追込む行為になりかねない。

だから〝システム農業〟が、その対策である、とだれが考えてよいであろうか。これまでつみあげられた栽培の原形をとどめない野菜栽培の技術進歩は、いかにして発展したか、確認できないからである。これらのことが〝ほんもの〟の野菜への認識である。

味がよいということ

日本の食べものはまずくなった。最近では、これに野菜まで〝仲間入り〟してきた。全国に普及したハウス栽培のせいであるといわれている。この反動は「外観より〝味〟」というのが、市民の要求となりつつある。ところが野菜の〝味〟は「あまい、からい」で判断できないところにむずかしさがある。

野菜のうまさ

古来より野菜の味、わけてもそのうまさは「餅になます」「まんじゅうに青大根」「さしみにつま物」というようなものであった。炭水化物や魚タンパクによって生ずる酸は、野菜のアルカリ塩で中和される。その時の爽快感がうまみをさそうのであろう。同じことは、近年の「肉料理にサラダ」「サンドイッチにキウリ」となっても不思議ではない。ただその説明が〝新鮮野菜は血液を浄化する生理作用〟と近代的な言い方をしただけである。要は、外観より味が、より現実的に受けつがれているのである。

そこで野菜は、調理に適応した種類が発達し、味までよくすることになる。その点で、生食用（サラダ）野菜はうってつけだ。その反映は、成長野菜として現われる。一般の野菜に対する需要は、生活内容につれて、①ビタミンやミネラルなどを含む栄養価の高いもの、②生食できるかまたは調理の簡単なもの、が伸びる野菜と考えている。

ふつう、野菜は、新芽や幼果や、若い葉が美味だという。当然、野菜として利用する未熟栄養器官は、若いほうが良質として取扱われる。それは、タンパク含有量が多いということもあろうが、味をわるくするアクが少ない、というのが現実である。

だが、ときにはアクが味をよくすることがある。春の山菜がその証拠である。会津地方では「春ひんだし」といって、三月の作業始めごろに足腰が疲れる一種の栄養障害がある。冬の野菜不足が原因だが、こうした寒い地方では〝春の料理には苦味を盛れ〟といわれている。山菜の栄養成分は、糖質、タンパク質、カルシウム、リンなどがバランスよく含まれていて、苦味がかえってオツな味にしているものである。もちろん、カラダが要求する味である。

こうして味を検討してみると、野菜は、調理法に変化や新鮮味をもとめていても、野菜そのものに新しい持ち味は願っていないように思える。いつも昔の味がなつかしいのである。それは旬の野菜のよさである。

野菜の旬と生活

味をよくする前提は旬の野菜つくり

このごろの主婦の自慢料理は「シチュー」「カレー」「ハンバーグ」「ぎょうざ」などという。ハンバーグといえばアメリカ料理、ぎょうざは中国料理、シチュー、カレーは、今では国籍不明、こんな料理をマスコミのテレビ料理家は堂々と教えている。これでは、食生活が洋風化するにつれて、病気まで洋風化することになる。当然、外国に多い糖尿病や心臓病の患者が増加する。日本には、旬には山野にあるタケノコ、ワラビ、山フキ、に始まり、サンショウの芽を使う料理があり、紅葉までも天ぷらにして食べていたのに……「生産地に調理なし（辻嘉一氏）」である。

つまり、気候風土に育った旬の野菜は、調理のいかんにかかわらず、おいしく食べられる、ということである。

野菜の旬をなくして栄養不足

それでは、いつの野菜が旬なのか。今ではこれもむずかしい。夏の野菜が、冬でも八百屋に並んでいる。それが珍しいのではなく、あたり前である。

日本食事改善協会の中津明子さんに聞こう。〝つい最近、四季の出盛り野菜を調べたくて八百屋の店先へ行き「いまの時期もの野菜というと、どんなものがあるかしら?」とたずねてみた。主人いわく「店にあるものは、みんな時期もの、旬のものだよ」とのこと、あっけにとられて二の句がつげなかった。旬の野菜の価値と、それを使った料理の味について、もう一度考えなおす必要はありはしないか?〟といっている。

それなのに、野菜生産の最近の動向は〝昭和三十年代にはじまった施設栽培が、昭和四十年代に入り、早いテンポで増加した。一方では露地栽培の停滞ないし減少の傾向がみられるようになった(杉山直儀氏、一九七四年)〟という現状である。これでは季節はずれにつくられるハウス野菜が、いつともなしに八百屋の店先に並んでいるのも当然である。だが〝ハウス野菜を、同じ野菜と思って知らずに食べる人は、栄養不足になってしまう。ハウスものが売れることは、それだけ半健康人がふえるということであって、栄養上は困った問題なのである(岩尾裕之氏、一九七五年)〟と、味だけでなく、栄養のことまで問題視しなければならないのだ。

旬の基準は生活体験で

ではいったい旬とはなにが基準なのか。旬の野菜つくりとは、なにを基準にして栽培するのか。

それは、ひとくちにいって、昔は「農事暦」ができていて、それにしたがった生活と生産をつづけていればよかったものである。農事暦は、人間が長年、体験のつみ重ねによって、つくられたことはいうまでもないが、基礎は生産（数読み＝コヨミ）と生活（日読み＝カヨミ）にある。そして「生活の節」ができて季節がある。その季節ごとに農耕の指標があって、春耕秋収の一年を送る、ということである。このサイクルのなかでの一場面が、そのときの「旬」ということである（筆者注＝この問題はまだまだ詳解が入用だと思うが、ここでは深くかかわっていられないのでこのくらいにする。後述の各論では、随所に具体例がでてくるから参照してほしい）。

人と野菜の働き方のリズム

一年間を周期として、季節に合った野菜をつくることが、いかに生活の豊かさとうるおいをもたらしてくれるものなのか——その重要性は、現在の周年化とは、全く基本的にちがっている。金をもうけるための周年化は、どの野菜でもよい、ただそれが高く売れさえすればよいのだから、規格品の量産、つまり、単作化にほかならない。昔は、冬の貯蔵食品からの栄養不足は、春の摘み草に始まるカルシウム摂取、その次がやわらかい生長部のタンパク質を目当てにしたクキタチナ、花菜、シンツミナなどがあって、葉緑素の恩恵を受けていた。夏は、労働力の増強のためにも、マメ類、イモ類の摂取と生産があった。秋は、冬への貯蔵と体調の復活のために、有色野菜の役割が大きい。

また、同じ季節でも、作物の選択と組合わせは、野菜の草姿を考えた組合わせ、たとえば、ヤマノイモの間作に菜類が、ダイコンの間作にニラやミツバが条間に播種されて、地上空間の立体的な利用と、合理的な省力化がはかられる。

今の省力化は、専作、単作化することのなかにあると思っている。こうした風潮は、ここ十数年のうちのできごとである。かつては〝百姓百品〟で、生活の基本は、なんでもつくっておくということだった。そして、それらを作付けするばあい、前作とあと作との関係は、厳密に決まっていた。それが輪作というもので、単一、単純な専作化がその策でなかった。さまざまなものを組合わせてつくる輪作は、作物全体を強め、ひいては、つくる人間の健康をも強めるということである。

そして、輪作は、組合わせを複雑に、能率的にするほど生産力を基本とする収益が上がり、生活が豊かになるという仕組みの原則がある。そこには、野菜の生産力を低下させないための地力（根群を絶やさない）がある。これが、味をよくする旬の野菜つくりの原則である。

つまり、原則は人間の労働の本質的なところから生まれるものである。現在の農業機械化による省力化は、農業の現場では省力であっても、そこへくるまでに（農業外で）どれだけの工場労力が費やされているかを考えれば、人間の生産と生活の組合わせ原則に適合しない。これは省力化が資本化であるゆえんである。

二、安心して食えるものそれは自給生産にある

変わらぬもの、安定したものに基本をおく

自分の国の土地柄に合ったものを食べるところに、日本的な食生活があり、そこに文化がある。そうした文化を守りつづけてきたのは、農家の自給生活である。かつては夏場の農耕生産と、冬場の加工生産とがあって、他に誇れる味が生まれたのである。

信用をなくした野菜の生産方法

ところが、今はどうだろうか。自分でつくる作物に農薬をかけることの危険性すら感じられなくなっている。つまり、自分を否定しているのだ。これではだれからも信頼されるまい。当然のことだが、食べものの価値を真に裏づけているものは「信用」である。本質的に、いちばん信用できるのは「自分」である。だから、自分でつくって自分で食べることは、食べものの価値が最高であるということだ。それは、隣人、顔見知り、地域の人へと地場生産→地場消費を広げていくことの基本となる。つまり、自給は信用を食べることである。

農家が農薬をカラダに浴び、生命と健康をかけて生産した野菜など、それが農薬の残留害で大きな社会問題になっている今日、日本人は化学肥料と農薬づけの格好だけよい高い野菜を買わされ健康の危機と、近づく食糧危機の不安におびやかされている。

加えて、現在の都市化は、カネとひきかえに近郊農村を食いつぶして成長しているのだ。そのことは、自らの食糧基盤を失っていることである。そして農家は、労働力を失い、農機具、化学肥料、農薬などの近代農業技術で指図され、より商品化した農作物をつくることになっている。

通常、より市場性の高い商品をつくること、このことは工業の論理であり、やり方である。野菜がより高く売れるために、また流通機構の都合だけによる合理化のために、形とか大きさとかの規格化がおもな問題とされるならば、食べものであることがすっとんでしまっている。

あたり前のことが実行できるか

人間の食べものは、毒が入っていようと、まずかろうと、高く売れればそれでいいというものではない。決してそうではない。だから「食べもの」をつくる農業、自給生産は本来のあたり前のことを実行するだけである。

戦後は、性急に変化をもとめる時代であった。農業技術も、科学的進歩（変化）をもとめた。だが、現在の技術に本当に自信をもっている農家はほとんどいないだろう。おかしいと思いながら、敷かれたレールの上を走りつづけているだけである。資本投下した技術は、一歩あやまれば、何もしないよりも、もっとみじめなありさまになる。そのことは皆体験している。といって、レールの上ではどうしようもない。

たとえば、都市近郊の野菜農家では、〝有機農業〟がよいからといっても、堆厩肥を持ち込むだけで、その筋へ電話をかけられて、衛生上不潔だと注意される。だから単純に、昔の農法に帰ることもできっこない。

近代農法をとり入れて、専作化を進め、農薬にまみれた不健康な農業のやり方を改めるには、たぶん、今のやり方を全部変えるしかないだろう、と多くの人がいいだした。

しきたりをつづけること

だが、昔にかえれと簡単にいうべきことではない。昔からずっとやっていたことを、これからもずっとやりつづけていくことである。昔からのやり方、それは安心しておいしく食べられる野菜をつくる保証付のことである。いかにもあたり前のことである。

そして、このことが、今やっている野菜つくりへの警告にもなろう。昔からのやり方、それには古い品種は、地域に根ざしてきた品種的価値、生活における役割などが、現在の「近代化」された野菜つくりを批判しているからである。そのうえ、本来の野菜つくりをとり戻すうえで重要である。よく、古い品種を「趣味」的にとりあげたり、また一部では「高級品」として商品化しようとするようなこともあるが、そのようなものではなかろう。その点で、たとえば、ミズナスやサトイモが農家の生活、あるいは地域の人々とどう結びついてきたか。また、その地域のなかでこそ発揮される野菜の強みがどのようであったか。それらのことは各論の野菜が証明しているであろう。

もう、これからは、変わらぬもの、安定したものに基本をおく時代である。安心して食べるためにも……。

消費者よ驕るな、需要者となれ

現在、野菜大産地化—機械化単作化—大型共販という形式しか野菜つくりがありえないかのように、野菜の大産地化が進んでいる。そのために、地元の野菜つくり農家を圧迫している。そして、このために、一方では「生産者に安く、消費者に高い」野菜となり、もう一方では「品質の低下—安心して食べられない」野菜をつくる原因にもなっている。

消費と需要と　ところが農業の分野に「消費者のために」という分野はない。それは〝都会の都合で農業をやるわけではない（守田志郎氏、一九七五年）〟からである。それでは都会の人たちはどうすればよいか。いうまでもない〝台所の主婦たちは肉や野菜の消費者ではなくて需要者である（前田俊彦氏、一九七四年）〟。だから謙虚な需要者になることである。かつての〝消費者は王様〟なんて農業には通用しない。今は巨大化した消費者団体は〝うるさ型〟としかみていない。

農家よりも消費者のほうが数が多いのだから、農家は消費者の主張に応じなければ、という肥満型もまだあると聞く。何が目的か知らないが、農業は素人ですがの前置きで〝農家がせっせと精を出せば、立派な野菜ができるでしょう〟〝無農薬野菜であるかどうかは栽培の現場を見ればわかります〟というのもいる。さすが、素人なればこそだが、これこそ消費者の典型であろう。畑での勝負は玄人の青田仕でさえ見そこなうものである。

需要者の観察はちがう。堺市の西内恭子さんの表現をつたえよう。〝つくる人の生活環境と畑の野菜をとりまく風物——ここならきっと、きれいな野菜ができるにちがいないわ〟である。

祖父の代から今なお引きつがれている輪作と、落ち葉の利用で、野菜の旬つくりをしている桐生市の峯岸貞次さんは〝野菜は敏感なものだ。とくにうまい野菜は、それだけ環境にもするどく反応する〟といっている。需要者はこれを知るべきである。西内さんのように。

生産者と需要者との連帯

ふつう、需要者は、いちばん近いところで生産されたものを食べて、やむをえないばあいは、遠くからきたものを食べる。そういう関係にあれば、単純に考えても、輸送のムダが節約され、中間で商業資本がはたらく余地が少なくなる。こうすれば新鮮で、味がよく健康にもよいことになる。

そうでなければ、このごろの季節はずれの輸送野菜はだれのために生産されているのかわからない。たとえば〝十一月〜三月にかけて東京中央市場へ二万六一九〇トン（年間入荷量の二一・二%）のキウリが入荷されている。ところが、一般家庭でのこの期間の購入量は三・八キロ（全購入量の一

第1図　野菜の流通経路

（農林省「農政の窓」より　1975年）

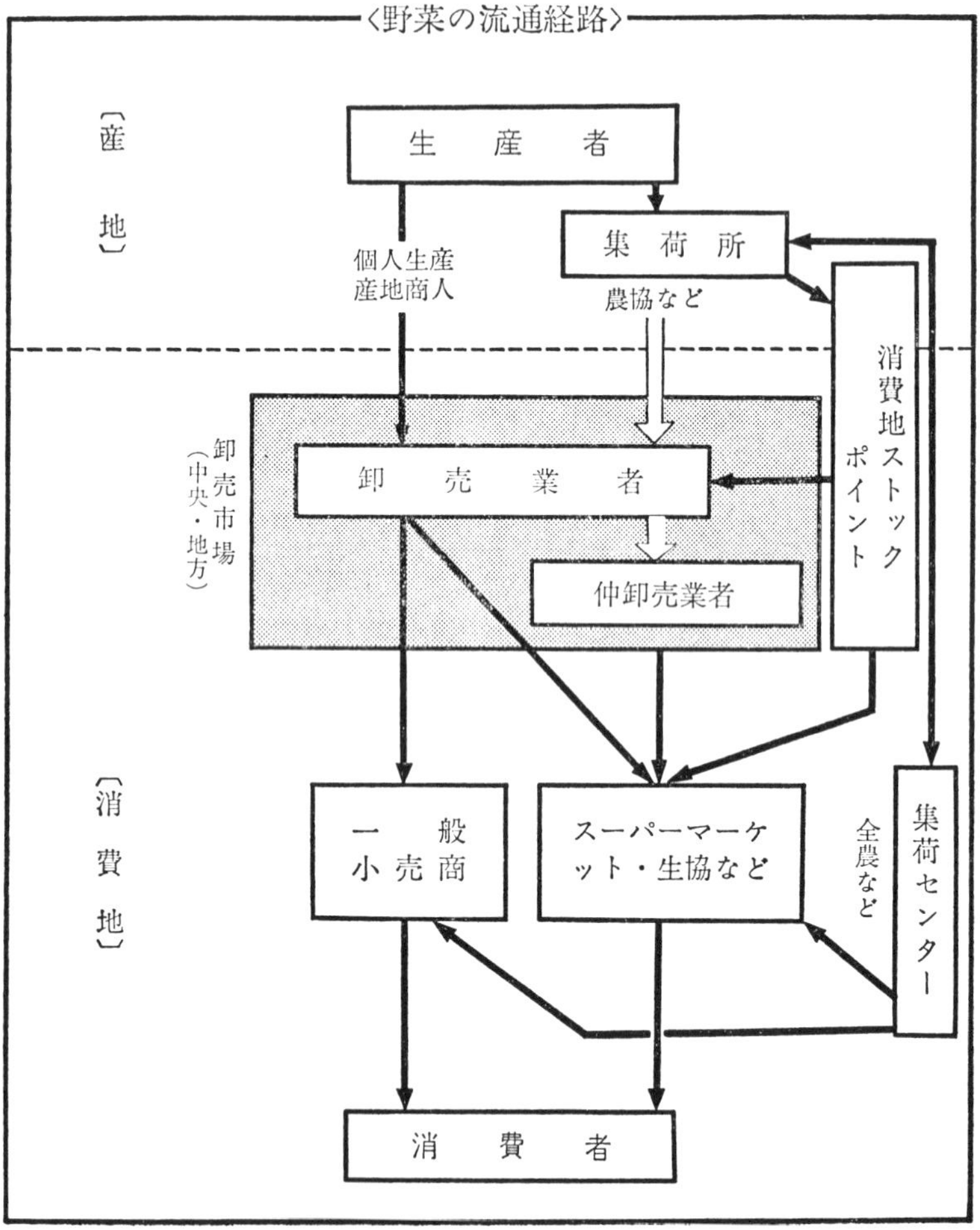

七%）である。このように、季節はずれの野菜は、一般家庭の需要に応じたものでない（山口照雄氏、一九七五年）〃のだ。遠方からの輸送野菜は、けっきょく、規格品が多くなるしくみで、店先に飾ったあとは、捨てるだけのものである。現に、飾りものの野菜は、捨て場に困っている。これも消費のうちだろう。

高速道路網が発達すれば、産地ほど消費者の価格が高くなる。産地直送形式は、お祭り騒ぎに終わりがちである。こういった問題意識は、残念ながら都会のほうが強いから、今の都会の消費者ほど、高いカネを出してまずいものを食べていることになっている。その理由の説明は第1図がしている。生産者から消費者までの間に、野菜は一旦停止が多すぎる。それは消費者であって需要者でないからだ。そして野菜の規格品化は、不合理な流通形態で、農家も、需要者も流通面の被害者である。

さらにまた、野菜農家は、つくればつくるほど赤字になる傾向が強くなり、商品化した野菜は「だれがこんな高い野菜を買うのだろうか」と不思議に感じながらの生産をする現状である。それには、需要者の側が本当の「食べもの」をもとめてくれることがぜひ必要である。

本当の食べものを食べるか、食べられないかのきわどい問題は、利潤があるかないかの問題よりも、生きるためには優先している。農業は生産自体が生活を守る業であるから、菜っ葉ひとつでも、工業商品的な消費材（器具）とみなされてはたまらない。

三、野菜生産の原型をさぐる

食糧生産の基礎的な要素は、太陽、空気、水が最大であることは、今さらいうまでもない。このなかで、太陽と空気は、どこでも万べんなく受けられるものであるが、水は、もとめなければ、得られないものである。かといって、もとめるための移動は、農業の性格上、できないことである。

そこで日本（人）の農業の特質は〝くぼい所に水たまる〟の原理に従った基本がある。それは、くぼ地でイネ科と共存する、ということである。これが、コメつくりの水田農法の起点であろうと思う。しかし、コメは人間だけの食べものではない。コメをねらう動物は多くある。この害敵からも守る必要性から、野菜つくりの場があって、生産の場が完備されてくるものである。

一般に、農業生産は「作物をつくる」といっているが、実際には、作物はつくられるのではなくて、作物自体の力で生長している。だから栽培は「作物の自衛力をおさえることではない」ということが基本である。それは「人間対作物」の関係であって、生産の場と作物の本性との統一、つまり、栽培技術は、自然環境のととのえ方（自然生態系の安定性）である。

「野菜」とは何か

ごくふつうにいって、野菜とは〝畑につくって、副食とする植物の総称〟ということだ。そして、教科書的には、このふつうな説明がむしろ定義になっている。これは野菜を論ずるには、あまりにも今日的な解釈である。

今では、野菜の本義は、説明がむずかしい。もうすでに、歴史的な説明をしても、一般に通じないほど、変わり果てている。それに野菜は、常識的な解釈が一般化してしまっている。だが、わたしは、なにごとによらず、歴史的な見かた・考え方をしたいのである。

野菜つくりを推測する経路

つまり「野の菜」というからには、もとは野生していたものであったにちがいない。だから、野草を栽培化したものが野菜であろう、と推定はしても、それはいつからのことか、さっぱりわからない。もう少し言葉をかえてみよう。野草の文化的《カルチャー》変身が野菜であり、人間は生活の知恵として「野菜栽培の実現」をはかった。これも、あたり前のことだと思う。この定義に技術的な推定を加えれば、過去の野菜と現在の野菜とが入れかわる時期になる。

野菜は、人間の生活と共存する（必要性）ためには〝味のよい野菜〟に品種変化（改良ともいう）

をしつづけてきた。その間、まずい野菜は、畑から追放された。それが雑草だ。かつては〝莧菜〟だったヒユや、暑さに強く、夏のビタミン野菜だったアカザなどは、その好例である。

野菜の本義は、むずかしいことではあるが、今ここで、わたしなりに検討してみよう。

ナから始まる食べもの生産

人類の歴史は、予想外に古いものである。だが、一国単位の人間の歴史は、意外に古くないのではなかろうか。

どこの国の人でも、人間が人間として特徴づいたのは、農業活動（食糧生産）を開始したときからであろう。つまり、他の生物（動物）と異なる特質は、自分自身が「食べものを生産する」という人間生活を始めたことである。日本でのこの活動は、日本の農業という形で、農家はまだしつづけているから、日本人の歴史は、古いようであるけれど、まだ推定のできる域にある、とわたしは思っている。

歴史は、生活と生産の場で「しきたり」をはぐくみ、体系化するものである。とかく食糧生産をしない人たちの歴史では〝日本はコメつくりから〟と始める。だが、生産する人間の歴史は、草根木皮の採集から始まっている。「ミ（種子および果実）」は食糧を確保するために、とりつくすべきものではないからだ。それで、生産は「ナ」の栽培から始まる。ナは生活のささえであり、そして、コメつくりよりも、ずっと古いものである。それは畑で作物をつくる歴史である。その途中から、田にコメをつくる歴史がつけ加えられて、コメつくりの歴史が混入してしまった。

コメも野菜

コメも最初は野菜であった、と考えられるのだが、理解してもらえるだろうか。コメのように種子を食べる野菜は、今もある。カボチャ、スイカそれに、マメ類、トウモロコシはいうまでもない。そしてこの逆もある。野菜から穀類になったのが……、センニンコク（仙人穀）というアカザの種子がある。そこでコメはモミの穀物化ではないか、ということである。「モミ」すなわち、未熟果をもむことが乳液（チチ）の収穫である。効率がわるいというかもしれないが、栄養的効果では、デンプン、酵素の摂取が合理的である。それに器具が必要でない。

このへんが、人間の生活と野菜の生産との原点になろう。だが、現在と結びつけて考えるには、現状はコメを無視するわけにはいかないので、田と畑の組合わせたところへ原点をおかなければなるまい。もちろん、田と畑とのバランスがだいじであるが、水田一辺倒になっていくことが農業のゆがみのきっかけであろう。それは〝農は生活の手段として発生したが、世の進むにしたがって、術となり学となり、さらに、営業となりて経済原則により行うことになった（小出満二氏、一九四三年）〟という企業のことである。

野菜生産は昔から〝はだもの〟つくり

田づくりがどんなに大変な仕事であったかは、登呂遺跡の水田址を見て、今の人たちがおどろいていることで理解できる。その後でも〝一反歩田をつくるより一人口減らせ〟と、いわれてきたほどである。

しかしながら、農業生産の高能率展開は、基盤整備に基礎条件があるといわれ、食生活の基本としてコメ生産には、是が非でも、田づくりに始まる基盤整備が必要だった。

本毛と端毛

つまり、水田は農業の「おもなもの＝ほんけ（本毛）」である。ついてはその周辺のものは「はたのもの＝はたけ（端毛）」になって、なんらの保護も受けず、一人歩きをしなければならなかった。これが野菜園芸のたどる歴史である。

今でこそ、はたのものは、半端もののようにするけれど、本来、はたのものは、おもなものを保護するためのものだった。本毛を守る端毛は、端毛のみの保護は当然考えられないことで、端毛は本毛ぐるみの保護でなければなるまい。

今でも野菜のことは「はだもの」といっている。そもそも、この一人歩きの反動こそが、ゆがんだ野菜つくりへの指向ではなかろうか。それはついに、余剰米のあおりをくって、コメ一辺倒の農政を反省し、農業政策に野菜対策を要望して、結果は目茶苦茶だ。関係者がそれぞれ自分の利益の追求をめざすばかりで、野菜は「高値安定」。つまり「売る野菜」の専作化が強化されたのである。

付言するならば、主を守る武士が「旗本（ハタモト）」であるように、旗本の社会にも、野菜と同じ運命があった。

「濃」のパターン、すり鉢型農耕地

野菜生産の場において、田と畑とがどのような契機で起こったのか、そのなかで、畑作物（野菜）の生産様式のあり方を考えなければ、安定した野菜つくりの原則も見きわめられない。それには、もう一つの常識がある。

通常、蔬菜と野菜とを区別して、蔬菜は栽培種、野菜は野生の食草といっているが、通俗的には「野菜」が蔬菜の役目もしている。これが常識になっている。

野菜は「濃菜」だ

それならば、野菜をヤサイと発音せずに、ノナと読めば、意味が正しく通るように、わたしは考えている。ノナは、すなわち「濃菜」である。これには茂りたる菜っ葉という意味がある。それに「濃」は露が多く結ぶ状態をいう。だから、露が多く、水には近くて柔軟な土地、それが濃地だから、ノナは「濃地の青菜」になる。そして濃地は、露地となって「露地栽培」の発祥の地を意味する。そこで、野菜生産の場について「濃」のパターンが考えられよう。

畑と添のサンズイ形式

米がヨネで、大根がオオネである。青菜が「ノナ」と解釈すると、田をかこむ畑と添は、水にからむサンズイ形式となる。では「サンズイ形式」とは、どんなすがたをしたものか。第2図を見よう。

農業生産は「田づくり」から始まる。ヨネは水田の生産物だから、田は水もれを防ぎ、土止《どど》めの板囲いが四方にあって（登呂遺跡の水田址）、畦畔をつくっている。これが水田稲作地である。その周辺、水田の水がにじみ出た所が「湿地」である。湿地には、ウリ類（そばウリ型）や大豆（あぜ豆型）がつくられる。湿地の外まわりは、水気のある土のやわらかい「濃地」がある。この濃地が、いわゆる〝野菜畑＝露地栽培地〟である。

濃地には「まくら」という低い土手がめぐり、さらに防御の「かき」がある。かきの外は、背の

第2図　すりばち型の農耕地の想定図

（藤井平司原図　1974年）

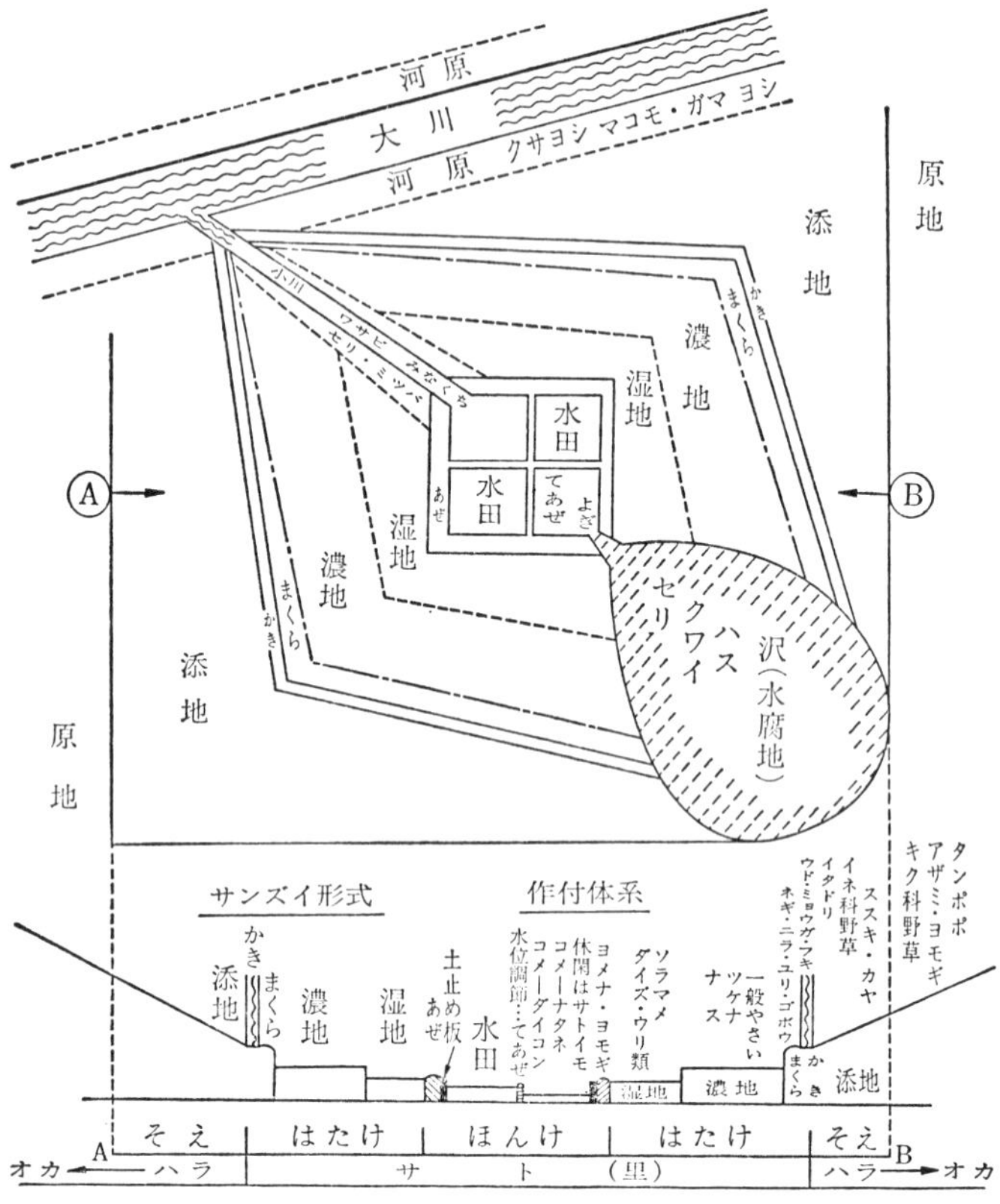

（注）　水田のみなくちは水の導入口，よぎは排水調節。

高い雑草（カヤ、ススキなどのイネ科）が防風の役割をしていて、「添地」になる。添地は採草地で、刈り草は、敷き草や飼料に利用され、有機物の資源である。

サトとハラ

もちろん、濃地と添地との境界になっているカキ（垣）は、雑草の侵入を防ぐ手段として、強い根株の宿根性のもの（ウド、ミョウガ、イタドリなど）がつくられる。たとえば『古事記』の神武天皇のお歌にでてくる〝カキモトニウエシハジカミ〟のようにである。ハジカミは今のミョウガである。この垣の内側はサト（里地）で、外側がハラ（原地）ということに分けられる。

まくらには、フキ、ゴボウ、ネギ、ニラ、ユリなど虫害のない種目を植え、生産の場におけるボーダーラインで、病虫害の緩衝地帯をつくっていた。そして全体が「すりばち型」である。これは、生産性が水のかけひきにあることを示している。農薬も、肥料もないころの古代における「天然農法」である。今の畑は、作物は単一種、地形が平面で方形、そのうえ、かん水、施肥、薬剤散布に労力をかけることで、作柄は、中心部ほどできがわるくなっている。だから、生育のできばえは、すりばち型になるという逆効果がでている。

合理的な水田

水田にも合理性があった。水田は、大川から小川を通って川水が田に入る。川水といっしょに、川魚（主にハヤ）が田に流れこみ、てあぜをとびこえて田ごとに育つ。ハヤはウンカやその他ムシ類に飛びついて食べつくす。そのすばしこい様をみて、はしこい人のことは「ハヤみたいな奴だ」というたとえ言葉が今も残っている。それからしても、今の殺虫剤よりも効果的だったように思えるが。

もちろん、後世の水田養魚は、ハヤをフナ、コイにかえたものであるが、ハヤほどの効果は上がっていない。もっとも、川魚による虫害防除は、昭和の初めごろまで、岡山地方にまだあった。その実状は〝秋に落水すると、一反歩の田から二〜三升の川魚(岡山では一寸魚という)がとれた。そしてオカズや飼料にしていたのに、岡山市中に川魚の需要がさかんとなり、魚とりがたくさん来て、数年のうちに残らずとってしまった。それから、イネは虫害を受けるようになった。農家では田の中の魚の減少が原因といっている(武田総一郎氏、一九四三年)。〟ということだ。

よぎからの排水は、水腐地に落ちる。それが「沢」で、クワイ、ハスの栽培地になり、泥は田畑へ還元する。これが循環の合理性である。

濃地の生態系

そこで、濃地が日本の野菜畑の典型とするならば、その巧妙な仕組みに感心せざるをえまい。現代の終末的野菜栽培が、土なし栽培に導いたバカさにくらべて、はるかに高度な文化(天然農法)があった、とわたしは思っている。

とにかく、濃地や湿地の野菜は、水のかけひきだけで収穫量が決定するから、施肥の必要がなかった。ダイズやウリ類などは、肥培すれば「ツルボケ」の現象がある。とくに、大葉性の作物は、水管理がうるさく、その生活は、水を好み、水を蒸散して、あたかも土中の水をくみ上げるポンプの働きをしている。

　こうして、大葉や切れ葉の作物の繁茂は、地下の停滞水をくみ上げ、そのうえ、地表の小さい雑草の生長をおさえる。この働きは、露の多い濃地の生態学的特長であろう。また、水田の水を引き入れる水路には、水中にワサビ、その両側にセリ、ミツバがその名のとおり、せり合い満ちて、みずみずしく育っていたにちがいない。

　水田をとり巻く「はだもの」は、限定された地域内のミクロの環境条件を利用して、適所に適種が、共存する状態で、予想外の多種類が育っていた。それは、今の適地栽培というマクロ的な気象条件で、単一品種の集団栽培とは、根本的に生産性がちがっている。

にもかかわらず、適地適品種の概念は、今も昔も変わらない栽培の鉄則とされている。が、いったい適地適作の真の意味がどこにあるのか、このへんで発想転換をしなければなるまい。

野菜つくりのしきたりを見直す

一、ナ　ス

〝走りもの〟の元祖
そして地域の風土に根づいた強さ

ナスは「為す」「成す」である。ナスの花はムダがなくて「実と成す」という意味である。それは、他の果菜類とちがって、ナスの花芽形成の要因は、温度や日長条件でなく、栄養状態が関与しているからである。だがこのことは、後世へ〝ナリモノはコエの花〟とする多肥栽培への指向性になった。

ナスビは「ナスのミ（実）」ということ、野菜としての利用部は果実だから、当然〝ナスビ〟が正しい青果名である。

ナスビについては、東大寺正倉院文書に「天正勝宝二年（七五〇）六月二十一日藍園茄子を進上したり」とあり、最古の記録とされている。また『延喜式』（九二八年）の記述内容からみても、当時、重要な野菜であったから盛んに利用されていたことがわかる。品種については『農業全書』（一六九七年）に、果形は長・丸、果色には紫・白・青が区別されている。

初もの好みの風潮

初ナスビは貴重品

ナスは、タネをまいてから収穫するまでが、まちどうしい作物である。発芽から収穫始めまでの日数は、早生種で一〇〇日、晩生種は一三〇日もかかるものである。それだからナスの初成りは、ことのほか尊重された。

〝初もの食えば七五日、長生きする〟というのも初ナスビのことである。初ナスビはそんなに大切なものであったから〝初なりや先ず是式のささげ物〟といって、その昔は、役人へつかう賄ろの品になっていた。是式とは、役人への〝そでの下〟のことである。こんなことで、初ナスビは、庶民の口には入らなかった。いつも〝初ナスビとて守護にとらるる〟であったから、初ものは領主の食べものだった。

促成栽培の起こり

初ナスビの珍重は、早出し競争となった。日本のナスの促成栽培は、静岡県の三保で、慶長年間（一五九八〜一六一四）に始められている。いわゆる〝慶長の初もの好み〟の風潮である。

慶長一六年（一六一一）徳川家康が駿府（静岡）に遊んだとき、早出しの初ナスビの高値にビックリした（一説によると、当時、小さなナスビ一個が一両で、諸大名の儀式に買上げられていたといわれる＝高橋治氏）。そして仰天して「駿府には高いものが三つある」と言った。その高いものというのが〝一富士、二鷹（愛鷹山）、三ナスビ〟である。その翌年、ナスビの初ものは、幕府への献上物となった。

この早出し競争は、寛永のころには、駿府から江戸へ出す初ナスビが五月（旧暦）ごろであった。〝五月雨や酒匂でくさる初ナスビ〟という句があり、当時、走りもの（駆け走りで早くとどけるもの）は、急ぐやら、腐るやらで気をつかったものらしい。そしてナスは、野菜の促成栽培を後世にまで、リードしてきた。

一方、秋ナスビは、野菜のうまさを代表するほど「旬ものの味のうまさ」が強調されているものであった。

やがて近世の促成栽培は、正月には土佐からの初ナスビがでたり、あるいは台湾からも到来して、とうとう、初ナスビは下落した。あれほどまで賄ろであった「是式」が「何のこれしき」と軽くみられるようになったので、ナスビは大衆化して、庶民がふんだんに食べられるようになった。

本性を現わす品種分化

ナスは、古くからの作物だが、大衆化するまでには、長い期間があった。しかしその間ずっと、栽培の本質をつたえてきた。

品種にみる生態的分化

従来、日本のナスは、九州地方に長形種、中部地方に中長形種、関東地方に短形卵球種という品種分布である。これは葉の本性と深い関係がある。南の暖地では、地上の熱気のため、長葉で立性のほうが育ちよい。北へいくにつれ丸葉で開張性になる。それは葉の本性が、温度と光と地形とに対応しているからである。また、葉形と地形とも関係が深い。昔から、細い長葉はくぼ地に、広い丸葉は平坦地に適応している。これが部分的に栽培されている球形もしくは巾着型の品種および各地に見られる長形種の分散である。第2表は現在の品種の基本になっている在来種の一覧表である。

ナスはわりあい気温には鈍感な作物であるから、高温にもよく耐える。耐暑性は、南国の大長形種が最も強く、長形種がこれに次ぎ、丸形種、卵形種は弱い。第2表に見られるように地域と果形との関連性が耐暑性とも関係している。さらに、南の大長ナス群の博多長や久留米長は、葉裏の毛が長いため、アブラムシやヨコバイの被害が少なく、それがウイルス病の抵抗性にもなっている。

然るに最近の傾向は、理由の如何にかかわらず、全国的に「中長系」が市場性の統一をねらっている。だが、ナスの品種は、地方環境に適した生態的分化が根づいている以上、市場性の統一は、正しいとすべきであろうか。はたしてそうだろうか。すでにもう、第2表に見る在来種は、年々、姿を消している。そして第3図のように、品種群が混乱状態になっている。

第2表　地域別在来種一覧　（高橋治　1974年）

府県＼果形／指数	丸 0.80～1.39	卵　形 1.40～1.79	長卵形 1.80～2.39	中　長 2.40～3.19	長 3.20～5.49	大　長 5.50～
北海道		札幌早生				
岩　手					南部長	
宮　城					仙台長	
秋　田	仙北丸	菊千成			河辺長	
山　形	窪田丸	民　田			窪田長	
福　島	濡羽烏	会津真黒				
新　潟		巾　着				
石　川		蒂　紫				
埼　玉			真　黒			
千　葉		蔓細千成				
東　京		砂村，蔓細千成	山　茄			
静　岡		折　戸	香　貫	瓜　内		
愛　知			橘　田			
三　重			古　河			
長　野	小布施丸					
京　都	大芹川	椀ぎ，山科				
大　阪	大阪丸				大阪長	
兵　庫			大　市			
鳥　取		品　治			岩　坂	
島　根					津田長	
岡　山				絹　茄		
広　島					広島長	
山　口				大　歳	宇部長	
高　知			岸本，初月，十市			
香　川		三　豊				
福　岡				箱　崎		久留米長，博多長
長　崎					長崎長	
熊　本				熊　本		
宮　崎					企救長	佐土原長
鹿児島						伊敷長

（注）指数：縦径÷横径。

風土に根づいた多様な品種

野菜の市場性には、市場の要求に合わせた都会色と、市場の慣行を合理化する地方色とがある。ナスは後者が適合する野菜である。

とくにナスは、風土色が濃くて、品種が、更新しない作物である。もともと、ナスは自殖性植物で、自家受粉が原則である。自然交雑率は、きわめて少ないものである。だから、農家自らが「わが家につごうよい品種」の選択をくり返すことによって、多種多様の品種がそれぞれの地方につくられていた。これがその地の好みに合うようになって、農家の暮しに根づくわけである。昭和九年（一九三四）の農林省の調査によれば、全国に七〇におよぶ主要品種があった。

一代雑種の草分け

ところが、官製技術は、ナスの自殖性を逆用して、雑種強勢を利用した。そして品種の適用範囲を広めることによって、市場性の統一と、ナスの品種統一というむちゃなことをしてきた。それは昭和年代の当初からの起こりである。

ナスが野菜の一代雑種の草分けをしたのは、大正九年（一九二〇）、喜田茂一郎、永井計三両氏のナスの遺伝因子の研究と、前田将氏によるナスの一代雑種の実用的組合わせに関する研究である。実用的なF_1品種は、大正一二年（一九二三）に、埼玉農試が発表し、翌年よりF_1種子を広く配布している。それは世界にさきがけた成果、とたたえられた。

だが、それ以来、五十余年、今でも「ナスの品種ほど統一のとれないものはない」が正直な結論である。

もっとも、ナスのF_1育成は、はじめはアオガレ病の対策として、岡本頼恵氏により連作畑での耐病性品種の検索（一九一六年）が行なわれたものである。しかし、この方法による耐病性は、その後、まちまちの結果がでて、かえって、耐病性検定は、耐病性品種の判定を乱すことを指摘する結末になった。

昭和二〇年代のF_1育成は、もっぱら多収性の実用化であったが、被覆栽培が始まってからは、早期多収性が主体になった。と同時に、昭和三〇年代は、能率採種の方法が問題となり、F_1種子は、商品生産が増大した。

ということで、現在、ナス品種があるていど統一したかにみえるF_1品種は、商品としての画一的手段である。それはタネ屋さんのカネづるでしかない、といっても過言ではあるまい。ちなみに、全盛時代のF_1品種の組合わせは、第3図に示しておこう。

古い品種こそ最高級品

ナスは風土と食習慣に深く根ざした品種分布が成立している。だから、日本人がコメを食べているかぎり、ナスはすたらない野菜であろう。

第3図　ナス F_1 品種の組合わせ（熊沢三郎　1965年）

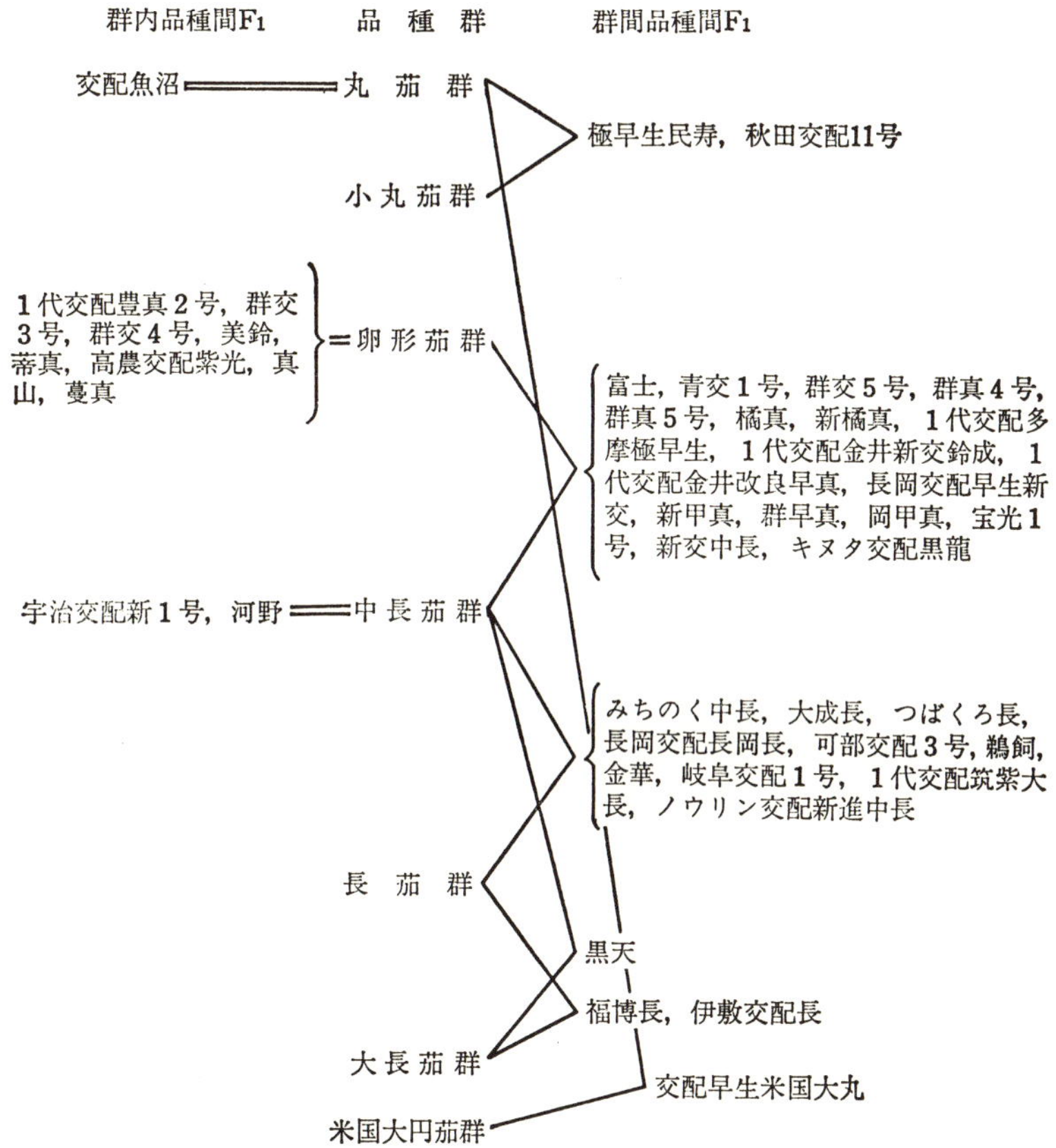

古い品種にはやりすたりはない

事実ナスはすばらしい成長野菜で、大正年代には、ナスの作付面積は、二万三〇〇〇町歩をこえる野菜中の最上位にあった。戦後は、ダイコン、カボチャ、サトイモ、ツケナなどに追いこされて、パン食の普及もからみ合って、栄養価値の少ないナスの消費は、たぶん伸びないだろうと予測されていた。それでもナスは、漬物、煮物、福神漬など、好みの点からは庶民的な需要が、依然、重要なものとなっている。

この予想外は、「ナスは浪花節風な野菜」といわれるゆえんである。まこと、ナスには、その庶民性の強さを堅持している好例が多くある。大阪の泉南地方にある「泉州ミズナス」もその一例である。

もともと、作物が土着するということは、農家の暮しに根づいて、風土色をなしていることである。土地柄に向く、という品種の適応性は、土質や気候だけで決まるものではない。だから、在来種といわれる地場品種は、農家の暮しととけ合っているものである。

ところで、古来の品種は、現代の「規格品種」からは、とかく、異端視されがちである。それは、古い品種には、それだけ軽視することのできない地域性の強みがあるからである。一般に、規格品の過剰は、市況の暴落でしかない。こんなとき、日ごろ、重視されない異端種は、それ相応の相場が生まれているものである。

前にあげた「泉州ミズナス」をつくっている農家は「泉南方面は、全部が全部ミズナスです。が、中央市場へは一個のナスも出しません」と強気だ。それは、農家がミズナスを「暮しと風土」でつくりあげてきたからである。が一方これは、ミズナスには輸送性がなくて、色がわるいから、規格品がのさばっている時には、色ボケナスにされていることへの反発でもある。その証拠には、ミズナスは他府県への宣伝が全くないことである。

ついでに、ミズナスのことについては、いまだかつて、だれも記事にしていないので、ここに「泉南は全部ミズナスです」といえるだけの強みを紹介しよう。

ミズナスの特性は

まず、第4図に標準的な果形図を示しておく。いったい、いつごろからミズナスが泉南でつくられていたのだろうか。うちのオヤジのおじいさんが最初につくったのだ、という話ならたくさんある。とにかくその由来はわからない。ところが、日常生活にミズナスは、欠かせないものになっている。

ミズナスの特性は次のとおり

第4図　ミズナスの標準的な果形図
（泉州ミズナス）

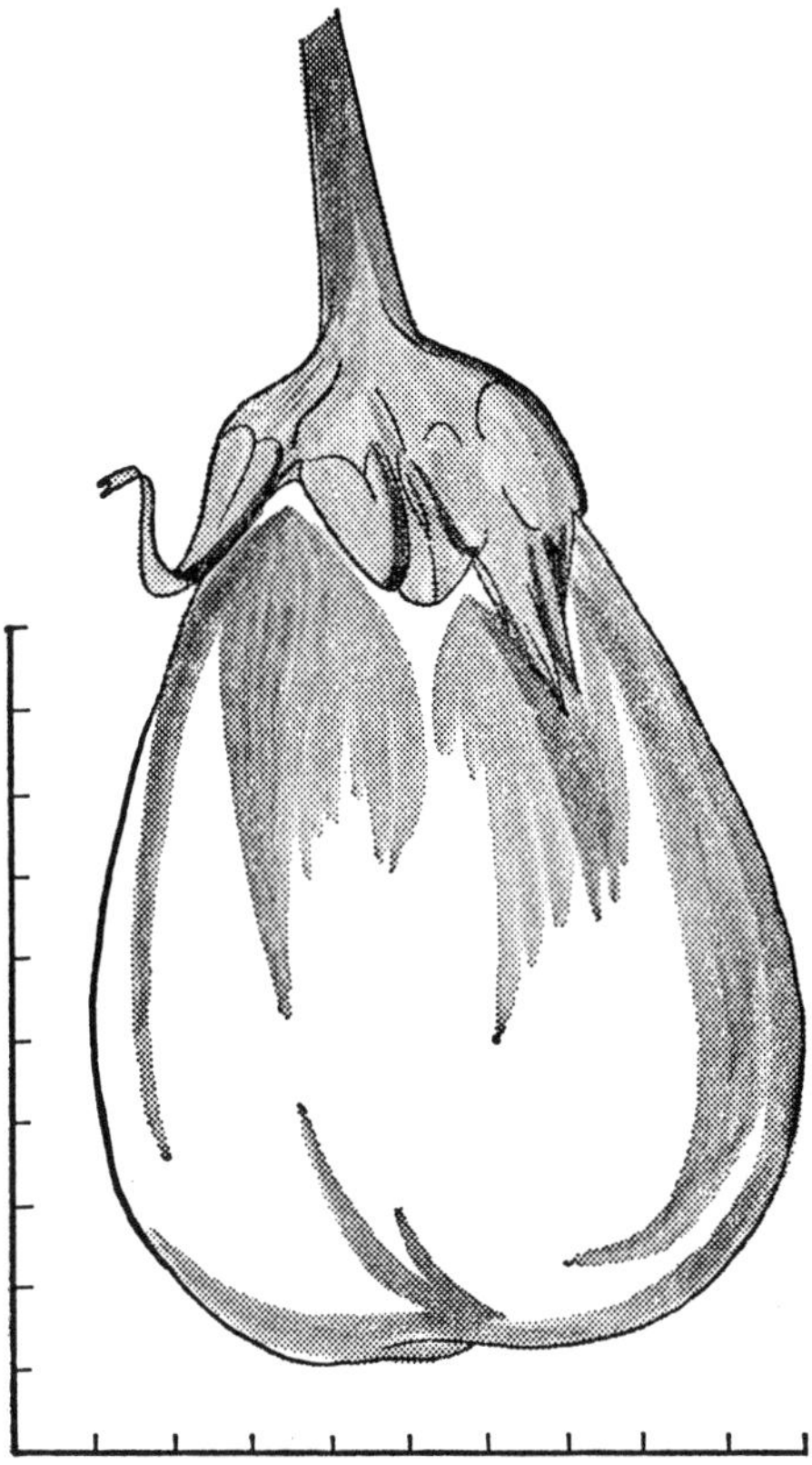

（注）　巾着形でやや扁平（1目盛が1cm）。果色は淡い青紫色，花落ちが大きい。

である。

① 苗代あとの作物であること。

② 大果になっても品質が悪化しないこと。

③ 果皮がやわらかくて分厚い。浅漬けの皮のうまさは格別であること。

④ 収穫は二日でも三日でも間をおいて、いつでも気ままにできること。一度にたくさんとって、大果は輪切りにして焼きナスビに、中果は煮ナスビ、小果は浅漬けに、使いきれない分は、大中小果ともヒネ漬け（古漬）にする。

⑤ 生食できること。ナスではただひとつの生食用品種である。生食は、とりたてのみずみずしい果肉へ梅干の赤い肉をぬりつけて食べる。

以上の特性は、現在の市場性からみると、晩生で少収、色がわるい、輸送がきかない、日持ちしないなど、欠点だらけとされているが、地元では、特別重宝にされている。

ここらに、古い品種の根強いよさがあるのであろう。

ナスを育てる土

地柄

ナスのふるさとは川である。ナスは川沿いの沖積地帯に育っている。とくに、耕土の深い沖積の壌土が最適である。

古くからの産地には、山形県の「庄内千成（民田ナス）」は、最上川下流の沿岸に、神奈川県の「小田原ナス」は、酒匂川の流域に、徳島県の「阿波ナス」は、吉野川の流域に、そ

第5図　着果順序と地上・地下の分岐性

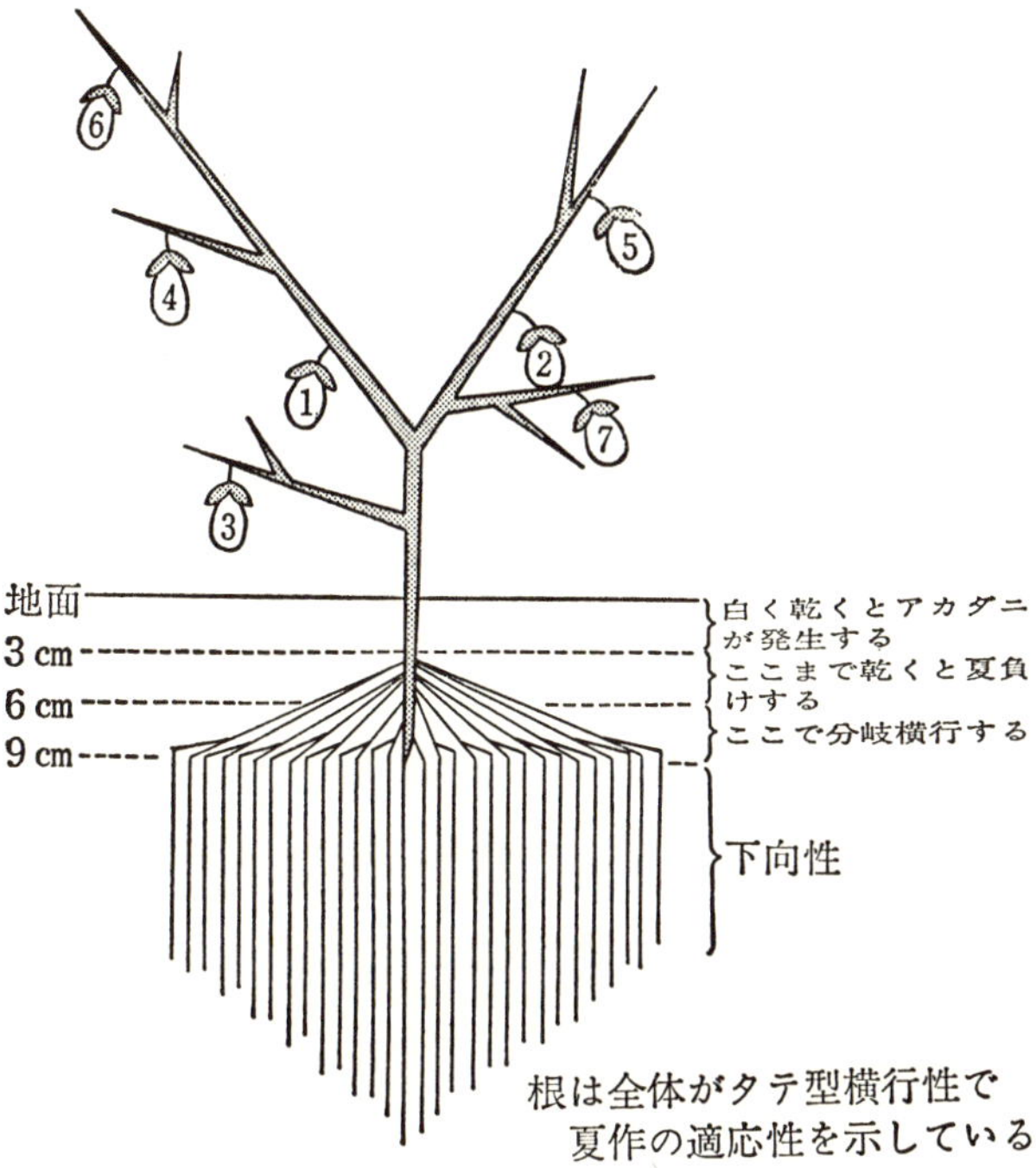
①
②
③
④
⑤
⑥
⑦
地面
3㎝
6㎝
9㎝
白く乾くとアカダニが発生する
ここまで乾くと夏負けする
ここで分岐横行する
下向性
根は全体がタテ型横行性で
夏作の適応性を示している

して大阪の「泉州ミズナス」は、樫井川の流域である。近年は、群馬、埼玉ナスの大産地が利根川水系に育っている。

樫井川のミズナスは、酒匂川の小田原ナスと土地柄がとくに共通している。それは古い産地の基本的な条件であると思われる。だが、その共通点の特異性は、いずれも水田単作地帯で、耕土が浅く(一五センチぐらい)、下層土は砂レキで、有機物が少ないという、一見、野菜つくりには不向きに思える土地柄である。実際にナスは、耕土が浅く、地下水位の高い排水の不良な畑では、根張りが浅く、根の先が腐りやすく、アオガレ病が多発する。だが、下層土が砂レキという土地柄は、コメにとっては、秋落ち田あるいはザル田で、ナスにとっては、排水がよくて、アオガレ病の対策になり、夏どりには、かっこうの条件となっている。ナスは、養分の吸収力が強く、水分が豊富にあれば、少肥でもよく育つものである。

夏の暑さとナスの根の張り方

ナスが夏の暑さに強いのは、ナスの根は、夏作に適した「タテ型横行性」を示しているからである。第5図を見られたい。

一般に、夏作物のタテ型横行性という根張りは、春の短日期には、地面は低温で、平均的に地下ほど暖かいにもかかわらず、根は地中深く伸長しないで、中日期以後、長日期になれば、急に地中深く伸長する。夏の高温長日期には、地面が高温で、地下ほど、低温になり、根は、地中深くタテ型に伸長する。これが夏作物の耐暑性である。それで夏までにこの根張りができなかったらアオガレ病がでたり、夏負けの原因になる。

とはいっても、夏どりするには、有機質の施用が習慣になっている。小田原と泉州とはその有機質の確保のしかたもよく似ている。昔、小田原ナスは、地元にはナタネ油粕が自給できる状態にあった。泉州ミズナスは、地元にはワタミ油粕が豊富にあった。泉南地方は、昔、ワタの産地であり、その後も機業地として発達している。以来、ワタミ油粕と紡績クズは、野菜つくりと因縁が深い。

ボケナスカボチャ

世俗に〝ボケナス、カボチャ〟という悪口がある。それは、ナスやカボチャのように、生まれた土地を離れると、役に立たない「かいしょう」がない、ということである。実際にナスは、育った土地を離れて、別の土地でつくると、色がぼけるだけでなく、肉質までもわるくなる。

前にあげた「民田」は、山形、秋田地方に分布するごく小形の丸いナスである。早熟で質がよく、土地では好評のナスである。これを関東辺でつくると、皮がかたくなって悪評を受ける。京都の「芹川」は自家用の煮ナスとしては、土地では捨てがたい肉質であっても、関東には向かない。ミズナスが他の地方へ普及しないのも、泉南地方を離れると、肉質がわるくなり、いわゆるボケナスとなるからである。

旬づくりの重大な意味

風土の中から生まれてきた古い品種では、当然、つくりやすい時期と、つくりやすい条件は、制限されているものである。すなわち、古い品種のつくり方は、旬のつくり方ということである。

苗代あとのナス

ここでナスの旬づくりの意味合いを、ミズナスを素材にして追ってみよう。

ミズナスの旬づくりは、水田という条件とともに築きあげられてきた。水田地帯では、苗代あとはコメができにくいといっている。苗代は浅く耕して、土をよく練ってあるからだ。それに、田植えがいちばん後回しになることも、イネの生育をおくらせる原因になっている。泉南地方の水田には、ところどころ、田のかたすみにナスが四列か六列に植えてある。そのナスは苗代あとに定植されたものである。もっとも今は、早植えが一般化しているので、場所は田のすみでも、五月上・中旬に早熟苗を定植したものである。が、それは苗代あとへ植えた名ごりである。ともあれ、育ちのわるい稲を植えるよりも、自家用のミズナスをつくるほうがましだということである。

ナス栽培と水

ナスは、うね間に水を流すようにして、土中へ充分浸透させることがかん水のコツである。そのために、ミズナスは水田のそばへ植え、しかも偶数うねにして、ひとうねおきに、うね間かん水をしている。このかん水は「ハダミズ」といっている。ハダはうね間のことである。

元来、露地栽培のナスは一、二、三番果まで、収穫が見こまれる。それ以後のものは、ボケナスになりやすいからである。苗代あとのミズナスは、水田なみのかん水が充分にできること、そして「水カガミ（水にナスの木がうつること）」となって、アカダニが発生しないこと、などでナスは夏ボケしないのである。

事実、ナスの抑制栽培でも、盛夏期に優品を生産する条件として、夏に雷雨回数が多く、雨量も多い地域に発達する。雷雨は、ナスの葉を洗い、うね間に水をためて、アカダニを防ぐからである。

この水管理でミズナスは、夏負けすることなく成りつづける。しかも高温下の生理現象は、果皮が分厚くなって、果温と果汁との調節をする。この際の果皮は、日焼けとちがうから、分厚くてもやわらかく、しかも、種子は少なく、肉質は多汁である。これがミズナスの最大の特質になっている。

この特質を守るには、旬の時期につくるほかはないということである。

ミズナスの栽培法

昔のミズナス栽培は、催芽した種子を三月の晴天つづきに、冷床に播種する。催芽は、風呂湯に一夜浸し、これをぬれ布に包んで、カラダに巻きつけて、体温で芽出しをする。三～四日で七～八割は白い根を切る。その時、曇雨天だと、土がつめたいので、発芽は失敗する。催芽はやり直しである。播種後は防霜に気をつかい、自然光をたっぷりとり入れて育苗する。定植は六月で、その際、株元に粗堆肥を敷き、倒伏しないように、ななめに支柱を立てる。

ミズナスは大果で、草勢は強いから、株間は六〇センチ、うね幅は一二〇センチ以上にして、いわゆる〝ナスの間《あい》はコロモ着て通れ〟といわれているように、広幅うねにする。これは、法衣を着て通れるほどに、うね幅は広くしなければ形のよい、上等のナスビは成らない、ということである。うね幅を広くすることは、葉の本性をのばし、受光量を多くするからである。

整枝は、三本仕立てにするが、生育途中のせん定はしない。枝切りせん定は、株元へ強光線が当たるので、土の温度を高めて、ナスが舞う（アオガレ病になる）からである。そのかわり、老化した下葉は、つねに取除いて、地熱の対流をよくして、風通しと採光とをはかっている。ミズナスでは、果色はもともと淡い色であるから、着色は問題外である。しかし、他品種で特別に果色の黒みを必要とする地方では、すでにヘタ下の赤い着色のしやすい系統が、地場品種になっているはずだから、やはり問題はなかろう。

第3表　ナスの作型（熊沢三郎　1965年）

作型	播種期	定植期	収穫期	品種	産地
促成栽培（温室）	9～11月	11～2月	12～6月	都千成，御幸千成，蔓真，金井新交鈴成	高知県，徳島県，静岡県，愛知県
（わく）	8	10	11～5	御幸千成	鹿児島県（指宿）
（ハウス）	12～1	3	4～6	橘真，新橘真 金井新交鈴成 長岡交配長 黒天，福博長 群交2号，金井早真	都市近郊
半促成栽培	12～1	3～4	4～7	早生品種	都市近郊
普通栽培	1～2	4～5	6～10	丸茄より大長茄まで広く用いる	各地
抑制栽培	5～6	7～9	9～11	早，中生品種	都市近郊

ミズナスの収穫は、七月から十月下旬までつづけられる。その間、水田と同一の水管理があるので、品質を低下することがない。利用は、ほとんどが自家用で、ごく一部は野市へ出荷するのもある。しかし夏じゅう、農家はミズナスを食べない日がないほど毎日たくさん食べている。

これがミズナスつくりの原型であり、一般にも当てはまるナスつくりである。

なお、ナスの収穫は、一定の収穫基準がなく、要するに、色ツヤのおちない範囲内において、地方の好みに従って、ある大きさで収穫される。ふつうは開花後二〇日ぐらいで、一般に収穫する大きさとなる。このとき、果の発育は最も盛んである。だから、出荷用に収穫するには、連日、または隔日に収穫しないと、果はふぞろいになり、あるいは過大になって草勢を弱くする。また、収穫果の荷いたみを少なくするためには、果温の低い早朝がよい。従来の野市では、日の出前にとった朝露にぬれたナスビが逸品であった。

見かけの「高級化」は中身の低級化

ナス栽培のゆがみ

近年のナスの作型は第3表のようであるが、とくにハウス栽培が盛んになって、ナスつくりは、ゆがめられてきた。野菜は、食べるためにつくるもので、今のように最初から、売るための商品にしているから、中味を無視した「規格品」になったり、せっかくつくっても、安値だから引き抜いてしまうことにもなろう。また、高く売るために、生産費を多くかけて「高級化」をねらうことにもなろう。

なんといっても、大阪でもナスの近郊園芸は、果菜類のなかで、最大の面積を占めていた。それなのに「近代化」農業の影響のもとに、大阪では、昭和二五年（一九五〇）にナスのトンネル栽培が始まり、昭和三一年（一九五六）には、大型のホロ型ハウスとなり、品種も早生系に一変した。

最大の問題は結実障害

とかく、ナスの早出し栽培は、結実障害が最大の問題である。早出し栽培の経済的価値の高いのは、初期の収穫果である。それなのに、初期の花芽の分化や発達は、厳寒期の陽光の弱い苗床の中で行なわれるため、温度や光線の管理にムリがある。そのため、花は不完全な発育をして落下する（第6図）。そのうえ、大苗育苗の技術開発は、早期収量をね

第6図　ナスの花柱の発達ていどによる花型の分類　（斉藤隆　1933年）

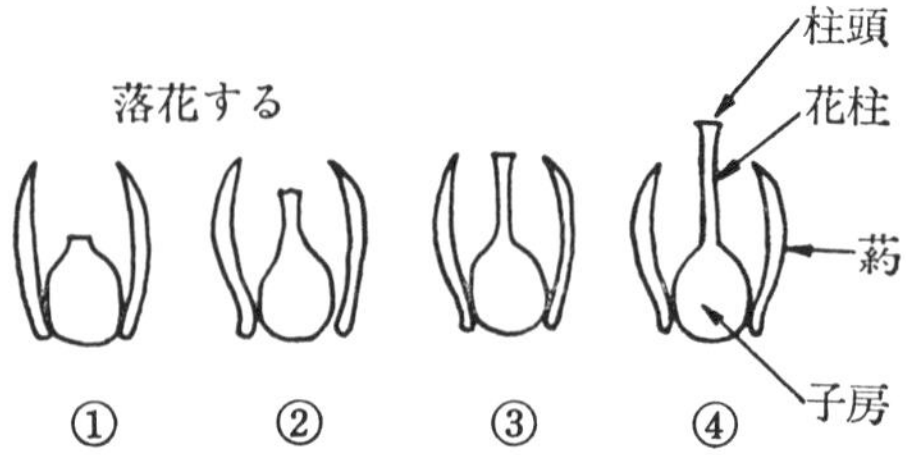

（注）①　無花柱花：ほとんど花柱の発達しないもの
②　短花柱花：やや花柱の発達するもの
③　斉頭花柱花：花柱の発達やや充分でないもの
④　正常花

らって、早まきで育苗期間を長くし、移植回数の増加となって、花芽分化の発育に悪影響をおよぼしている。そして、移植回数を増加することが、大苗定植とするためにはやむないことになって、定植後の根張りがわるくなる。それは前記したように、タテ型横行性の根張りが完成しないから、アオガレ病の原因にもなる。

また、定植当初の夜温は低すぎ、晴天の日中は、逆に、トンネル内の温度が高すぎて、花の受精をさまたげて落花する。それに、トンネル・ハウス内の毎日の管理は、換気不充分による花の高温障害を起こして落果、結実障害を起こし、石ナスや変形果になったりする。第4表は、結実障害を発育段階の期別にみたものである。さらにこれらの悪循環は、各種の病害や虫害の誘発を呼びこみ、薬剤散布の回数をふやす。薬剤散布は、花粉の発芽を阻害して、また落花を起こすことになる。

対策はお先まっくら

そこで、結実障害への対策と、ますます早期収量の増加とがはかられるようになって、昭和三四年（一九五九）には、大阪の富田林地区では、ハウス内に重油利用の簡易温湯ボイラーを設置するようになった。

その成果の報告は〝収穫期が約一ヵ月早められ〟は事実であったが〝総収量ならびに非常な収益増加が現地においてみられている〟は「みられるだろう?」という疑問符つきにすぎなかった。ボイラーの導入を指導した地区の改良普及所では、すでに当初〝将来あまり増設されることはないと思われる〟と、その不安を発表しているほどである。

第4表　ナス果実の障害発生の条件とその関与する時期　（斉藤隆　1974年）

発育段階	障害	発生条件
果実成熟期 果実肥大後期 果実肥大中期	つやなし果	土壌水分不足
果実肥大初期 開花・受精	へた下亀裂果	ホルモン剤過剰
開花・受精 減数分裂期	石ナス果	栄養過多—生育旺盛 高温・低温—受精障害 日照不足、高温・低温—花粉・胚珠不良
雌ずい初生期 雄ずい初生期 花芽分化期	舌出し果 扁平果 双子ナス	栄養過多 土壌水分過多 低温
播種		

その後、わたしの聞いた農家の話では「一日に消費する燃料費が、その日の収穫果でつぐなうことができない」ということだった。富田林のナスの栽培地は、収穫時期の早められた一ヵ月間は、とりわけ底冷えする寒さがつづくからである。

底冷えの対策は、必要な地温を維持することとなって、半促成前進栽培が実施された。半促成前進栽培は、ボイラー加温に行きづまった反省からとはいうものの、不良環境期に植えつけるので管理作業が困難であり、それだけに、高度な技術と環境管理機器の装置が必要である。いうまでもなく巨大な設備投資である。設備投資への不安は、予想以上に早くきた。昭和四八年（一九七三）十月ころから。石油危機は、生産諸資材の高騰をもたらし、施設栽培の将来に暗いかげをなげかける端初になった。石油エネルギーの依存の経営では、あっという間に経営費が四五割の上昇を示した。酷な言い方かもしれないが、これでは〝火燃えて灰残る〟ということだ。大阪府の専門技術員は〝いかに収益性は高くとも、施設費が高くなり、普及が困難になってきた〟と、この栽培型の将来性に問題を提起している。とくに、包装材料の高騰は、中味に関係がないだけに生産農家にも消費者側にも酷なことである。

同じようなことは、埼玉県にもある。ナスの越冬長期どり栽培である。この作型は、七月上旬まきの接ぎ木育苗で、九月中旬定植により十月中旬から収穫を始め、翌年七月中旬までの約一〇ヵ月の収穫で、従来のパイプハウスにくらべて倍の一五トンの収量をあげている。しかし、資材高騰の現在においては、多少問題がある、と地区の農業改良普及所は言っている。

だが、しょせん、生産費をかけて高級化した野菜の高値は、見かけが高級化であっても、中味は低級化だから、需要者の「苦情のタネ」になることは当然である。ナスはその典型である。それに、こうした産地育成は、商品生産の規格品をつくるばっかりに「ここが本場」と宣伝して、かんじんの「地場もの」を追放するから、借りもののボケナスになる。

つくりつづく地場品種

昭和三五年（一九六〇）、大阪府農林部が発行した『大阪の園芸』という冊子がある。それによると、ナスの品種変遷について〝F_1品種の登場と被覆栽培の進展につれて、品種の様相は一変した〟としている。そのなかに〝消えつつある品種は次のとおりである〟と、五つの品種名が記入されてある。すなわち「大阪中長」「大仙長二号」「大阪長」「大仙丸三号」および「泉州ミズナス」である。

たしかに、前四者はみごとになくなった。在来の地場品種を「改良」したからであろう。だが、後者の「泉州ミズナス」は、泉南地方から外へは出ないが、地元に健在している。幸いにも、ミズナスは、被覆栽培の対象からはずされていたからである。被覆栽培での官製技術は、葉の本性と栽培技術の約束ごとを守らなかったのである。ナスのばあいには、葉が茂ってくると、葉柄の操作で、個々の葉が立ったり開いたりして、下葉への受光をよくする。被覆栽培にすると、葉柄の組織が軟化し、徒長した大葉を操作するだけの力がないので、ナスは、上へ上へと背伸びして病弱になる。

改良の対象外になったおかげで、これからもミズナスは、たとえ他府県へでなくても、あるいは、農林省の普及機関が、そ知らぬふりをしていても、泉南のコメつくりの農家は、自家用に水田のかたすみで、まだまだ、つくりつづけることであろう。

それは長い間の食生活の「しきたり」が、風土化しているからである。

二、ネ　ギ

**コメ食に必要なビタミンB_1の活性化
そして、ミソの味をよくする薬味**

昔から、変わりものは「キ（奇）」といった。ネギの古名はキである。ネギの形態は、植物のなかでも変わりものである。キは貴に通じ、珍重された。王朝時代には、ネギの花房の形は、神事の飾りものに使用された。天皇の輿（こし）は「葱花輦（そうかれん）」といわれた。橋の欄干のデザインもギボシ（葱帽子＝擬宝珠）である。

こうしたことからでも、ネギは古い野菜であることがわかる。

ネギは薬用作物だった

ネギは、医薬品がまだなかったころからの薬用作物だった。そして、元日に食べると、健康を保つ効果があるとされていた。その後、民間薬として、多くの薬効が知られている。

ネギおよびネギ属の野菜は、葷菜《くんさい》（臭い野菜）ともいっていた。この臭いにおい、いわゆるニンニク臭は、アリシンという成分である。アリシンは、ビタミンB_1との反応によってアリチアミンを生じ、B_1と同じ作用を有し、しかも、腸管からの吸収が著しくよくなる。そのうえ、強い殺菌力もあるから、古くから薬用として知られてきたわけである。

然るに一方、仏教では、ネギ類のにおいと味を不浄でみだらな心や怒りの情を生じるものとして、いみきらった。かてて加えて、都市近郊で、人糞尿の多用栽培でのネギは、その臭いにおいが〝下肥のにおいがする〟といってきらわれた。ところが、ネギを食べない都会人は、脚気（江戸わずらい）になった。

ネギがビタミンB_1の活性化をしていることをないがしろにしたからである。日本の脚気についての記録は、江戸わずらい以前には、見あたらないと不思議にしている。が、脚気はネギを食べなくなってからの病気である。

また、ネギ属は、他の野菜とちがって、アルカリ性食物ではなく、酸性の食物である。ネギ属には、硫黄化合物の硫化アリールが含まれている。これはネギ属特有の刺激成分で、消化液の分泌を促す効果が大きい。そして、硫化アリールは、体内で硫酸を生じて酸性となる。しかも、この硫酸は、カラダのなかでの「硫酸抱合」が解毒に役立っている。

ネギとミソは味の〝出合いもの〟

一般に、野菜の栄養価値は、無機質とビタミン類とにあるといわれている。その点では、ネギも他の野菜とくらべて、とくに変わっているわけではない。しかし、ネギの特質は、ミソの味をよくする薬味として効用がある。

ミソ汁にネギはいうまでもない。東京で食べている〝ヌタ〟は、ネギの酢ミソあえ。関西では、モモの節句にワケギの酢ミソあえを食べることに決まっていた。昔から、ミソとネギは味の〝出合いもの〟になっていたのだ。これが冬から春への保健食であった。

このごろのネギは、メン類の薬味になっている。これももとは、ミソ煮込みであったものが、澄し汁になったということである。そして今、ネギは、そのにおいを生かしていろいろの料理に使われるようになった。ことに根深ネギはすき焼きに、葉ネギは、メン類の薬味に欠かせないものになっている。もちろん〝ウドン屋の風邪ぐすり〟はネギの薬味の効用である。

ネギは十年で勝負する作物

ネギは日本のすみずみにまで、栽培が行きわたっている。そして、ネギの出回り時期は、十月から三月の寒い時が主体になっている。

冬の寒さが需要を呼ぶ

ネギは、寒ければ需要が強くなり、逆に、暖かければ弱くなる、という関係のなかで、需要と市況に対応するのが特色である。このことは、ネギが、抽台する端境期には、気候的にも消費が減少する。気温が高くなっているからである。だから四月以降はたとえ品薄をねらっても、消費が減少しているので、大面積の栽培は危険である。目下、生産の現状は、進展性はないけれど大都市とくに飲食店向けの出荷用に栽培することになっていて、契約的な生産様式がある。それで、割り込みがゆるされない特産地を形成している。

だがそれは、生産が安定している、ということではなくて、お天気まかせの投機的な野菜であるということにもなる。長年のネギつくりは〝ネギは十年で勝負する〟といっている。人気取りの野菜ではないから、気長につくりつづけていれば、一〇年に一度は、大きなあたりがあるものだということである。

ネギの品種は単純ではない

もともと、ネギは冬の作物ではなかった。生育の好条件が春秋の気候にあるように、春と秋とが、ネギの生長期で、冬と夏とは、休眠する作物であった。

ネギはどうして冬の作物になったのであろうか。それについて、キがネギになった契機を考えてみよう。もちろん、家庭の常備薬として、いつでも畑にある(周年)、という願望はあって然るべきことだろう。

葉ネギと白ネギ

ネギは最初、葉を刈って食用にしていた。これが葉ネギで、春秋の生長期が収穫期になる作型である。この作型は、主として暖地に定着している。寒地のネギは、寒さに耐えるために、葉質がかたくなって、軟白操作（じつは凍霜害の防除であったはずだが）をして、白い長い葉身のネギをつくるようになった。これを根の葱（ネのキ）といって「根葱（ネギ）」の呼び名ができた。これがそもそも冬ネギの起こりであり、白ネギである。

三つのタイプ

根葱《ネギ》よりも前には、冬ネギにかわるものはあった。今の分葱（ワケギ）がそれである。だからネギには、昔はカリキ、ワケキ、ジキの三つの種類があって周年化していた。カリキは春から夏に、葉を刈取って収穫する「刈葱」である。カリキには春からは晩ネギ、坊主シラズにつづけて九条アサギ、そして、鳥取のカレギと、夏へ向かう栽培は今もつづいている。ワケキは「分葱」で冬専用のネギであったが、これは、現在の冬ネギが圧倒した。ジキは、本来の太ネギで、秋から初冬に収穫している太短い下仁田ネギなどの冬眠する品種である。寒地では、土寄せして保護（軟白）するネギ、つまり「地葱」である。

第5表　ネギの作型　（清水茂編　1972年）

作　型	適応地域	播 種 期	収 穫 期	品　　　種
根深ネギ栽培	寒高冷地	4　月	4～7月	加賀
		4	11～1	千住合柄，加賀
	東　北	8	10～11	加賀
	関　東	1～2	10～3	千住合柄
		3	12～3	千住合柄
		4	4～5	晩ねぎ
		9	3～5	晩ねぎ
		9	9～11	千住黒柄
		9	11～3	千住合柄，千住赤柄
	東海以西	9～10	9～3	越津，九条
葉ネギ栽培	関　東	3～4	6～10	岩槻
	関　西	3～6	10～3	九条太
		9	4～5	九条太
		10	6～9	九条細
株ネギ栽培	関　東	3～4※	8～11	弘法
		8～9※	5～7	三州
小ネギ栽培	九　州	2～11	周　年	九条細，岩槻
		1～12	周　年	充実した種子

（注）※：株分け定植。

この三つのタイプが基本になっていることを理解しなかったばかりに、ネギの品種を夏ネギと冬ネギの二つの型に単純に分けてしまった。

そして寒冷地では、冬は休眠する夏ネギ型の品種を軟白して、根深ネギとした。暖地は、冬でも生長をつづける冬ネギ型の品種を葉ネギとして利用する、というように二つのタイプにしてしまった。

ネギは葉が折れると病気する

今では、二つのタイプに分けた

ネギの代表品種は「千住」と「九条」である。この二つが、全国に分布して第5表のような作型が実施されている。しかしネギが各地に適応するには、夏型、冬型ではなくて、葉の本性によって決められたものである。

牛角型と昇り型

ネギの葉は、先のとがった円筒状をしていて、中空である。葉序は二分の一で、葉は左右に伸ばす。この葉姿は茂り合っても、他をカゲにしないから、密植にはよく耐える。だが、葉は、折れるとネギの生理に大きな影響がある。つまり、風を好まない作物である。それでネギは、葉が折れないように、弓なりに腰をすえていた。この形態で、農家は下仁田系の「ダルマ」、千住系の「牛角黒柄」、九条系の「奴」をそれぞれ育成していた。第7図を見られたい。ダルマや牛角は「ハラ（原）」といわれる台地用に、奴は浜風の吹く海岸に定着していた。この牛角型では葉伸びがわるいので、葉を〃昇り（葉伸び系）〃にしたのが「千住赤柄」であり「九条あさぎ」である。これは葉が折れやすいから「サト（里）」といわれる低地用の品種になっていた。

ところが、ネギの品種統一は、ハラにもサトにも適応する便利な品種と称して「合柄」をつくった。だがこの合柄は、本来のネギの葉色をいったもので「藍柄」が本当である。牛角の黒柄と赤柄との中間を合柄というのはこじつけであろう。昇り系の赤柄は、これも葉色をいったもので、寒さが加わると葉がアメ色がかるところから、耐寒性の表現であった。

第7図　ネギの基本草姿　（藤井平司　1975年）

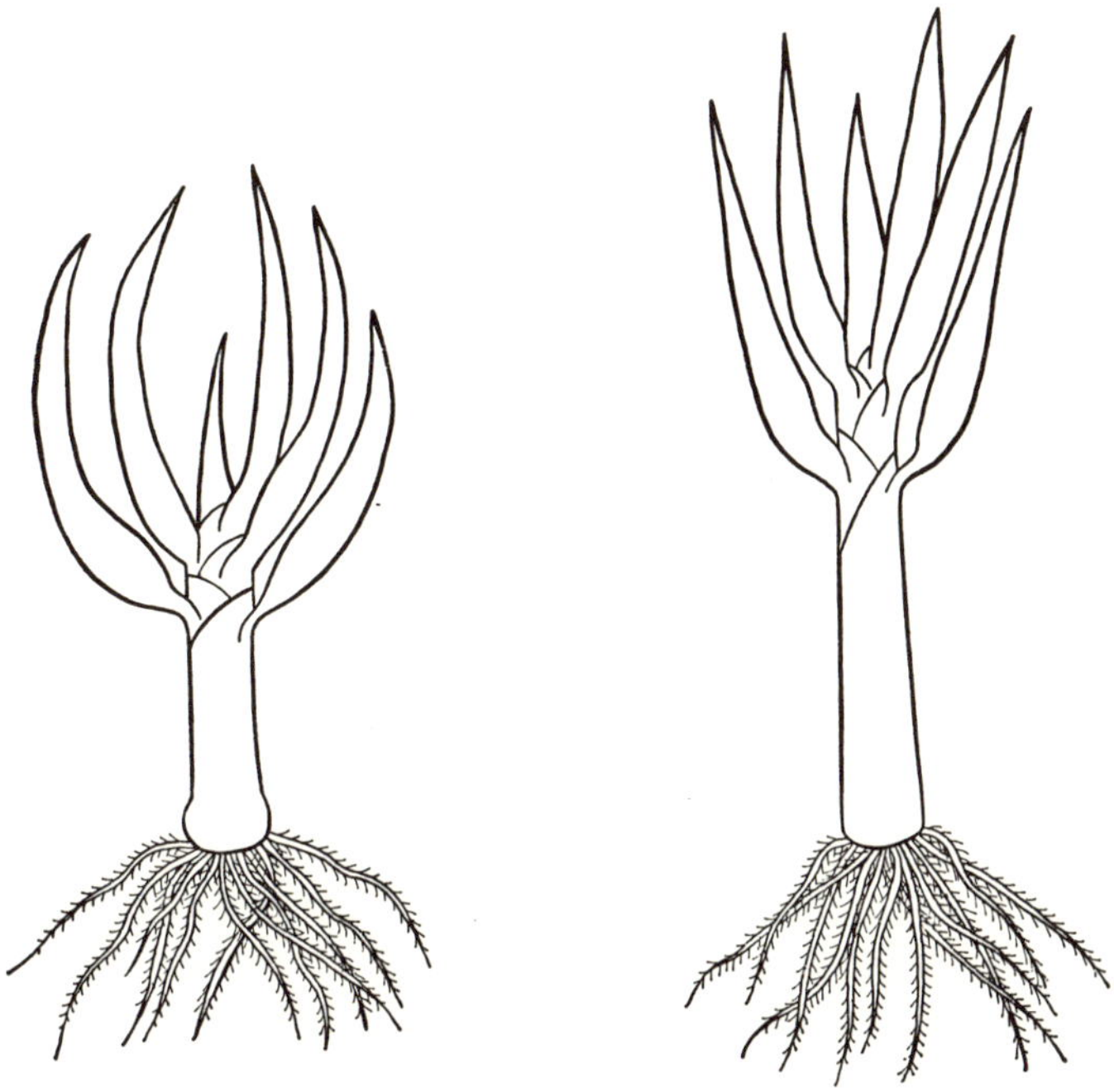

ハラ用品種
牛　角　型
・しまりよいが葉伸び短い。
・葉折れ少なく病気も少ない。
・葉肉厚く，品質がよい。
このタイプの代表的品種：下仁田のダルマ系，千住の黒柄系，九条の奴系

サト用品種
昇　り　型
・しまりわるいが葉伸び長い。
・葉折れしやすく病気に弱い。
・葉肉薄く品質おちる。
このタイプの代表的品種：千住の赤柄系，九条のあさぎ系

葉が立っていれば病気をしない

ともかく、葉姿に牛角型と昇り型とがあって、台地用と低地用との土地柄に合わせていた。それなのに合柄はこの土地柄を無視したので、葉が折れやすくなった。葉が折れると、ネギは生理障害を起こすから、さまざまな病気を誘発する。

まして、形態的にネギの葉は、農薬を付着しない。それを強力な農薬で対処するなんて、全くナンセンスであろう。否、それをネギには防除の特効薬がな

第8図　九条ネギの縦断面と盤茎の図
（藤井平司　1975年）

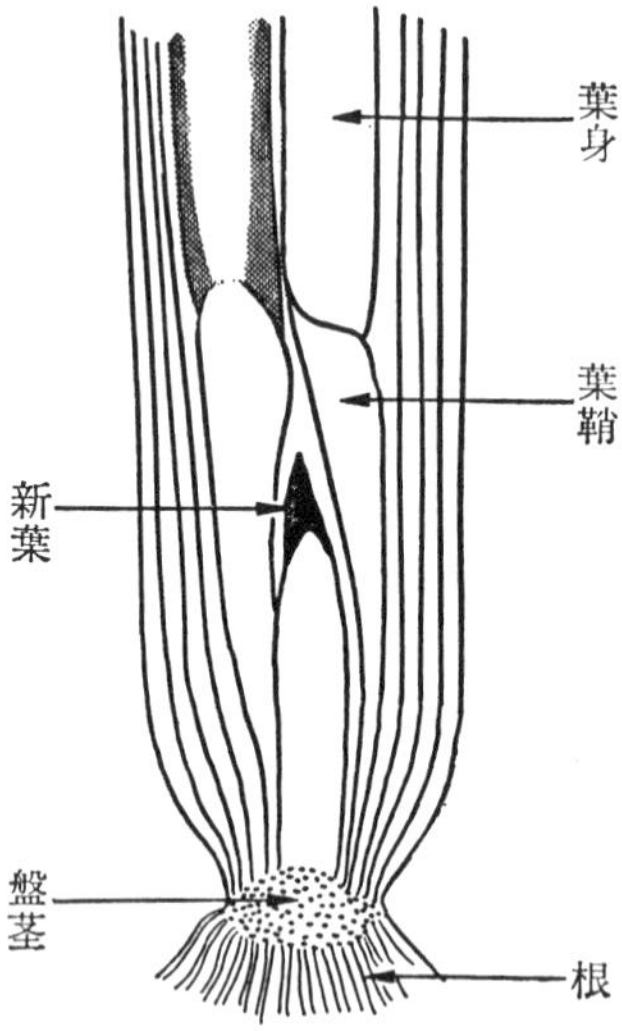

い、というからあきれかえる。おまけに、これからのネギの育種目標は、牛角の葉鞘部の「しまり」のよさと、昇りの「伸長力」とを兼ねそなえた品種が必要だという。通称「シロネ」といっている軟白した葉鞘部のできぐあいが品質のよしあしを決めているからである。だが、しまりと伸長力は相反の関係にあるから、そうはとんやがおろさない。

盤茎はネギの急所

ネギの茎は、きわめて短く、これを盤茎といっている。第8図を見られたい。円筒状の葉鞘が密に重なっていて、葉間という間隔がない。下方には、放射状に吸収根を出し、直根がない。いわゆる、低い円錐状の盤茎は、ネギが生長するうえでの大切な支点になっている。要するに、根深いところに急所があるのだ。

さまざまな盤茎障害

盤茎は、傷がついたり、温度や乾湿度の障害を受けると、順調な生育をしない。ネギの生育に排水の良好が条件になっているのは、盤茎の保護ということからである。葉が折れると、生長の生理障害を起こすのも、盤茎がわるくなるからである。それは、葉は中空であっても、真空ではないのである。どちらかといえば、葉の中は、つねに、湿度の高い（保水）器官部として、乾燥防除の対策をたてているものである。だから、葉が中途で折れると、葉内の「飽和蒸気」の状態が変化する。また、ネギの葉は、葉先がちぎれると、逆に、葉内の湿気が満たされないので、盤茎が乾燥する。そういうことが結果的に気孔の開閉運動がわるくなり、真菌（カビ類）が気孔から侵入し、ベト、コクハン、ボトリチスなどの病気がでる。

大気汚染に一夜で変色

ある朝、突如、一夜でネギが変色する。あきらかに大気汚染の影響である。ネギの葉は全部、先のほう十数センチが黄色くなって数日のうちにその葉先はただれる。これでは、葉の折れと葉先のちぎれとが、いっきにネギを襲ったことになって、ネギは、葉鞘部がしっかりしていても、盤茎が先に腐ってしまう。

浅植えで株が太る

定植時の深植えも盤茎をわるくする。それで定植は、浅植えを厳守し、苗が倒れないようにワラとか草を五〜一〇センチの厚さに敷く。これは、乾燥と暑さを防ぐ効果も大きいが、盤茎を保護していることになる。だから、浅植えで盤茎を保護すれば、株の太りもよく、土寄せまでに充分な生長をすることになる。

彼岸を二度越すと、とう立ちする

ネギは、春秋に生育が旺盛だから、タネまきも春秋の二期が播種適期だと決めつけている。そのように決めるから、つい観念的に、春秋の彼岸がタネまき時であるとしている。

タネまきは彼岸過ぎに　昔からネギは〝彼岸を二度越すと、とう立ちする〃といっている。春まきは春の彼岸前にまくと、秋の彼岸とあわせて二度になるから、翌春は完全にとう立ちする。秋まきは、秋の彼岸前にまくと、ひと冬越して春にはとう立ちする、というぐあいになる。第6表は、秋の彼岸前と後とで抽台率をみたものである。それでネギのタネまきは、彼岸後でなければ、翌春のとう立ちを回避することができない。とくに秋まきでは、必ず彼岸が過ぎてからまくようにしなければ早期抽台を起こすことになる。

第6表　播種期別抽台率の品種比較
（渡辺斉　1955年）

品　種	抽台率	
	9月18日まき	9月27日まき
松本一本太	36.6%	16.9%
秋田太	79.9	17.9
飛騨	44.8	9.5
古宮根深一本太	50.9	19.1
千住黒柄山勝系	58.3	24.0
矢切高安系	100	85.2
石倉	100	72.6
赤昇	100	100
晩葱	7.3	6.8

温度と乾燥への対応性　ネギは一五〜二五度の温度が、いちばんよく発芽することになっているが、二〜四度でも五〇日後には八六パーセントも発芽する。このことは、ネギの周年栽培を可

能にする最大の要素ではなかろうかと思う。つまり西日本では、いつでも播種ができて、発芽するということである。それだけに、ネギは温度には鈍感で、かえって、暑さにも寒さにも強いということになる。ただし、乾燥にはとくに弱く、夏と冬との乾期には、休眠状態となる。ということで、ネギの分類は、前にも書いたように温度的に夏型と冬型とに分けることは思わしくない。

関西の干ネギは、この休眠をうまく先どりした生育促進の手段である。関西の夏の乾燥期は八月上旬であるから、そのころにネギは休眠する。それでは九月の生長がおくれることになる。そこで、七月中旬にネギを掘りとって乾燥し、人工的に早期休眠させる。それを八月上、中旬に植えつけてかん水するから、非常な勢いで生育を始める。十一月ごろには、もう立派な葉ネギができることになる。

土寄せしても根は切るな

ネギは、定植前に土地を深耕することが絶対的な有効手段とされている。三〇センチの深耕は、約二割の増収効果があがるほどである。

ネギの根はコエをさがす

深耕すると根はよく伸長する。土の通気性がよくなり、排水も良好になって、下層まで根が伸びて、生育に好ましいことはたしかである。だから、葉ネギでは、通気性のよい、しかも排水良好な土地で、深耕してつくっている。

しかし、根深ネギは、土寄せ軟白が良質な白ネギを生産する決め手になっている。だが、土寄せは、ネギの生長が最も旺盛な時期にすることであって、それはネギの断根作業になっている。

根深ネギは、深い植え溝に定植される。その根は、はじめは下に伸びていくが、しだいに上向きとなる。うね間に根が張りつめると、さらに、寄せた土の中へも根は伸びる。通常、植物の根は、背日性で、下へ下へと伸びるようになっているが〝ネギの根はコエをさがす〟といわれるように、上向きにも伸びる。だから土寄せするときに、どうしてもネギの根を切ってしまいやすい。それに上根張りは、栄養の吸収率がよいわけであるが、乾燥に弱いことにもなる。

そこで土寄せは、一時に深くすることは禁物で、三～四回にわたって徐々に行なうのである。それでも、植え溝にうね間の土を入れて、うねを平らにするまでは、根はあまり切らないにしても、うね間の土を株元へ寄せるようになると、断根の被害が大きくなる。

千住と下仁田のちがい

結局は、定植前に深耕していても、土寄せで断根してしまうやり方では、今の千住ネギに、下仁田ネギのような良質で太い根深ネギは望めないということである。下仁田ネギの良質さは、土寄せの軟白が主目的でなく、土を寄せて防寒する役目が主体であるから、断根するほどの土寄せはしないところに意味がある。

そうすると、根深ネギの整地は、不耕起で植え溝を掘り、根をうね間へあまり伸長させないようにすること、土寄せは、先に株を充分に太くしておいてから、徐々に土を寄せていくこと、である。つまり、最後の土寄せを分岐点まで行なっても、生長点の心葉は、埋めないように注意する。したがって、土寄せは、時期が早すぎたり、一度に多く土を寄せたりすると、生育を阻害して、収量があがらないことになる。

それは、鍬で芸術的に行なう作業であるけれど、そこに技術の真髄があろう。それを耕うん機と土寄せ機で簡単にできるようになった、と考えることは早計である。

多肥栽培はネギを細くした

農家は、ネギのタネは、自家採種をつづけて、各自が独得の系統をもっている。そして育成系統の維持については〝細ネギから一本ネギの太い系統はつくりやすいが、太ネギからアサギの細ネギはむつかしい〟といっている。この系統維持の方法（コツ）には、ネギの肥培管理が的確に現われているので、まさに至言である。

下肥公害の被害地

ネギの品種が昇り系の伸長型になったことは、多収性だけでなく、多肥栽培の慣習（耐肥性）にも原因がある。大阪の「ナンバネギ」、京都の「トバネギ」、東京の「エドゴエネギ」、これらは、あたかもネギの名産地のようにいわれているけれど、実は、都会の下肥公害の対策として、農家が自らの生活を犠牲にした被害地なのである。

第７表　大阪市加賀屋新田におけるネギ下肥単用施肥量　（今津正調査　1952年）

元　肥	約350〜400貫
植付け後１週	350〜400
植付け20日後うね間へ	300〜350
植付け35日後うね間へ	300〜350
他に４〜５回，２〜３倍にうすめて	500
翌年2〜3月に１月の収穫のあと地へ	500
以上計	1,500〜2,500

ネギ作は、市街地に近接して、下肥の捨場的な扱いを受けてきた。それはネギなればこその安全作物となっていた。たとえば、ナンバネギの下肥施肥量は、第7表の調査資料によれば、反当り一五〇〇〜二五〇〇貫というチッソ過剰の害作用を超越した施肥量でつくられていた。そしてネギは強い作物だとか、多肥を要する作物だと考えてきた。

だが、ネギ自体はどうであったか。ネギは太ることができなくて、盛んに分けつをくり返しつづけた。ネギの生物本能は、太ることよりも栄養繁殖が、種族保存だったのである。

多肥栽培での選抜はむずかしい

こうした多肥栽培が常態になっている慣行方法では、太いネギが細くなるから、そのなかから細ネギの選抜はむずかしいわけである。逆に、細ネギは、放任しておいて、そのなかから太いものを植えつけるだけで、太いネギの選抜ができているということである。

これは葉ネギだけのことではない。江戸肥（下肥）でつくっていた一本深ネギの産地でも〝一本ネギは「もてない」ものがよい〟というのが選抜の目安であった。もてないということは「分けつしない」という意味で、多肥が分けつを促進するので、一本ネギに主力をそそいでいたわけだ。

ネギは肥料でつくるものではない

真の栽培法　ともかく、真のネギつくりについては「ネギはコユケ（濃気）とクサケ（草気）をきらう」と伝承されている。コユケというのは、濃厚な肥料は根をいためるということである。とくに夏に濃厚な肥料を施すと「ネギはやける」といわれた。ことに夏には肥効が高いので、ネギは伸長するが肥大が少ないものである。

クサケというのは、雑草に負けるということである。ネギには直根がないから、根張りが浅くて、根の強い雑草が生えると、草に攻められて発育がにぶる。苗の時や定植当時は、除草に注意しなければならないといったものである。

とくにネギの育苗では、発芽当初の草姿は、糸状で小さいから、雑草に負けないように、ていねいに除草することが苗つくりのコツになっている。除草は、中耕を兼ねているが、かえって、表土を乾燥させることになるから、苗の生育がおくれる。それで、除草後は、肥土をふりこんでやると、生育が格段によい。しかし、ぞんざいな除草をするくらいなら、ネギ苗を、雑草と共生させておいて、定植のときに、ネギと草とを選り分けるほうがよい。

野菜である。

第8表　本圃での施肥と生育，収量（埼玉農試　1961年）

区名＼項目	草丈	軟白部長さ	軟白部太さ	収量	同比
	cm	cm	mm	kg/10 a	
標準	93.5	41.8	21.0	5,080	100
チッソ減	89.9	41.1	20.4	5,530	109
チッソ増	91.6	42.9	20.0	5,360	106
リン酸減	92.5	41.4	20.9	4,940	97
リン酸増	91.3	41.1	20.3	4,740	93
カリ減	98.1	41.8	21.4	5,510	108
カリ増	89.7	42.3	21.2	5,290	104
減肥	98.9	43.4	20.0	5,430	107
増肥	93.0	39.6	19.8	5,380	106

（注）標準10 a 当りN26，P18，K22kg。増減は各要素の50％量を増減。減肥増肥は標準全要素を 50％ 増減。4回に分施。豊里（沖積土），品種は農研2号。

地力と水管理で

従来の慣行法では、ネギはずいぶん多肥を要する野菜であるといわれてきた。しかし近年の試験研究によれば、第8表に見られるとおり、施肥量を五〇パーセント増減しても、収量は変わらないばかりでなく、品質にも差が認められない結果がでている。つまり、ネギは、肥料でつくるものではないということだ。

群馬県の下仁田ネギの産地では「ネギ畑は土を食う」といっている。徳島の葉ネギ産地では「作柄の安定は排水対策につきる」ともいっている。たしかに、古い野菜は、地力と水管理とが、栽培の合理性を築いてきたものである。

ともかく、特異な形をした葉には、特有の本性がある。その点を心得るならば、ネギはつくりやすく、強い

三、ウ　リ　類

疲労の回復と浮腫《むくみ》の予防

日本の古い時代には「ウリ」はククミス属の総称であった。そして、日本人にとっては、最も重要な保健野菜であった。なかでも、キウリは、野菜中でアルカリ度が最高で、体液の酸性を中和し、疲労の回復をはかり、ビタミンCとともに利尿剤としても大きい薬効がある。

昔から、腎臓は肝臓とともに「なおらんぞう」といわれるほど、故障すると不治の病であった。利尿剤は、尿分泌の促進、尿量の増加を期する薬効をもち、血液の正常水分を維持するものである。つまり、ウリ類には腎臓性水腫に特別な効能がある。昔の人は〝水気《すいけ》をおろす〟といって、浮腫の予防に食べていた。

もともと「ウリ」の語源について、筆者は「熟れる」であると考えている。うれるウリ（熟瓜）の名称は、源順の『倭名類聚鈔』（九二三〜九三〇年）にみえているが、今の何種に相当するのか断定がない。熟瓜と称されたものは、おしなべて「甜瓜(真瓜)」であるとの説が多い。

それは、その後においても、ウリは、アオウリ、キウリ、シロウリ、シマウリ、と外皮の色での区別があっても、それ以上の詳細な解釈がないからである。

ところで、ウリ類は、現在の教科書的な区別による各品目別にひとつひとつの項目があるのがふつうである。しかし、栽培法に多くの共通点があるので、ここでは、ククミス属のマクワ、シロウリ、キウリ、それにカボチャ、スイカを加えて「ウリ類」と一括した。そして、ウリ類の共通性をみながら栽培的に大切な点を検討したものである。

ウリ類・ほんとうの適期はいつか

モモの開花期はウリのタネまき時期

春は、日光の暖かさがありがたい。三月も下旬になると、日中の曇り日は、晴れた日にくらべて、平均三度ばかり気温が低い。雨の日は六度も低くなる。だが、夜の曇り空は、晴れている時よりも気温が三度ばかり高い。雲がフトンの役目をして、地面からの放熱をさまたげているからである。

三月下旬から四月上旬にかけては、一年じゅうでいちばん気温の上がり方の大きい時期である。この時が「春が来た」という実感をもつときである。気温の上がり方が急ピッチとなり、そのピークには、モモの花が咲く。そして春らしい気候が安定する。

モモの開花は最低の五度を知らせる

モモは、朝方の最低気温が五度ぐらいより高くなると、花が咲き始める。そこで各地でのモモの開花日は第9表のとおりで、モモの開花は、最低の気温が五度になったことを知らせる。そのころは昼間の気温が一二度くらいであるが、日ならずして一五度以上になる兆候である。

ちょうどこの時、ウリ類の直まきができる。もっとも、まだ霜があるからタネまき後は、覆いをしなければならない。キャップとかテントとかいっているつくり方である。キャップの中は、夜間は六〜七度で、日中は二五度くらいになる。これでウリのタネは、七〜一〇日ぐらいかかって、ゆっくりと発芽してくる。発芽後の生長はおそい。しかし、苗はがっちりと育つ。これがウリ類のタネまき適期の決め方である。

ついでにいえば、もう霜が絶対にないと教えてくれるのはフジの開花である。

第9表 モモの平年開花日と満開日 （大後美保）

地名	開花日 月	開花日 日	満開日 月	満開日 日
八丈島	3	5	3	21
浜松	3	8	3	27
松山	3	9	4	1
福岡	3	19	3	28
熊本	3	22	3	27
名古屋	3	22	4	5
大阪	3	23	3	27
佐賀	3	23	3	30
徳島	3	23	3	31
和歌山	3	25	3	30
広島	3	26	4	5
岐阜	3	29	4	8
岡山	3	30	4	8
熊谷	4	4	4	15
彦根	4	5	4	17
宇都宮	4	9	4	15
飯田	4	11	4	18
松本	4	13	4	19
福島	4	17	4	20
新潟	4	19	4	24
山形	4	23	4	27

つくりごとの適温になっている

発芽に最適の温度がない

作物の栽培に「適」の字がよく使用される。だが、温度に関しては、適の字は意味がない。実験室では、一定温度で管理することはできる。そのときは、いくつかの温度変化区のなかで、最適の温度は決められるであろう。しかしそれは、大地が生産の場である農業には、なんの意味も関係もないことである。自然界における日常温度には、一定温度の連続は、存在しないからである。

少しむずかしいが、温度系効果説（西内光氏）を説明しよう。

〝従来、植物と温度との関係については、環境温度は気温のみを重視した。しかも、気温は斉一視し、一定気温と植物の生長や生理との関係を実験している。しかし、自然界の、気温は一定斉一ではなく、微気候的に、草姿、樹形に応じて、分布様相がちがっている。また、植物体の地下部では、地温は垂直的に異なる温度の分布様相がある。さらに、日射下における植物体は、表裏および外面と内部とは、横断的にも温度分布の様相がちがう。これらの異なった温度分布様相は、たんなる時間的な気温のちがいだけでなく、植物体の生長におよぼす影響は大きい〟と、指摘したものである。

第10表　ウリ類種子の発芽と温度の関係 （稲川・宮瀬　1943年）

	置床温度(℃)	10	15	20	25	30	35	40
カボチャ	発芽率 %	0	39	72	94	90	67	0
	平均発芽日数	—	8.2	6.3	3.2	3.1	3.9	—
キウリ	発芽率 %	0	80	83	90	91	89	14
	平均発芽日数	—	7.7	4.6	2.7	2.2	2.3	3.3
スイカ	発芽率 %	0	0	10	79	74	71	64
	平均発芽日数	—	—	8.2	4.7	4.0	4.3	4.8
マクワ	発芽率 %	0	42	97	100	98	100	98
	平均発芽日数	—	7.5	4.0	2.0	2.0	2.0	2,0

（注） 発芽床は川砂を使用。

適温維持のあやまり

そこで、室内実験の発芽と温度関係を第10表で見てもらおう。一般に、発芽率が高くて、発芽日数の短い組合わせのチャンスを適温といっている。この表ではカボチャ、スイカ、マクワは二五度、キウリは三〇度が適温ということになる。しかし、この四種の地面での播種の際には、キウリがいちばん低温でもよく発芽する。また、発芽直後からの温度に対する抵抗力は、カボチャがいちばん低温に強い。さらにまた、同じ発芽率であるならば、低い温度で発芽したものが、高い温度で発芽したものよりも、低温には強い。キウリに例をとれば、二五度で九〇パーセント、三五度で八九パーセントならば、二五度で発芽したもののほうが、三五度のものより低温に強く健全に生長する、ということになる。

もっとも、この適温は一定温度を維持することによって成り立つものである。これを実地に応用したのが温床育苗

第11表　床温と発芽速度　（藤枝国光　1974年）

項目 床温 / 播種後 時間	25～26℃ 主根長	側根長	胚軸長	子葉長	生体重	23～24℃ 主根長	側根長	胚軸長	子葉長	生体重	19～21℃ 主根長	側根長	胚軸長	子葉長	生体重
	cm	cm	cm	cm	mg	cm	cm	cm	cm	mg	cm	cm	cm	cm	mg
24	0.1	—	—	—	48	—	—	—	—	44	—	—	—	—	44
48	1.5	—	—	—	80	0.9	—	—	—	74	0.1	—	—	—	46
72	3.7	0.8	2.0	1.0	150	2.9	0.3	1.5	0.9	134	0.8	—	—	—	66
96	5.4	2.3	3.3	1.4	222	5.2	1.6	2.4	1.1	188	2.8	0.2	1.1	—	116
120	6.5	3.9	4.3	2.2	358	6.3	2.7	3.2	1.5	248	4.8	1.3	1.8	1.1	160

（注）久留米落合H型，もみがらくん炭培地。

だが、一定温度を維持することは、たいへんむずかしい。だから早まき早どりをねらった温床育苗では、高度な理論を応用しているようではあるが、その実は、生か死かのきわどい育苗しかできないものである。この点を無視して、定義的に三〇度が適温だと考えると、発芽の時からつくりごとの適温が必要になる。

きわどい育苗の出発点

通常、温床での播種は、床温が二五度前後を常識的な適温としている。そして、この適温よりも高温にすぎると、発芽は早いが芽生えが徒長し、転び苗になりやすい。また逆に、低温にすぎると、発芽がおくれる。そして、発芽遅延は、一般的に、生育障害があるかのように考えている。第11表は、キウリのまき床の温度と発芽速度を調べたも

第12表　キウリ種子の発芽と温度，光線（中村，岡迫，山田　1955年）

回	処理 / 項目	20℃		25℃		30℃	
		明	暗	明	暗	明	暗
Ⅰ	発芽率 %	93	96	95	94	99	92
	平均発芽日数	3.4	2.0	2.0	2.0	2.0	2.0
Ⅱ	発芽率 %	86	95	93	95	93	90
	平均発芽日数	4.3	2.3	2.1	2.1	2.0	2.0

のである。キウリは、二五～二六度の温度下では七二時間後にエビ状の胚軸が地表にのぞき、九六時間後には子葉が半開きになり、一二〇時間後には、子葉が水平に展開する。これよりも二度低い二三～二四度のばあいは、子葉展開までに約二〇時間のおくれがみられる。さらに一九～二一度では四八時間以上もおくれる、ということである。

しかしキウリの発芽には、温度だけでなく、光線の関係も大きい。第12表は温度と光線の影響をみたものである。キウリの発芽は、高温条件下では、光に無反応であるが、二〇度以下の低温下では嫌光性を示している。ということは、早まきの低温時にタネまきをすることは、適当な時期でないことを示しているものである。だから、高温で徒長させる技術が出発点になる。

子葉は日中に展開する

このように考えてみると、野菜づくりでは、最高の技術進歩をしているといわれているウリ類では、最高にまちがったつくり方をしていることになる。では、いったい、どこでまちがってきたのであろうか。多肥、多農薬栽培が不可欠になっている原因も、このへんにあるのだと思う。

双葉展開の合理性

昔、大阪城の見えるところで「毛馬キウリ」をつくっていた農家は、キウリの双葉(子葉)を「ドンガ葉」といっていた。調子よく発芽してきたキウリは、ドンが鳴る時に双葉が展開するからである。ドンとは、大阪城で正午に打つ大砲の音（時報）である。一般にウリ類のタネは嫌光性で、明るい光線下では高温でないと発芽がおくれる。栽培のための発芽は、温度と光線がたくみに組合わさっているから、ウリ類は日中に双葉が展開するものである。

ところで、「毛馬キウリ」にかぎらず、日本じゅうのウリつくりはだれでも「ドンガ葉」を大切にする。苗の素質がよいかわるいかは、子葉を見ればわかるといわれるほどである。ウリ類の子葉は、マメ類ほどではないが、野菜としては大きいほうである。もっとも、カボチャはマメ類におとらない大きさである。それだけに、ウリ類の子葉は、生長をスムーズに開始するための栄養体としての重要性がある。

子葉は育苗のバロメーター

ウリ類の発芽当初は、子葉からの栄養補給によって、根の生長がうながされ、地上部では、茎と葉の生長が進む。それで、幼苗期に子葉が傷ついたり、落ちたりすると、苗の生長は極度におくれる。第13表は、キウリの子葉の切除と苗の生長を調べ

第13表　子葉の切除と苗の生長　（藤枝国光　1974年）

試験区		草丈	葉数	最大葉(第3葉) 葉長	最大葉(第3葉) 葉幅	地上部 生体重	地上部 乾物重
		cm		cm	cm	g	g
子葉期	1枚切除	28.2	6.0	14.4	18.2	36.4	4.3
	半枚切除	30.8	6.2	14.2	17.4	38.4	4.8
1葉期	1枚切除	28.8	6.0	14.4	17.8	37.5	4.5
	半枚切除	34.7	6.4	14.6	17.7	41.6	5.2
2葉期	1枚切除	32.8	6.4	14.8	17.5	41.2	5.7
	半枚切除	33.9	6.8	15.1	17.6	41.6	5.3
対照		33.5	6.4	14.9	17.5	41.4	5.0

（注）品種：日向2号，4月5日播種，4月12日発芽，5月14日調査。
子葉期切除　4月15日，1葉期切除　4月23日，2葉期切除　4月30日。

たものであるが、これによると、子葉期の切除でも、子葉の一葉が健全であれば、それほど著しいおくれにはならない。本葉二葉期の苗では、機械的な切除の影響は無視してよい、としている。

第9図を見よう。実際の育苗では、「皮かぶり」といわれる不良発芽は、子葉の切除か破損である。傷をつけないように、ていねいに皮を取ればよいという人がいるが、それは生長のスタートがおくれることであるから、好ましくない。

また、第13表では、本葉二葉期の苗では、子葉切除の影響がもうないように説明しているが、それは、外観のことであって、このときの内容（第二回移植苗）は花芽分化の初期で、いわゆる妊娠初期という大切な時であるから、子葉の働きもまだ大きいのである。子葉が良苗のバロメーターといわれるのは、発芽から定植苗までの間は、子葉が内容を物語っているからである。

第9図　キウリの苗の生育段階

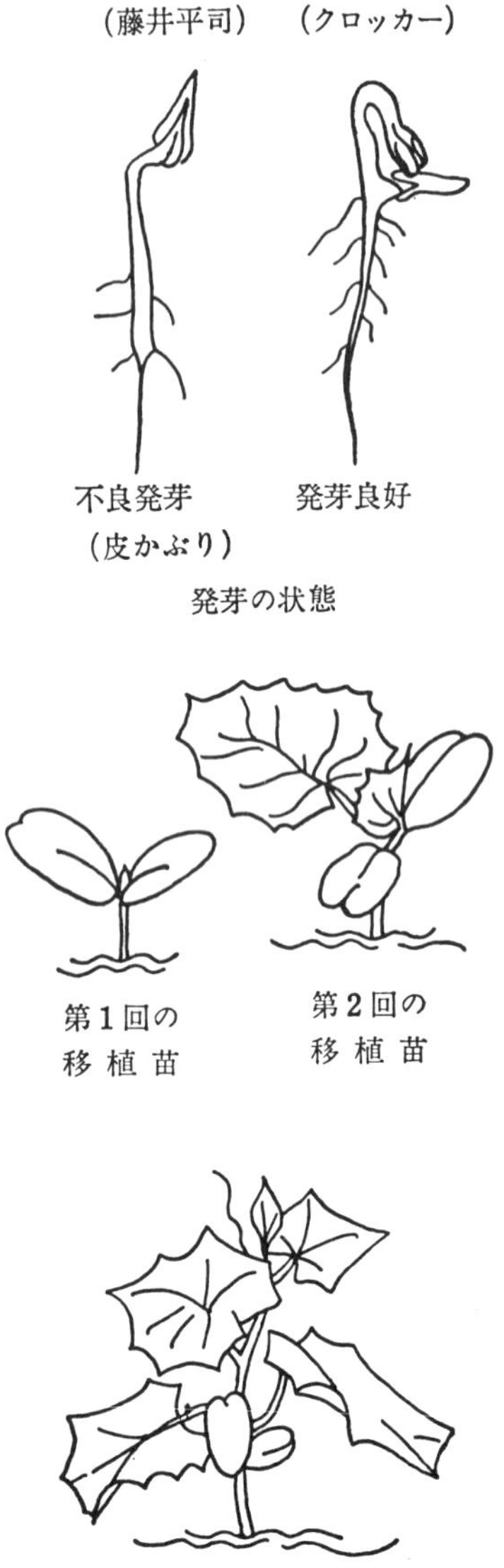

(注)　クロッカー以外は藤井平司による。

ウリ類・生態と作型の変遷

梅雨が病虫害を呼ぶというまちがい

ウリ類は、根群の分布が浅くて、粗（あら）いから、乾燥にはとくに弱い。だから、ウリ類は、日本で生育するには、梅雨期が中心（開花期）になる。

いまの栽培が、高温多湿だから梅雨期が病虫害や生理障害のネックになる、としていることは、初手からのあやまりである。

多湿が開花を促進する

幸いにも、ウリ類が多湿を好む証拠は、まだ、開花生理に残っている。低温短日で花芽が分化する、という新説よりも、「多湿が開花を促進する」ことのほうが技術面では優先している。逆に、乾燥は開花をさまたげているもので、生育後期の乾燥は、ムダな着果を調節していることになる。

そのよい例は、品種改良のために、計画的な交配を毎日つづけていると、ウリ類のばあいは明日の天気がわかる。ウリ類の交配は、午前一〇時ごろまでに終わり、午後は開花前日のツボミに袋かけをする。このとき、湿度が上がっていると、ツボミの黄ばみが大きくなって、ツボミの数も多くなる。この開花予定数が昨日よりも急に倍近くも多くなるときは、明朝は雨が降っている。

また、果実の発育も湿度と関係深い。空気中の湿度は、土壌水分とともに、乾燥すると根からの吸水量よりも葉からの蒸散量が大きくなって、生育がおくれ、果実の発育も抑制され、品質までも低下することになる。

こういうことは、ウリ類の生育適期が梅雨期にあることを証拠づけているものである。ただし、切れ葉のスイカは、開花生理は多湿を好むが、果実の着果、発育は乾燥のなかで進行する。切れ葉は、葉面からの蒸散量を少なくしているからである。

型 と 季 節 (大阪南部基準)　　(藤井平司 1975年)

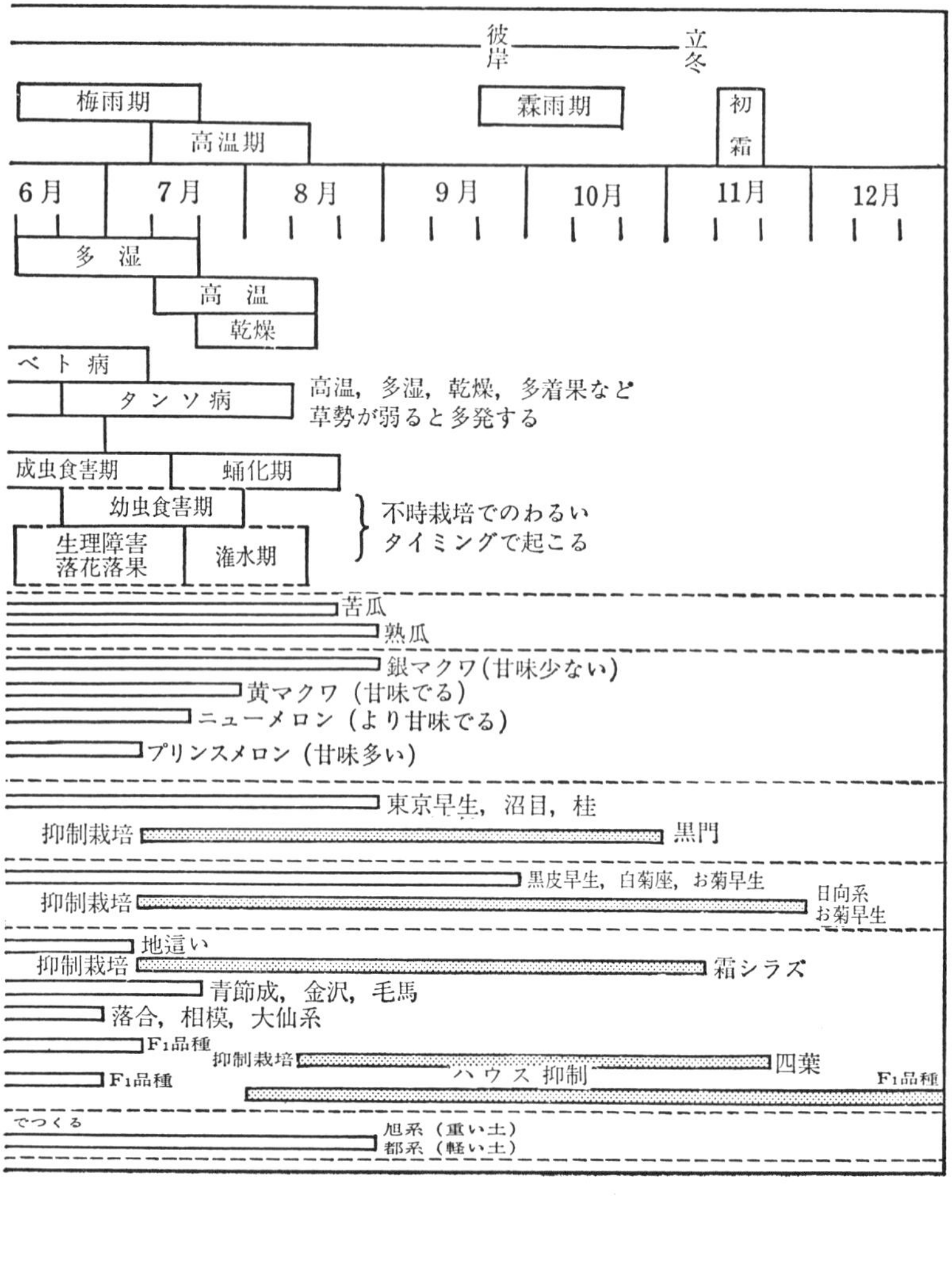
彼岸
立冬
梅雨期
霖雨期
初霜
高温期
6月
7月
8月
9月
10月
11月
12月
多 湿
高 温
乾燥
ベ ト 病
タ ン ソ 病
高温，多湿，乾燥，多着果など草勢が弱ると多発する
成虫食害期
蛹化期
幼虫食害期
生理障害
落花落果
潅水期
不時栽培でのわるいタイミングで起こる
苦瓜
熟瓜
銀マクワ(甘味少ない)
黄マクワ (甘味でる)
ニューメロン (より甘味でる)
プリンスメロン (甘味多い)
東京早生，沼目，桂
抑制栽培
黒門
黒皮早生，白菊座，お菊早生
抑制栽培
日向系
お菊早生
地這い
抑制栽培
霜シラズ
青節成，金沢，毛馬
落合，相模，大仙系
F₁品種
抑制栽培
四葉
F₁品種
ハ ウ ス 抑制
F₁品種
でつくる
旭系 (重い土)
都系 (軽い土)

第10図 ウ リ 類 の 作

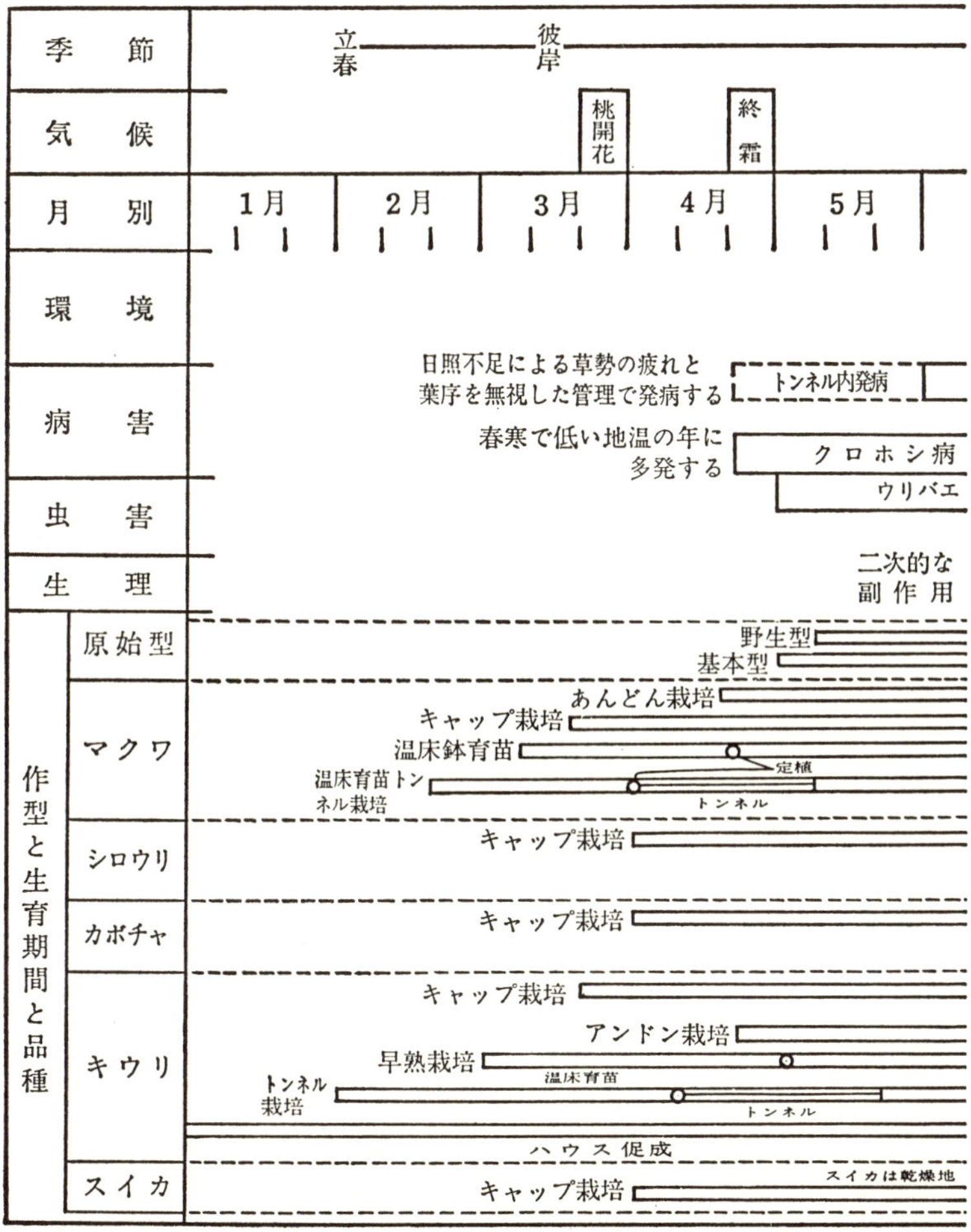
季 節
立春
彼岸
気 候
桃開花
終霜
月 別
1月
2月
3月
4月
5月
環 境
病 害
日照不足による草勢の疲れと葉序を無視した管理で発病する
トンネル内発病
春寒で低い地温の年に多発する
クロホシ病
虫 害
ウリバエ
生 理
二次的な副作用
作型と生育期間と品種
原始型
野生型
基本型
マクワ
あんどん栽培
キャップ栽培
温床鉢育苗
定植
温床育苗トンネル栽培
トンネル
シロウリ
キャップ栽培
カボチャ
キャップ栽培
キウリ
キャップ栽培
アンドン栽培
早熟栽培
温床育苗
トンネル栽培
トンネル
ハウス促成
スイカ
キャップ栽培
スイカは乾燥地

野生的な作型

そこで第10図を見よう。今では、栽培しているウリ類のなかで、最も野生型で残っているものは「苦瓜（レイシ）」であろう。苦瓜は、地温と気温とが完全にタネの発芽条件を満たす五月中旬に芽がでる。一般にウリ類は、発芽後約四〇日で花が咲き始める。初めは雄花から咲き、態勢がととのってから雌花も咲く。そのころが梅雨期になる。生育後期の高温乾燥期には、落花が多くなって、初期に着花したウリ果の成熟を促進する。

この作型で最大の障害は、ウリバエの被害である。だが、ウリバエの被害には、苦瓜は、野生型特有の初期生育のダッシュ力と、独特の苦味とが耐虫性になっている。熟果には、香りと内容物に甘味とがあるけれど、この成熟期は、ウリバエの蛹化期で被害がない。

ムシ払いとウリバエ防除

もっとも、昔でも、これよりちょっと早まきすると、ウリつくりには「虫払い」の作業があった。『延喜式』（九二八年）によれば〝早瓜一段の下に払虫一二人〟とある。一反歩のウリ畑には、一二人の虫払いがいて、朝から夕までウリバエを払いとっていたものである。

なお、ホシカ（魚肥）はウリバエの被害を多くしていた。それで、スイカ、マクワなどの魚肥多用畑では、ウリバエの防除に、うねの片側へ麦をまいて間作した。またウリ類のタネまき後、覆土は砂を多めに使用したり、株元へ砂を盛ったりするのも、ウリバエの産卵を防ぐ効果があったからである。

マクワ――甘味をもとめすぎて病気が多発

ところで、ウリ類の果実は、近年、人間の食用向に都合よく変えられてきた。その過程は、マクワによく現われている。古い時代の基本型は、降霜のなくなった五月に発芽して、苦瓜と同じ生長期を経過し、高温乾燥期には、果の成熟と草勢の衰弱で一生を終えることになる。これが「熟瓜」と記載に残る甘味のないマクワである。高温は、成熟果の糖度を高めないからである。そのうえ、高温で肉質は悪化する。

そこで甘味をもとめて、第10図に見るようにマクワのタネまき時はだんだんに早くなっていった。

あんどん栽培と銀マクワ

マクワの早まきの初めは、霜の終わるころのきわどいタネまきであった。下種位置には、いいい、あんどん様の紙の輪で、万一のうす霜への対策とし、また、あんどんは幼苗のウリバエ防除にも役立った。収穫期はウリバエの蛹化期であって、高温乾燥期でもあるから、香りはよいが甘味の少ない「銀マクワ」であった。銀マクワは耐水性があり、水田地帯に好適し梅雨期の日照不足の害も少なく、粗放栽培でよく結果した。いかにも納得がいく日本向品種であった。が、残念なことに、昭和二六年（一九五一）ついに市場から姿を失った。今では店頭でも見ることができなくなった。もはや、有用な系統は絶滅している。惜しいことである。

その次は「黄マクワ」だ。〝昔のマクワはシャリシャリしていて甘かった。今のようにねっとりしたしつこさがなかったからうまかった〟と年配の人からよく聞くことがある。この〝昔のマクワ〟とは「黄マクワ」のことである。七月で収穫を打ち切る黄マクワは、銀マクワよりもはるかに糖度が高かった。市場では、スイートメロンと愛称されるだけあって、食味、肉質ともに、当時としては好評を得ていた。しかし、甘くなっただけ貯蔵に耐えず、そのために栽培時期は早づくりに指向した。あんどん栽培よりも一カ月も早くタネをまいた。それが露地へ直まきする栽培での早まきの限界になるキャップ栽培である。そのときの指標が、モモの開花ということである。

キャップ栽培と黄マクワ

その後、マクワは温室メロンの品質をねらった。マクワの肉質を粘質にして、もっと安定した高い糖度にするためには、さらに早まき早どりが必要だった。そこで「ニューメロン」が登場し、温床で育苗されて早熟栽培が始まった。

早熟栽培とニューメロン

ニューメロンは、まずマクワのモデルチェンジから始めた。俵形のマクワが丸形に変わったのだ。昭和二六年（一九五一）ごろからの傾向であるが、結果的にニューメロンは、早まき早どりの品種であることが一見してわかるような特色を出したことになった。半面、タネまきが早くなるほど、病虫害や生理障害で栽培管理がむずかしくなった。とくにウリバエや、地温やらを考えないで、あわてて定植することは、失敗の大きな原因となる。

トンネル栽培とプリンスメロン

早まきの失敗はビニールで応急手当をした。ビニールの普及は、トンネル栽培を実現して、願っていた露地メロンが成功した。それが「プリンスメロン」の育成である。プリンスメロンは昭和三七年（一九六二）はじめて市場にでた。その甘味とエレガントな香りが人気を呼んだ。一九六四年には一三県に広まり、その翌年には、全国に広く栽培されるようになった。

だからといって、マクワの栽培が、進歩したと思うことは早合点である。実のところ、プリンスメロンの出現は、野菜的果物の需要期間が穴うめされたという市場側（売り手）の願いがかなっただけである。イチゴ—プリンスメロン（六月上旬から七月上旬の間）—スイカとつづく商品の出回り期が完成したのだ。さらに近年、ハウス栽培の「エリザベスメロン（昭和四三年命名発表）」がある。ここにいたって、もう露地メロンの〝露地〟が取りはずされた。それでも外皮の黄色は、マクワへのノスタルジアをもとめ、外観の丸形は、メロンのランクを保つ努力をしている。が結果は、かえって五十年来の王座、温室メロン（アールスヘボリット＝一九二六年輸入）の格下げ役となっている。

この作型の変遷は、本来のウリ類の生態を考えないでより早まき早どり型へ指向したために、ますますゆがんだ栽培になった。ウリバエへの対処がなくなり、春はアブラムシのえじきになっているのも、二次的な現象である。加えて日照不足から病気にもかかりやすい体質となり、べト病の発病期とのタイミングが重なって多肥、多農薬栽培が余儀なくされたのである。

シロウリ——糖度を追わない強み

シロウリの強さ

甘味を追いもとめたマクワとは別に「熟瓜」からは、甘味を追わないシロウリの作型が分化していた。シロウリは収穫期を変えずに、タネまき期がキャップ栽培まで早くなった。その結果は、生育期間を長くしただけの増収効果があった。すなわちシロウリは「耐病虫性がある」といわれるゆえんがこれだ。いま、露地メロンの最大の課題は、シロウリの強さをもたせることだといわれている。が、早まき早どりの体型では、それはできない相談である。

かつて、江戸川地方の野菜栽培地帯では「シロウリは地温が低いと病気でたおれる」といっていた。江戸川地区は、都市近郊農業地帯としては、異色だった。冬季は、五度以下にほとんどならないような温暖地であったからだ。こういうめぐまれた好条件下のシロウリつくりは、えてして、早まきになりがちだから、地温が決め手になることを注意していたものである。ちなみに、江戸川のシロウリ早出し栽培は、ダンゴ育苗という特別な根を守る方法がなされていた。とにかくシロウリは、糖度に関係がなかっただけに、基本型の強さを維持することができたのだ。

抑制栽培の成功

そこで、春作に条件が似ていて、低い地温の心配がない秋作（霖雨《りんう》・秋の長雨の利用）を試みたのが抑制栽培である。抑制栽培は、乾燥期に発芽して、霖雨期が開花期になる作型であるから、計算通りに成功した。むしろ、ウリバエの被害がほとんどないだけに、栽培は簡単である。ただ、幼苗期の耐暑性だけは、特別に必要である。前に書いた江戸川地区では、かん水することによって、高温乾燥は、むしろ、めぐまれた条件としていた。大阪の抑制品種は、高温に順化した「黒門」が古くからある。そして黒門もやはり、多かん水が収量をあげる決め手になっている。

カボチャ——糖質化が栽培を安定させた

作型を広げるカボチャ

シロウリの作型にゆとりをもたせているのがカボチャである。カボチャは全体の形態が粗剛であるだけに、強さが作型の幅を広げているのである。もっとも、カボチャも甘味を望めばこうはいかない。カボチャの利用価値は、糖度でなく糖質（デンプン）であったことがよかったわけである。いや、それどころか、カボチャの糖質は、日照が長くなり、強い光線が光合成を活発にするから「うまいカボチャ」は早まきでは望めない。

直まき放任が抑制栽培

元来、カボチャは、太くて長く伸びる根をもっている。移植苗では、この根の本性は発揮できないから、他のウリ類と同じように扱われている。しかし直まきしたカボチャの根の強さは、吸水、吸肥力がすばらしい。なまじっかな管理は、かえって

第11図　カボチャ「お菊早生」

（注）外観が清潔，黒緑色，果面にコブはなく，タテ溝が浅い。

ツルボケの失敗がある。ツルボケは「葉ばかりさま」といわれているが、それは根の強さのせいである。それで、直まき放任が抑制栽培を成功させることになる。もっとも洋種（栗カボチャ）は、おそまきでは雌花の着生がはなはだ少なくなり抑制はできない。

　このカボチャの強さと、雌花着生のよい早生系とを利用して、わたしは春作と秋作との兼用品種を考えた。それが第11図のような、昭和四〇年に育成を完了した「お菊早生」である。

キウリ――淡泊があだになった作型の多様性

　キウリはウリ類のなかでも、人間が特別に多く需要するので、はやくから周年化した。それはキウリにとって、大変迷惑していることだろう。それでもなお、人間の側からは「キウリは魔物である（江口庸雄氏）」という。たしかに今は、キウリほど扱いにくい作物はほかにない。最高の技術進歩が、今では最高の悩みになっているのだ。現に、キウリをつくって薬剤散布をやらないのは「仏作って魂入れず」である、とまでいわれているくらいである。

キウリの多収は商品の多産

すでに周年化が完成されたキウリの作型は、商品生産として意味があっても、食べものをつくることにおいてなんの意義もない。作型は荒れ放題である。キウリは味が淡泊であるから、いつの時期につくっても味に文句がない。そのことが作型を多様化しやすくする原因になったのであろう。そして、それぞれの作型向の生態品種の育成は近代育種学の粋を集めた。もはや作型と品種の悪循環は、ついにキウリの生態が、原型をとどめないほどにまで変化するところまできた。

一例をあげれば、前進栽培という作型は、諸問題で行きづまっているではないか。恥ずかしながら、わたしもその一人であったことを反省している。第14表を見られたい。群内交配種にとどまらず、群間交配種にまで多様化した複雑な品種分化がわかるであろう。そのなかに、筆者が育成した「近交一号（一九五四年育成）」と「みをつくし（一九五八年育成）」は今でも多収性品種として名を残している。

次に、第15表を見よう。この分類は、主要な作型を五つに分けて、それぞれ、いろいろな条件を検討したものである。「四季の変化、土質、水などの関係を調べて、そのうえで土地柄に合致させれば少ない生産費で、ラクによい品物がたくさんとれる」と伊藤庄次郎氏は合理的な判断をしている。そ

第14表　キウリの品種分類　　（藤枝国光　1973年）

品種群	代表品種	単　種	群内１代雑種	群間１代雑種
半白	早生節成 相模半白 高井戸 淀節成 白疣	三枚目 大仙1号，大仙2号，大仙4号 薄青，豊島枝成 堺節成，大仙3号 早生京都節成，白疣 長節成	井荻1号，半白節成，相模，若葉 4号高井戸 4号白節成	長節成4号
青節成	青節成 針ケ谷 落合 日向2号	豊岡節成，渡辺八重成 関野落合，埼落，八重成落合 T号，七尾房成	四季節成，松のみどり，翠青2号，春秋節成，福交1号 久留米落合，試交9号，ハウス落合，初春1号，千代のみどり，ブルーライト 久留米落合H型，ベストグリーン，つばさ，初潮	4号毛馬，近交1号，長型節成 しみず，青木節成，越のみどり，福交2号
青長	青長 青大	博多青		みをつくし＊
地這	土田 霜不知	宮ノ陣，砂津 埼玉地這，不二＊	くろしお	
春型雑種	毛馬 刈羽 金沢 聖護院 泉春 彼岸節成	大仙毛馬，津田 会津 加賀，小城	島交1号 早生石上	長日V2型，春分，新青輝 長日落合，長日2号 （ふたば，秋津，夏埼落3号，新交3号，ときわ光3号）
夏型雑種	台湾毛馬 芯止 平和 夏節成	ときわ，満州 大分青長	前進，さつきみどり，かちどき，赤城，北むさし，大利根はやどり，ハイグリーン 近成ときわ，ときわ夏節，高砂	大利根，ときわ新地這，奥路 黒さんご 近成青，新みどり
華北	四葉 山東 北京 支那三尺	三谷抑制 笠置，富山，当尾	山東四葉，T型新四葉，まつかぜ，しおかぜ あさかぜ 松華	近成四葉，旭光四葉，鈴成四葉，近成山東，サマーエース （夏みどり3号，さちかぜ）
ピックル		最上，円座		久留米P1号

（注）キュウリ栽培全書より。＊：藤井平司追記。

第15表 キウリのいろいろな栽培型の特徴 (伊藤庄次郎 1960年)

条件＼型	促成および半促成栽培	トンネルやハウスの早熟栽培	春まき栽培	夏栽培	抑制栽培
栽培の技術	難	難	易	易	易
栽培の労力	最も多い	かなり多い	最も少ない	少ない	少ない
資本や資材	多い	かなり多い	少ない	少ない	少ない
適地の制限	多い	やや多い	極少ない	極少ない	多い
市場の需要	極少ない	最も多い	多い	極多い	極多い→少ない
市場の値段	最も高い	高い	最も安い	安い	やや高い
作柄の変動	やや安定	やや安定	最も安定	安定	やや不安
経営の大きさ	小	やや大	最大	大	やや小
播種期	9～2月	1～2月	4～5月	6～7月	7～8月
出荷期	2～5月	4～6月	6～7月	8～9月	8～1月
畑をふさぐ期間	——	90日	90日	60日	90日

れなのにキウリつくりは、それとは全く反対のハウス栽培が花形になってしまったのだから大変だ。つまり栽培は難、生産費は高、市場性が強の商品生産だ。

労力配分で作型が決まる

もともと、キウリの合理的な生育は、三月中旬にタネをまくと、親ヅルに着果し、子ヅルの出がわるくなる。四月中旬にまくと、子ヅルが多く果数も増加する、という性質のものである。だから、キウリも、モモの開花期がタネまき適期であったのだ。

商品生産は中味を考えない。ましてキウリは味が淡泊なものだから、市場性だけで商品化された。需要が多く、値段が高ければ、生産費が高くても、栽培価値があるものとした。もっとも栽培期間や在圃期間などは、イナ作と直接結びつく労力問題があって、キウリのトンネル栽培が労力配分上、やむをえなかったということは、いなめない。だからハウスもやむない作型であるとはいえまい。

第12図　キウリのビニール半促成・早熟栽培の労力と田植え労力との配分模式図

（岩間誠造　1959年）

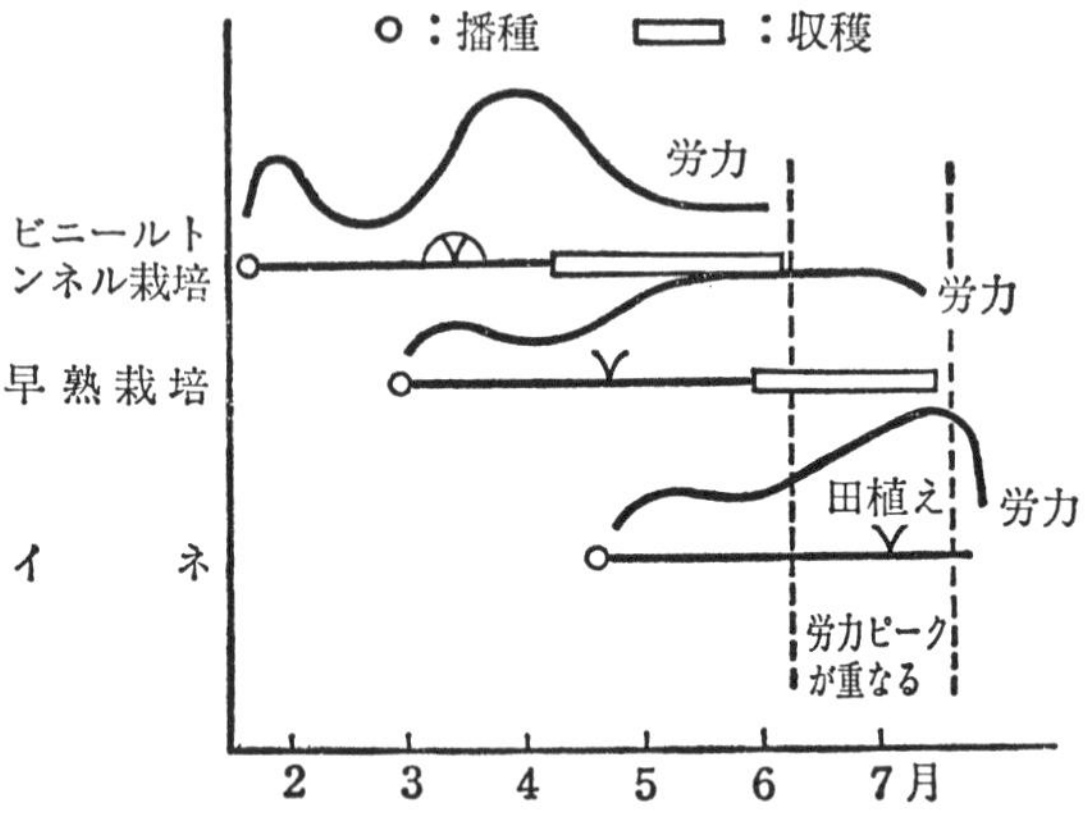

第12図はキウリとコメの労力配分の図である。トンネル栽培は、収穫が田植期までにピークを終わってしまうから栽培が安定化している、という見かたである。冬の農閑期をハウス栽培でいそがしくする、という考え方とは経営的に労力配分が同じように合理化されるわけではない。結局は、キウリの品種まで、大きく変化させるようになってしまった。

多肥が高温多湿期をネックにした

たとえば、大阪では、春まきのキウリは、高温多湿期に平気で育つ品種はもうない。それに全国的にみても四月中旬まき、六月下旬より十月まで収穫する従来の長期多収栽培なんか、だれも考えなくなってきた。なんとか本来的な作型をさがしてみても、キャップ栽培の「地這」と抑制栽培の「霜シラズ」とが、七月ではっきりと二分される。そして、この高温多湿期をネックとする分裂は、施設化（ハウス栽培など）されることによって、冬に重なりができても、七月を中心にする開きは、ますます大きくなりつつある。この現象は、露地でも、ハウス内でも多肥栽培が高温期に塩類集積害を出しているためである。

先にも書いたが、キウリといえども、ウリ類は高温多湿期が栽培のネックになるということはおかしい。現に、ハウス栽培では、室内は高温多湿気味にすることが必要であると、指導者は言っている。しかし、多湿にすぎると病害発生の誘因になりやすい、と付言している。こうした指導が一般化して、農家では〝キウリつくりは、ベト病がでるくらいの環境でないと収量はあがらん〟という高温多湿栽培が常識になっている。そして四六時中、農薬をかけている。つまり、ハウスでは、梅雨期の栽培可能性が実験されている。ハウスで農薬が必要なのは、短日と弱光のためである。梅雨は長日と晴れ間の光が強いから、ハウスほど病気はでない。

スイカ——早どりはムリ

ウリ類のなかで変わっているものにスイカがある。スイカは、日本では、わりあいに新しい作物である。その作型はシロウリと同じであるにもかかわらず、土地柄は正反対の乾燥好みである。

水不足がスイカを育てた

日本で有名な大和スイカの産地である大和盆地は、降水量が少なく、さらに、盆地をとりまく山系が浅いので溜池に依存する農業であった。昔から〝空毛半分、水稲半分〟といって、水不足を考えて耕地の半分は休耕していた。この休耕田の旱害対策がスイカつくりを育てたものである。それは沙漠にシャボテンがあるように、ウリ果は大きな水槽の役目をしている。この発達した貯水組織であるスイカは、乾燥に耐えるための形態的特徴で「乾生形態」というものである。だからスイカは、多汁な果肉が本命になっている作物である。

たしかにスイカはウリ類としては特別である。

農家は〝スイカつくりは失敗しやすい〟とよくいう。それは、スイカの葉は切れ込んだ形(裂刻葉)をしているから、栽培条件が他のウリ類とちがうのである。とくに、この切れ葉のスイカは、他の大葉や丸葉のウリ類と葉の本性がちがうのが当然である。スイカは、高温性で、好光性でそれが光合成の能率を高め、しかも葉からの蒸散量を減少して果に貯水する。このことを理解しないスイカの多肥栽培は、ツルボケして俗にいう〝スイカつくって貧乏する〟になる。

作型と肉質悪化の因縁

現在、スイカの作型は、傾向として露地メロンに似ている。スイカも甘味をもとめるからであろう。しかし、糖度を高めることに専心すれば、高温期の肉質悪化は、マクワ以上のことになろう。スイカはマクワとちがって、果肉内に種子が散在しているからである。

この点に関して、スイカの作型の前進は、マクワとすこしちがう。スイカには香りがないからである。マクワはよしんば甘味がなくても、香りがあるから、食べ方のくふうで利用価値がある。砂糖をふりかけて食べてもよいわけだ。スイカは〝赤い色と甘味〟が生命である。戦後の食べものの不自由な時代でも、未熟な白ボテのスイカはだれも食べてくれなかったものである。

といって、スイカは、真夏のジュース代わりに格好のものであるけれど、高温下のスイカは肉くずれがひどくて、ものにならなかったのである。たとえば「旭スイカ」は肉くずれが最もはなはだしい品種であるといわれている。旭系は、関西では、軽い土でつくられて、七月二五日の〝天神祭〟をねらって出荷していたからである。天神祭の頃は大阪は酷暑の時で、夜でも三〇度以上の暑さである。だからスイカは、早生品種がシャリ（砂糖のような舌ざわり）があり、肉くずれしないから品質的にまさっている、ということが常識になっている。半面、果皮と果肉の白い部分がうすくて裂果しやすい。それが「地もの」の値打ちであった。

とかく、スイカは食べざかりの七月中旬以降の収穫では、肉質、食味はよいのだが、空洞果ができやすい。これが露地栽培の最大の難点になっている。

肉くずれの原因　ところが、スイカの空洞化やタナオチといわれている肉くずれは、過熟現象といわれているだけで、品質悪化の詳細は不明である。

しかし、スイカの過熟とは、果の成熟がすすむと、種子腔付近から軟化して、シャリが消滅し、果肉の組織が崩壊することである。これがマクワでは、種子が集団しているから（中子という）、中子はなれがよいという。スイカは種子が散在しているから、いわゆるタナオチする。そこで、七月上旬のスイカと七月下旬のスイカとを、第13図で比較してみよう。種子の散在位置がちがうのである。そし

第13図　スイカの収穫時期による内部のちがい（藤井平司　1975年）

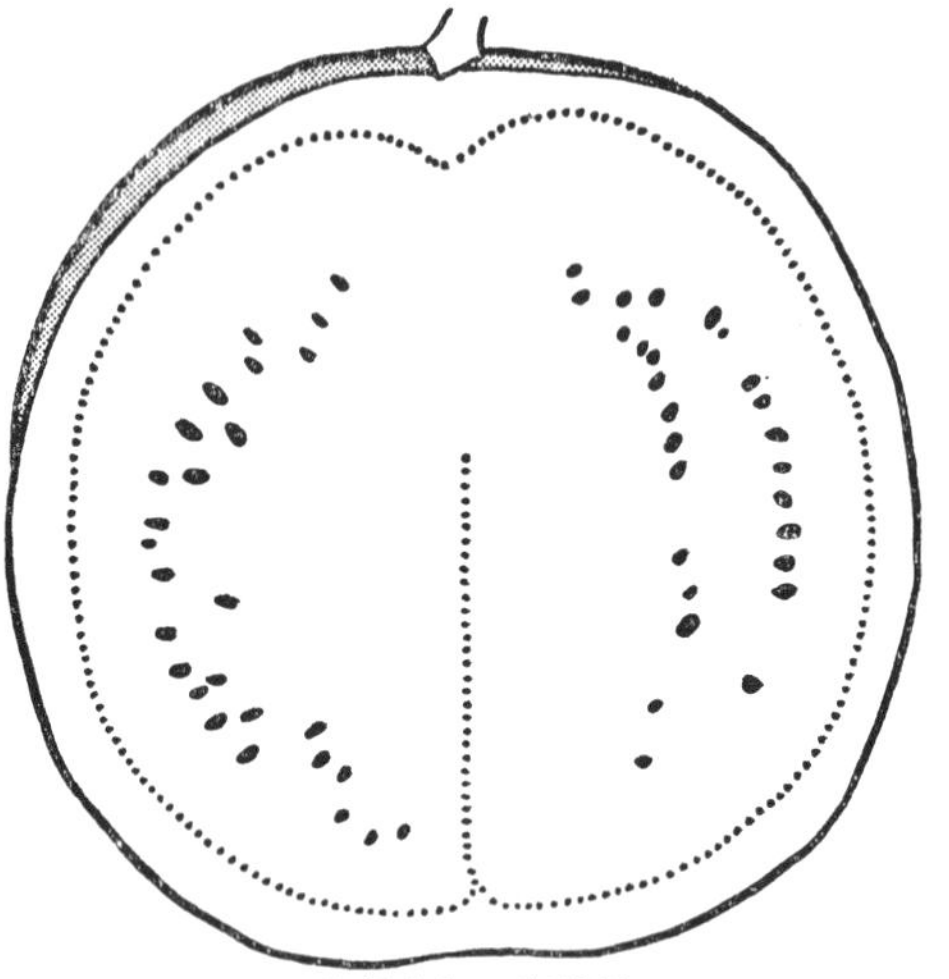

7月上旬の収穫果

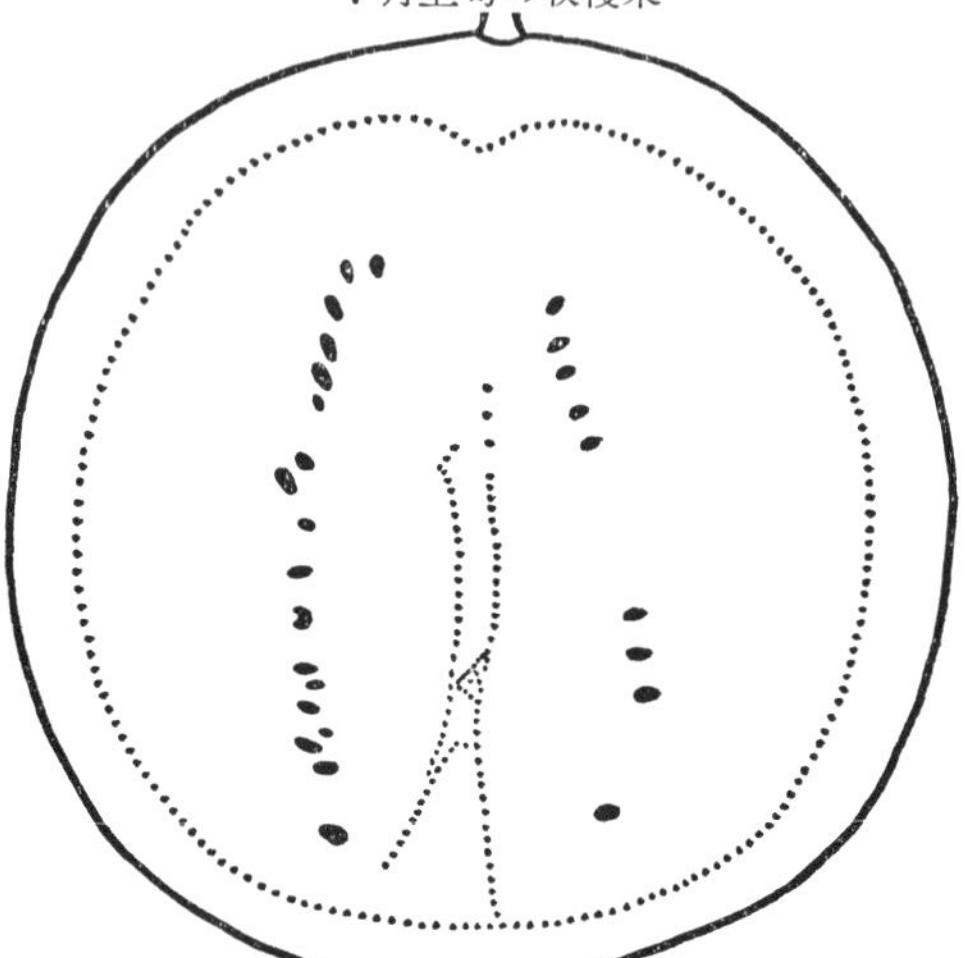

7月下旬の収穫果

（注）品種：縞王，タネの位置と白い肉部の厚さを示す。

て種子が外へ散るほど外皮がうすくなり、内へ集まるほど外皮が厚く、白い肉部も多くなる。この傾向は、メロンでも春果と夏果で、同じく観察することができる。

一般に、果実内の種子は、高気温の影響を緩和するために内部に傾き、しかも皮は厚くなる傾向がみられる（西内光氏『農業および園芸』一九七四年）。実際に、成熟期に直射日光に当たった果実は、果肉温度が三五～四〇度にも上昇する。

スイカは、着果後の生育温度で、果実内の種子位置のちらばり状態が変わり、それが肉くずれの原因になっているのであろう。加えて最近の化学肥料の多施用は、高温期に塩類集積害を起こし、悪変果発生の大きな要因となっている。いわゆるコンニャク病である。

こうしたことから、スイカの露地栽培は、輸送園芸の商品化に不適な作型となって急激に減少した。今は、トンネルやハウス栽培が主体になっている。だからといって、スイカは、今後ますます早まき早どりを計画しても、マクワのようにはいくまい。梅雨期のスイカなんて、だれも見向きはしないであろう。やっぱりスイカは、割れを気にしてそっと扱う地場ものが最高である。

ウリ類・栽培上の問題点

さて、説明がごたごたしたので、少しまとめながら先へ進もう。

ウリ類の露地直まきのタネまき期は、モモの開花期にキャップ栽培するのが、早まきの限界である。にもかかわらず、限界を越えた温床育苗は「適温」という一定温度に惨たんたる苦心をして、発芽後の徒長がいちばん恐ろしいといっている。あまつさえ、適温が夜の温度にまで影響するので、夜冷操作をしなければならない、とするから、今の温床育苗は、ナンセンスというよりほかあるまい。

そのうえ限界を越したタネまき時は、早くなればなるほど、病虫害や生理障害におかされることになる。だから、農薬や肥料の多投が栽培の前提になるのだ。

つまり、早まき早どりが栽培効果をあげている、という思想は、ウリ類の栽培を破壊するものである。

まきつぼへボカシ

クラつきが大事だ

キャップ栽培による直まきは、大地に丈夫な根くばりを開始し、その後は、回を重ねた土寄せによるうねづくりで、根は立体的に配置誘導して、いつも新根が活動している状態にすることである。それは、肥料の種類や量をとやかくいう肥培よりも、はるかに効果があって、しかも先手である。

そのためには、キャップ栽培の出発は、昔から〝まきつぼへボカシ〟といって、クラ、、、クラつきが大切であるといっている。クラは大きいほどよいに決まっている。高さは平地よりも一五センチは高く盛り上げなければならない。

厩肥は禁物、ボカシは落ち葉や雑草で

クラつきの中心へは、ボカシといわれている肥土を、どんぶり鉢に一ぱい分入れる。ボカシは化学肥料や厩肥でつくってはいけない。根が肥焼けを起こしたり、ウイルスの発病を促したり、品質をわるくしたりするからである。とくに

第14図　ウリ類の露地直まきキャップ栽培

（カマボコ型高うね式のクラつきとうね立て）

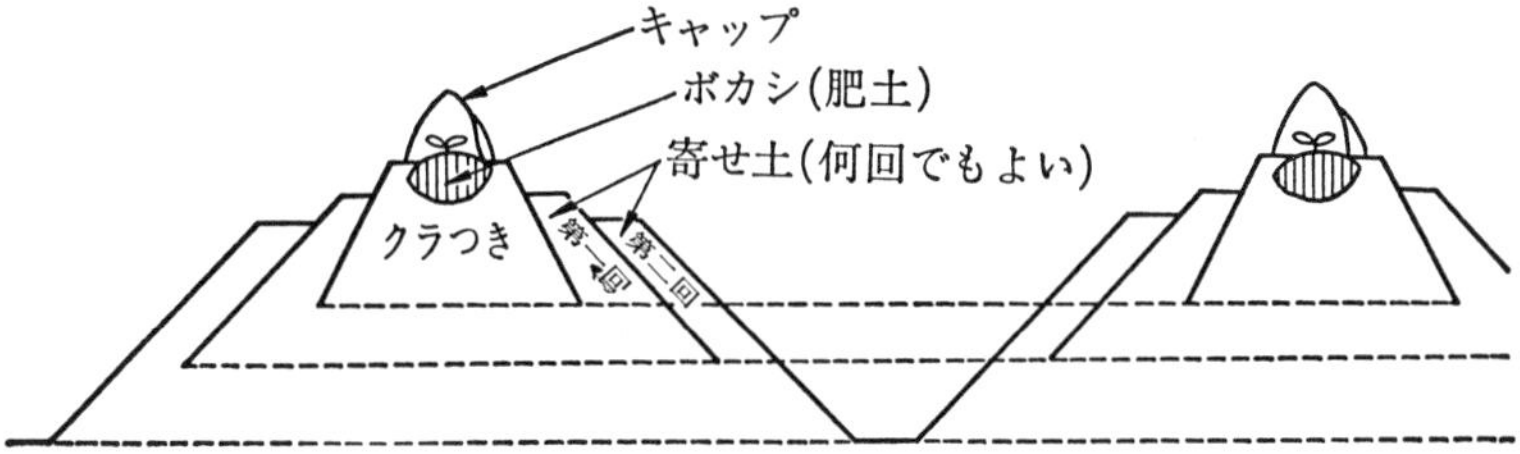

	うね幅	株間
キウリ	150cm	60cm
マクワ	150	80
スイカ	180	80
カボチャ	180	100

ウリ類は〝根上がり松〟に仕立てること
うね肩の土はずり落ちて株元は根が浮き上がる

ウリ類には、厩肥は禁物である。厩肥が腐熟するときに、フザリウム菌が繁殖して、ツルワレ病を誘発する。

ボカシは、土に落ち葉を混ぜるのが第一であるが、落ち葉が少ない時は、雑草（イネ科がよい。なかでもメヒシバは最良だ）を根ごと引き抜いたものをつみ上げてつくるとよい。根についている土には、有効な微生物が群生しているからである。しかし、ボカシは作りものの土だから、使用するまでに白くなるくらいまで乾燥させてはいけない。生きた根圏がないので、せっかくの微生物が減少することになる。

クラつきの高さを頂点にして、うねはカマボコ型に、高くつくり上げる。第14図を参考にされたい。高うねはエキ病やツルガレ病の病害防除と、ウリ果の品質を向上し、収量を増加する決め手になっている。ウリ類は〝根上がり松（株元の根が浮き上がっていること）〟に仕立てることだ、とベテランはいっている。そのためには、せいぜい高うねに仕上げられるだけの広いうね幅が必要である。

密植・整枝技術はまちがっている

果実をつけながら生長する果菜栽培で重要な管理操作は、密植と整枝だといわれてきた。ウリ類も例外ではない。否、それどころか、ウリ類が典型であろう。

では、この密植といい、整枝法といい、本当に意味のある技術であったのだろうか。従来、常識とされてきたこの技術に、根本的な検討を加えてみよう。

密植には計算ちがいがある

ウリ類は広いうね幅をもたせてつくる作物であるから、それぞれ、品種や収穫の目的、環境条件に応じて、適度な栽植密度が必要である。わけても、集約栽培を目的とするばあいには、密植があたり前ということになっている。しかも、この密植がいかに重要な栽培技術であったかは、これまでの技術指導の経過を知ればはっきりする。

日本の官庁技術の第一歩は、この栽植密度から始まっているのである。農業試験場ができた当時は、こぞって、うね幅、株間の試験を行なって、定植距離を決め、密植をおしつけたものだった。密植が増収の決め手と思い込んでいたからである。

なるほど、反当り収量は、株当り収量と、反当り株数との掛け算によって算出できる。だが、早まき早どりの思想は、高値を追ってきただけに、計算ちがいがあった。早期栽培するからには、後期収量は犠牲にしてでも初期収量を上げることに苦心がはらわれていた。

初期収量を多くするには、反当り株数を多くすることが必要になるが、栽植密度は、一株一株、作物の環境条件を支配しているので、密植して放任しておけば、密植の害が現われる。収穫がだめになるのだ。そこで整枝が行なわれたということである。だから、密植栽培と整枝とは不可分一体の関係になるというわけである。

高密度の生物群落と自然死

しかし、ここで忘れてはならないことがある。密植をすると、たとえ整枝を行なったとしても、どの株も同様に育つとか、収量があがるということにはならないということだ。密度の高い生物群落を見てみるとわかることである。よしんば栄養が豊富でも、個体の自然死がついてまわるということを考えなければならない。

作物を単一化した集約栽培での密植は、すでに高密度の群落である。そこには伝染病と個体の自然死はさけられない。

整枝や密植は多肥・多農薬を呼ぶ

ところで、密植栽培と一体となった整枝技術について、一般には〝整枝は、栄養生長を抑え、植物体の受光量を多くして、炭室素比を高め、結実をよくする効果がある〟といわれている。しかし、理屈はそうであっても、実際にはそうはいかない。

地上部と地下部の調子

整枝とは、植物体の一部を切りとることである。通常、根からは水溶液が吸い上げられる。整枝した地上部へは、切りとった茎葉の分の養分が余分に回ってきて、その分まで伸長、肥大を促すというわけにはいかない。根が養分を吸い上げる操作は、地上部の働きといつも調子が合っているので、地上部のせん定は、根の生長を押さえることになる。

根の活動が低下するために、こんどは地上部の活動もおとろえてくるというかたちの悪循環が始まり、肥料や農薬の応援が必要になってくるのである。たびたび農薬をかけると、葉っぱが厚ぼったく、しかも小さくなってくる。そうなると、病気がでなくとも、葉は充分に働かない。そこで、生理的にも異常がでてくるということである。

密植するから整枝が必要だとする従来の技術では、こうした弊害はさけられない。

うね幅は広く株間はつめよ

さて、密植のお手本には、作業能率を考慮したイナ作の正条植えがある。坪何株植えという考え方だ。この種の密植は、うね幅、株間ともつめて植えることで、それを〝碁の目植え〟とか〝雁木《がんぎ》植え〟などと呼んでいる。そしてこの密植栽培は、たしかに放任栽培にくらべると有効結果数は多く、収量は上がった。

しかし、密植をすると、生育後期には整枝なり、摘葉なり、摘果なりがついてまわる。葉の込み合いを、こうしたムリでさけなければ良質果がとれないからである。そして良質果の生産の前提に、多量の施肥量と農薬の多投が必要になってくる。

わたしは、整枝が必要なほどに密植する必要はないと思う。栽植密度が適度なら、整枝をすることは、むしろ有害となる。

キウリは、うね幅が狭いほどよく曲がる。とくに細長い品種をつくるときには、うね幅は広くとることが大切である。このように、うね幅の広い、狭いは品質に影響し、ひいては収益にも関係する。

一般に、葉が大きくて広い品種は、葉の小さい、細い品種よりも、うね幅を広くしなければ良果はとれない。うね幅を広くすることは、受光量を多くするからである。しかし、うね幅を広くすると、株間は狭くして、植付数が減少しないようにしなければ、収量は上がってこなくなる。

株間の決定に、葉の大きさは配慮する必要はない。大葉のキウリでも、葉の直径より株間を狭くして植えても、うね幅さえ広くすれば、みごとに果がついてくる。立毛に厚みができて、最後まで良果がなりつづける。株間をつめても葉柄の操作があるからである。

葉には光を土には日かげ

葉柄の操作は、葉序の基本原則に従って、規則的に行なわれる。第15図をじっくり見られたい。這いづくりのカボチャが、規則的な葉序で生育している状態である。葉柄の操作は、葉の展開に関係して、個々の葉の重なりを支配する。この図では、全葉面に光が当たり、地面は葉かげで地温の上昇を

第15図　這いづくりのカボチャ――葉序の原則を生かす

（藤井平司　1974年）

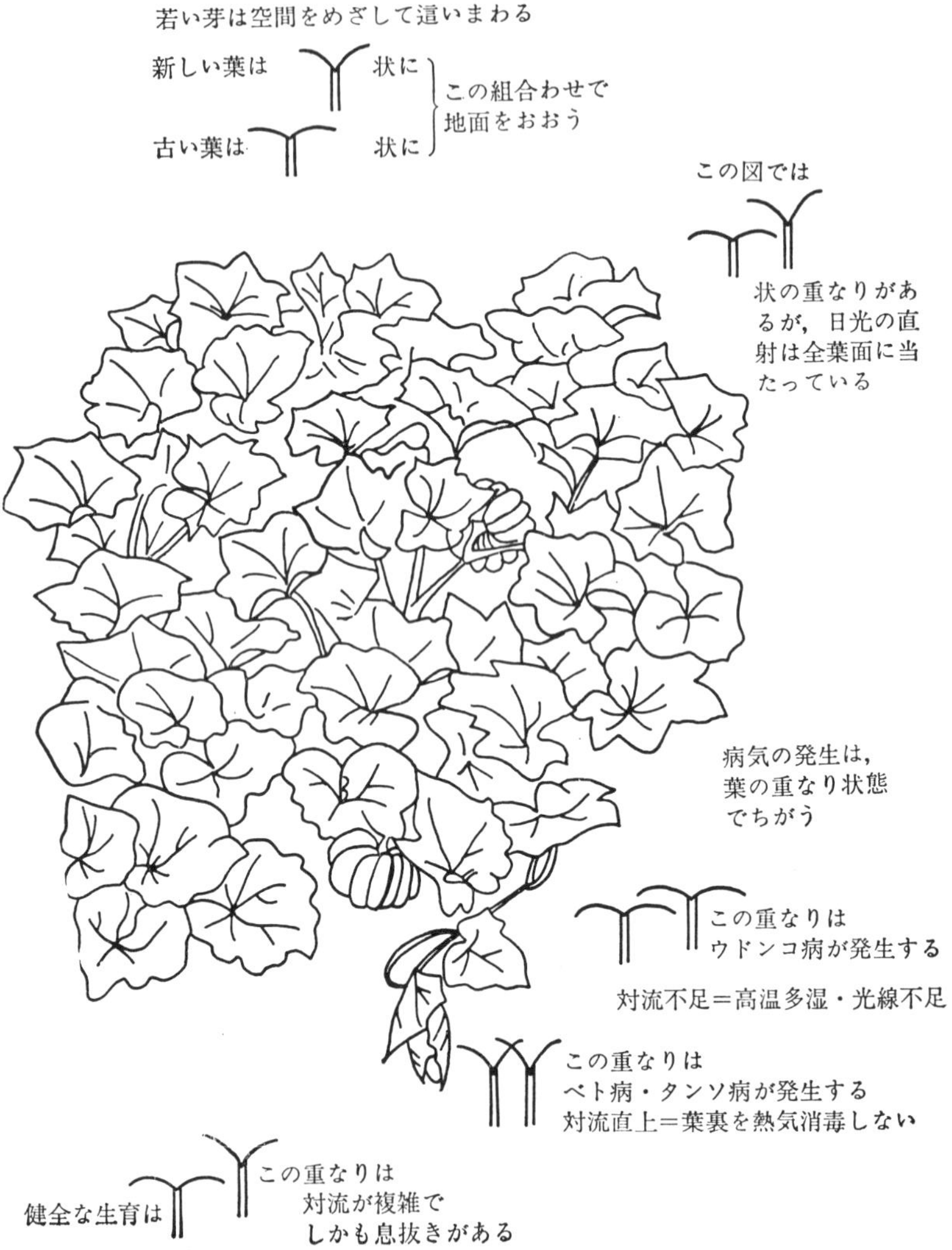
若い芽は空間をめざして這いまわる
新しい葉は　状に
古い葉は　状に
この組合わせで地面をおおう
この図では
状の重なりがあるが，日光の直射は全葉面に当たっている
病気の発生は，葉の重なり状態でちがう
この重なりはウドンコ病が発生する
対流不足＝高温多湿・光線不足
この重なりはベト病・タンソ病が発生する
対流直上＝葉裏を熱気消毒しない
健全な生育は
この重なりは対流が複雑でしかも息抜きがある

防いでいる。葉は重ならない、という原則である。

だから、葉は全部、前向きにこちらを向いている。つまり、太陽の光を受けているのである。こんな葉は、働きものであるから丈夫で成績がよい。これはどんな作物にでも共通した原則である。

切れ葉のスイカは、もっと株間をつめることができる。切れ葉は重なりがあっても、裂刻のすきまが窓になるからである。この原理を応用したものに『スイカの密植増収法』（渡辺誠三氏、一九五二年）がある。

整枝よりも株のそろい

もっとも、株間を狭くするには、苗のときから、外観内容ともに、よくそろっていることが肝要である。株のそろいがわるいと、生育に勝ち負けができて、結局は、疎植したのと同じか、それ以上の減収にもなる。このように、たとえ同じ株数でも、うね幅、株間を変えれば、品質や収量には大きな影響がでてくる。

早期多収だけをねらって、栽植株数だけをふやす密植栽培では、どうしても病虫害の多発やら、株間の栄養競争が起こる。しかも、この競争は、生長量が豊かなときには、たいして激しくはないが、生長量がおとろえるときほど、みじめな作柄になってしまう。

結局、整枝が必要なほどに密植する必要はないのである。栽植密度さえ適度に押さえておけば、整枝などはいらないし、整枝による害も受けないですむ。農薬も、むやみやたらにかけなくてすむのである。

整枝よりも実効は葉面積の確保

当然のことであるが、良果をできるだけ早くからとり、おそくまで成らしつづけることが、栽培のねらいどころである。そのために整枝が必要だとするなら、整枝の役目は、生育促進と、病害対策との両面を兼ね備えていなければならないということになる。

ミのないハナシ

しかし、このことは、整枝によってかたづくものではない。むしろ、全く逆である。極端な一例を示すならば、マクワの整枝法がある。それは〝主枝を摘心し、子ヅルを摘心し、着果したら孫ヅルを摘心し、その後に発生する側枝を全部摘除する〟ということだ。これが着果させるための整枝の役目ならば、着果したものが、どうして収穫果に育つことができるのだろうか。これでは全く、ミのないハナシ（葉なし）であろう。

葉面積の確保が必要

一般に、ウリ類は果実がつくと、葉面積が大きいほど果実は大きくなる。収穫果が同じ大きさであるならば、葉の面積が大きいほど味はよくなる。強く摘心、整枝した状態で果実が肥大してくると、茎葉の発育が停止して、根群も貧弱になって、乾燥に弱くなる。だから、乾燥地の栽培での整枝は、草勢を弱めることになる。

とても整枝はできない

ウリ類の一果が、所定の大きさとなり、一定の糖類（甘味やデンプン質）を含有する成熟果になるには、スイカでも、カボチャでも、約五〇〇〇平方センチの葉面積が必要とされている。葉面積と果の成熟については第16図を見て、それぞれの品目を葉の枚数で当たってみよう。

西洋カボチャは、約一三枚の葉数が入用で、日本カボチャは早熟栽培が主体になるから、洋種より若どりする関係で葉数は約一五枚、メロンは室内栽培の関係で、光が弱くて約三〇枚、スイカは切れ葉（羽状裂刻葉）になっているので、約七五枚は必要となる。これらの葉数から推量すると、若どりするキウリで約一〇枚、葉の小さいマクワなら約三〇枚が必要であろう。一果が成熟するのに、これだけの葉面積を確保する必要があるのに、どうして整枝で葉の枚数を制限することができるだろうか。

それに、一枚一枚の葉の使命は、展開直後の若葉は、栄養生長に貢献し、充分大きくなったときが、葉としての働きざかりで果実の発育に貢献する。そして着果節の近くの葉ほど、果の成熟に重要な役割をもっている。

着果のための摘心はピンセットで

だが、ウリ類のばあいには、天気のまわりがわるいと、日照不足で着果がわるくなる。この着果を確実にする手だてとして、炭窒素比を考慮した摘心が行なわれる。つまり、先ほど説明した葉の働きをねらいに摘心するということである。だ

果の成熟　　(茂沢隆之助 1956年)

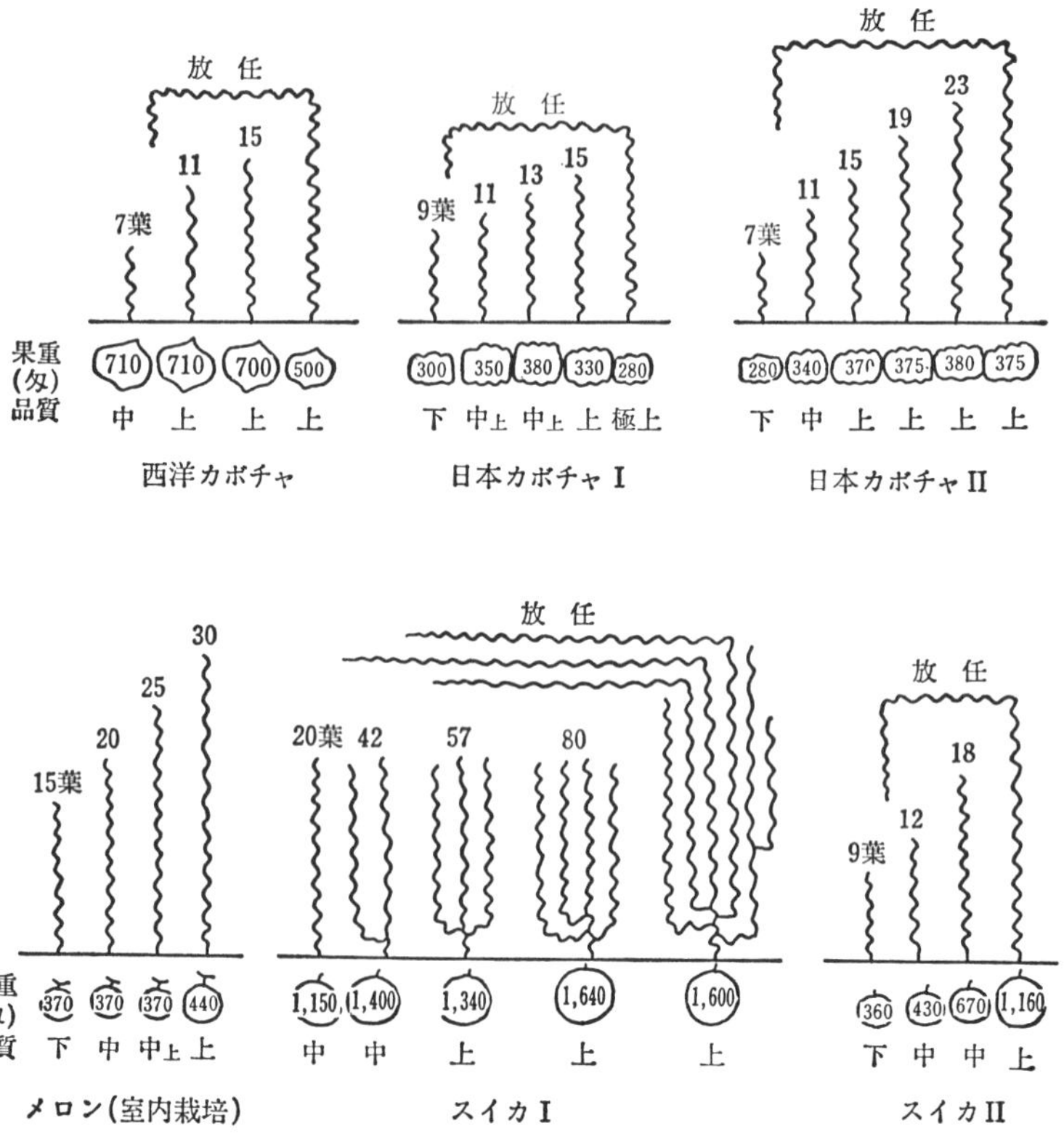

から、摘心は、なるべく早くしなければならない。たとえばウリ類では、俗に〝ツバメ口〟といって、生長部の葉先はツバメの口を開いたようなかたちになっているものである。このツバメ口の上のくちばしを開き、中にある舌（生長点）をピンセットでつまみとって摘心する。

こうすることで、生理的な生長のバランスをくずさずに、生長部からチッソを減らし、着果を安

第16図 葉 面 積 と

	スイカ	メロン（室内栽培）	日本カボチャ（早熟栽培）	西洋カボチャ
総葉数	75枚	30枚	15枚	13枚
総葉面積	5,250cm^2	9,000cm^2	3,000cm^2	5,200cm^2
平均一葉当り面積	（70cm^2）	（300cm^2）	（200cm^2）	（400cm^2）
平均主脈長	—15cm—	—20cm—	—15cm—	—24cm—

定させることができる。

結局、こうして考えてみると、ウリ類の栽培操作としての普遍的な整枝方法というのは、元禄年間以来、変わっていないことがわかる。すなわち、宮崎安貞の『農業全書』（一六九六年）には、カボチャやスイカについての整枝方法がのっているが〝さきを留めることなし〟とある。つまり、整枝はしていないのである。

密植したから整枝はこ

うするのだ、とムリ算段しては、着果のためには、やることが後手になる。後手打ちは、生長のバランスをくずし農薬が入用となるばかりである。それに現在の整枝技術は〝整枝の利点は薬剤散布に都合がよいことだ〟という。仕事のしやすいのは、うね幅が広いことであるのに――。

ウリ類は風ぎらい、対策は巻きヒゲ

強光と高温乾燥のなかで生育するスイカは、弱々しい生長部には、綿帽子のような毛が密生して防護手段になっている。このように葉毛（毛茸《もうじ》）も、たいへん重要な役割をもっている。半面、葉の毛は、風には欠点となって働く。

風はナリモノをいびつにする

葉面に風が当たるとき、葉毛があると、葉面境界層を厚くする。それが厚いほど、風が通るときに葉面からの蒸散量を多くし、果実内の水分含有量を少なくする。昔から〝風はナリモノ（果実）をいびつにする〟といわれているが、そのわけは、葉の毛のせいである。とくに大きな葉に毛のあるウリ類は、風を警戒して、風当たりの少ないところで栽培しなければ、失敗しやすいということである。

巻きヒゲはスプリング

ウリ類の葉は、風当たりが多いので、葉がゆれることでも、果の肥大に影響する。そこで、巻きヒゲは固定したところに巻きつくことによって、動きが少なくなるよ

第17図　キウリの巻きヒゲ——葉が動いていると良果はとれず，太りもおそい　（藤井平司）

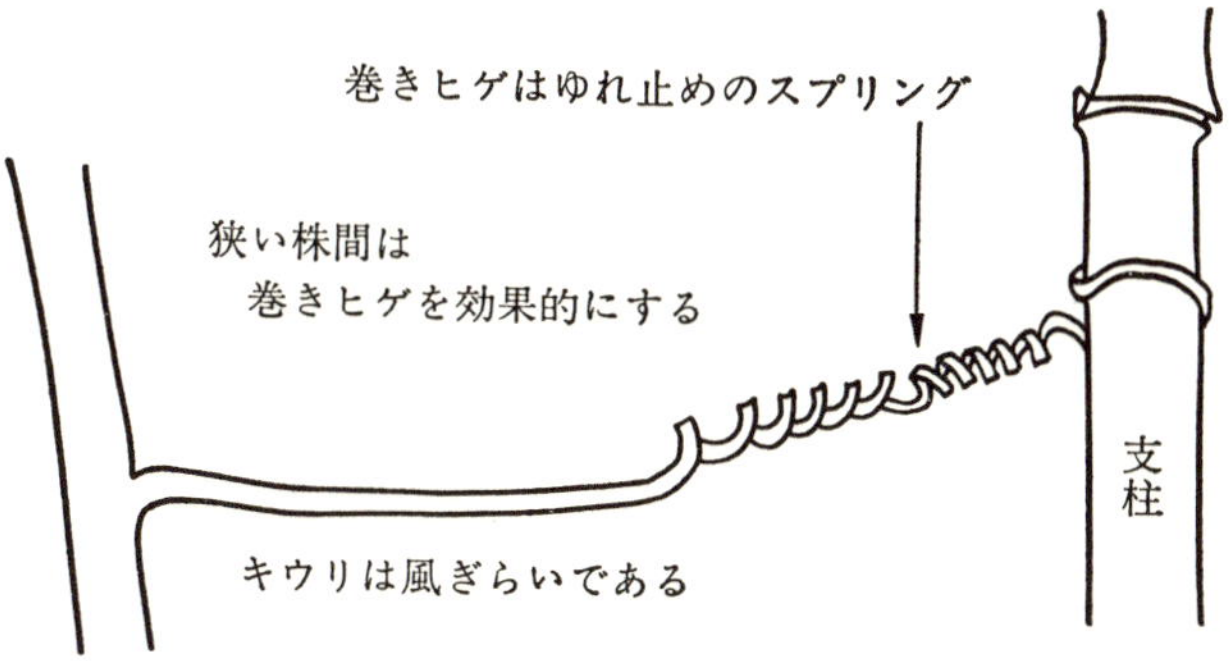
巻きヒゲはゆれ止めのスプリング
狭い株間は
巻きヒゲを効果的にする
支柱
キウリは風ぎらいである

うに、ゆれ止めのスプリング式になっている。その巧妙なスプリングの様子が第17図である。

　正確にいうと、ウリ類の巻きヒゲは、茎の変態である。そして、この茎巻きヒゲは、品目によって外観はいくらかちがっているが、支柱や、ものに巻きついて、植物体をささえる役目は、みな同じである。たとえば、巻きヒゲの先は、カボチャは一強三弱（第18図の写真）の四本に分岐し、ヘチマは、一強二弱の三本に分岐し、ヒョウタンはふたまたに二分し、スイカは二～四分し、キウリやメロンは、分岐しないで一本のままである。葉の小さいマクワは、ゆれ止めの必要を感じないほどに退化しつつある。いずれも生育最盛期の巻きヒゲで、幼少期や老衰期は、規則的でない。

　巻きヒゲがものに巻きつくしかたは、実に巧妙そのものである。第19図と第20図の写真を見よう。まず、巻きヒゲの先端は、巻きつくものをさがす。先端がそのものにふれると、ただちに屈触運動を起こして、二～三回巻きつく。ついで、巻きヒゲ自体がラセン状に巻き、茎を引きよせる。そのラセン状の巻き方は、途中でラセンが転換して、弾性をつけている。このラセンの回転数は、左右がほぼ同回数である。筆者の観察では、生育盛期のキウ

第18図　カボチャの一強三弱に分岐した巻きヒゲ

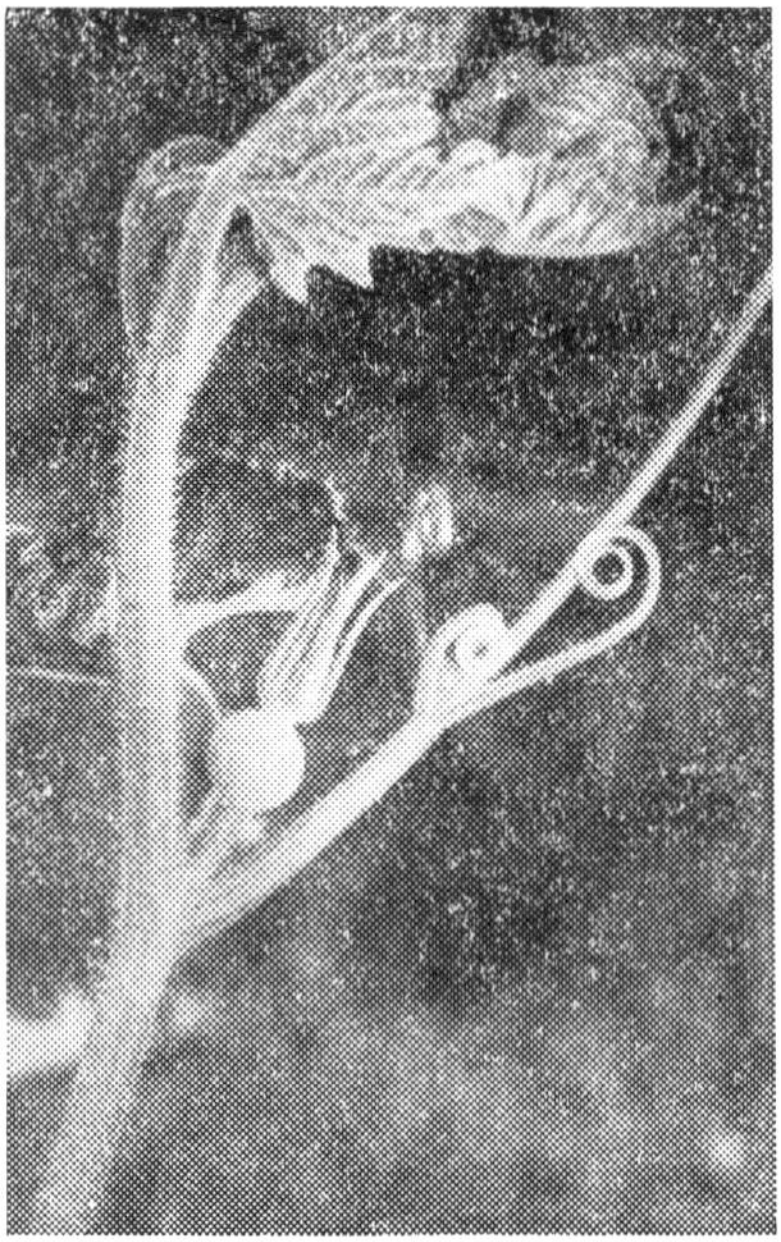

第19図　カボチャの一強三弱に分岐した巻きヒゲの効果的な巻き方

リやカボチャでは、ほとんどが六〜八回転であった。だが、マクワは、この巻きつく運動を積極的に起こさない。あたかも、しかたを忘れているようなものが多い。これは、一種の退化現象ではないだろうか。

巻きヒゲの役目は良果生産

キウリつくりをしている人たちは、良果を多く収穫するために、風をいちばん恐れる。風は、キウリの果実を傷つけるだけでなく、収穫の本数まで減少する。このことを〝キウリは風に弱い〟といっている。また、昔から〝スイカのツルはなぶるな〟とか〝スイカのツルは手をきらう〟とかいわれている。これはキウリにせよ、スイカにせよ、植物体を動かすことが、とりもなおさず生育をわるくしたり、落果を誘発したり、ヘボ果にしたりするからである。

こうしたことの害作用の実際を、キウリの栽培で検討してみよう。

噴霧機の高圧力の害

（事例一） 農家はキウリ栽培で、薬剤散布をすると、決まったように収穫本数が予定よりも少なくなる。だいたい、キウリの収穫本数は、上昇カーブを描きながら増加する。以後、最盛期には、そのカーブは横ばいするものである。それが薬剤散布をするたびに、収穫本数が減って、収量の表示曲線が鋸歯状をする。これは、キウリつくりに動力噴霧機が導入されてからの現象である。このばあいの散布状況を実際にくらべてみると、従来の手押し噴霧機は圧力が少ないから、薬液のかかっている周辺の葉がわずかにゆれ動くだけである。動力噴霧機は高圧のため、ひとうね向こうの立毛まで、葉がバサバサと動く。それで、果実の肥大はおくれて、一時的な「なりやみ」が起こる。

第20図 キウリの巻きヒゲの巻きつき方（藤井平司）

（注） 最下段の巻きヒゲはバネが伸びきって，ゆるんでいる。

この傾向は、日中散布（高温時は薬

第21図　キウリの果実の１日の発育と毎時生長量　（斎藤隆　1974年）

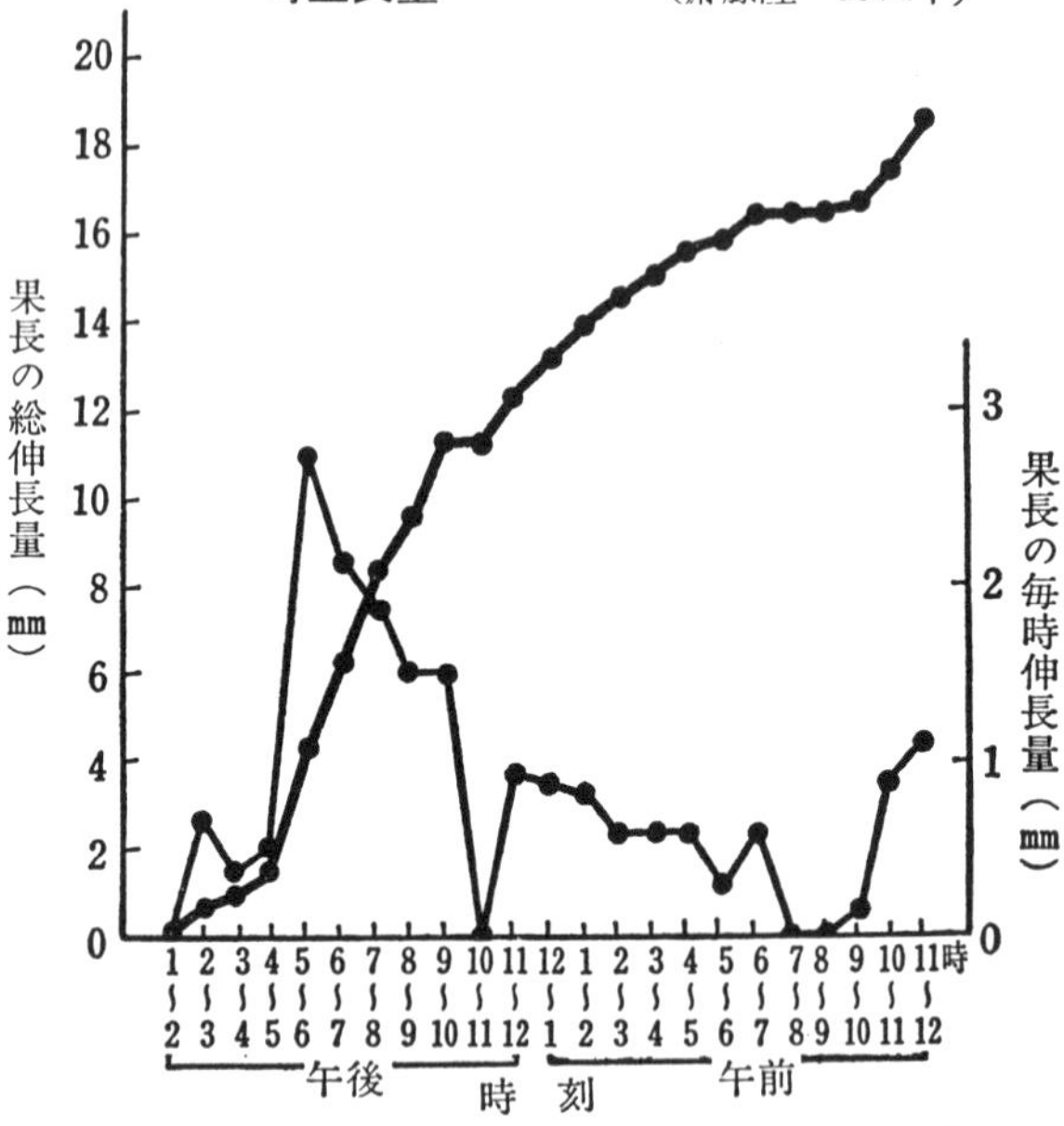

（注）　12月３日播種，開花後６〜13日の果実７個の平均。
調査開始時の果長は13.6〜19.2cm。

害がでるからほとんどしない）には少ないが、夕刻散布はとくにいちじるしい。その理由は、第21図の果実発育の日変化を見るとはっきりわかるように、キウリの果実は、午後五時から六時の夕刻に最大量の生長をするからである。ちょうど、日中のしおれが回復してきている時刻である。

支柱の立て方と収量との関係

（事例二）　キウリの支柱は、各地方によりさまざまである。立て方や高さは、当然、ゆれ方の多少に関係する。それが、キウリの収穫果数に影響してくる。それについて、支柱のちがったキウリつくりをくらべてみよう。

筆者がトンネル栽培を指導していたとき、堺市土師地区と、京都市伏見区深草地区とを比較した。京都の人には、前もって、堺の栽培現地を見せておいた。肥培管理や日常の手入れは、できるかぎり同じようにしてもらった。それは比較のためもあるが、堺のキウリつくりは歴史が古く、そのうえ、毎年の収入が他のどの地方よりも多いから、京都の人はそのまねをしたがっていたからである。

その結果（昭和三四～三八年の五ヵ年間の反当たり平均）は、堺では、六万本で二一万円の収穫があった。それに対して、京都では、四万五〇〇〇本、一三万円であった。もちろん、気候のちがいや、市場での相場の差などが、作柄や収入に関係しているが、それでも支柱の影響が最も大きいものであると思われた。

堺の支柱は、昔から、竹ぼうきの柄のような太い竹を一株に一本ずつ打ち込んで立てた。支柱の長さは一・五メートルほどで、打ち込み仕上がりが一・三メートルになる。それに横竹が張ってあって丈夫である。伏見は、タケノコの産地であるから、キウリの支柱は、孟宗竹の末を使う。長さ二・五メートル以上もあって、その先は風がなくてもゆらゆらとゆれている。収穫果数の差はここにある。

その後、筆者の指導地が伏見区向島の方へ移動した。ここではハウス栽培をしているのでじかに風が当たらない。そのせいかここのキウリは、生育や収量が大阪のどこの地区とも変わらなかった。

ヘソまでにカネをとれ

古い話も聞いてみた。堺の支柱は、ずっと昔から、変わっていないそうだ。住吉の山之内町のキウリつくりも上手だった。ここは、支柱竹が細いので、一株に三本使用してミタセ（三脚）に立てていた。だが、同じ大阪でも、布施方面や、京都の八幡地区では、縄を張りイナワラをつり下げる方法が主である。竹は全体が倒れないように、ところどころへ立てているにすぎない。この支柱はよくゆれる。その弊害は、堺のキウリが株当り二〇本前後とれていたころ、八幡では一三本から一五本ぐらいしかとれていなかった。そのころの八幡の農家は、キウリつくりは〝ヘソまでにカネをとれ、目の高さではカネがとれぬ〟といっていたと教えてくれた。こうして支柱と収量の関係を考えてみると、今も昔も変わっていない。

小さな器官、大きな役目

結局、キウリの巻きヒゲの役目を理解すれば、他のウリ類と同様に、もともとキウリは、地面を這う作物であった。それは、巻きヒゲ自体が伸びちぢみするようなスプリングであるから、つかまって立ち上がることができない。立ち上がっていく植物の巻きヒゲは、たとえばエンドウのように、握りしめるようにしてからみついている。だから、這うはずのキウリを立ててつくるには、それなりの功罪は当然あるだろう。ただ、その真意をくんで育ててやりたい。それには、巻きヒゲは、役立つように、しっかりした支柱と、広すぎない株間とが必要である。これが親切なキウリつくりである。目立たないような小さな器官が、作物にとって、大きな役目を果たしているだけに、その働きがどのようなものか知らねばならない。

栽培原則の一つ

どんな生物でも、カラダに不要な部分はないはずである。存在は必要だからである。だが、その役割は、知られないことが多くある。このごろのキウリつくりは、巻きつくとじゃまになるといって、巻きヒゲを切りとってしまう人がいる。こうした器官の存在を知らないままで、用なしにすることは残酷である。本質存在を知ることは、栽培の原則の一つであろう。

四、ヤマノイモ

穀類作物をささえる輪作体系
ヤマノイモは栄養完備の食べもの

意味ぶかいツクネイモ

日本人は、客人を歓待するのに〝山海の珍味〟でご馳走するというのがある。この山海の珍味とは、魚のすり身をヤマノイモでこねて丸くしたものであろう。そして、それは今のカマボコである。だから、ヤマノイモは「ツクネイモ（つくねるイモ）」というのが本当である。

ツクネイモは、日本全土の山麓《ろく》地に自生しているジネンジョ（自然薯）に由来している。現在は長形、扇形、塊形の三形状に品種分化しているが、一括して、ヤマノイモといっている。

ヤマノイモは、日本の有史以前からの食べものであろう。日本列島の住人は、コメ以前の常食がヤマノイモであった、とわたしは思っている。そのわけは、ヤマノイモには良質のタンパクおよびデンプンとジアスターゼとが含有し、そのうえ、根菜特有のミネラルもあって、それ自体が完全食である。しかも、消化酵素のジアスターゼは、ダイコンよりも多く含有していて、有効な消化力がある。

主食と副食との分離

しかし、ヤマノイモは、単位面積当りの収量が少なく、人口増加にみあう大量生産ができないので、しだいに、穀類と菜類とが代替して栽培されるようになった。その代表作物は、コメとダイコンとであった。デンプンとジアスターゼとが別々の作物に分かれたのである。食生活が主食（穀類）と副食（魚菜）とに分離するきっかけであろう。それ以来、副食は栄養補足の役割として〝もてなす〟ことのほうを担当した。

そしてその後、ジネンジョは「山薬」といわれ、疲労回復に効能があり、強精食品として賞味されてきた。さらに利用が広がり、ジョウヨ（薯蕷）として、上菓子やマンジュウに、加工用や高級料理用にも安定した需要があって、いわゆる、ヤマノイモはなかなかすたらない特別な野菜である。

かつては輪作体系の基本作物だった

ところで今、野菜つくりにも輪作や複合経営を見直す時期にきている。そして、二〇〇〇年前の西洋の輪作農業を主張する人もいる。それは、穀類作物とビート、カブ、ジャガイモなどの根菜類との輪作体系が農業改革をもたらした農法（改良三圃式）のことである。

第22図　丹波ヤマノイモ産地における複合経営・輪作体系

（藤井平司　1975年）

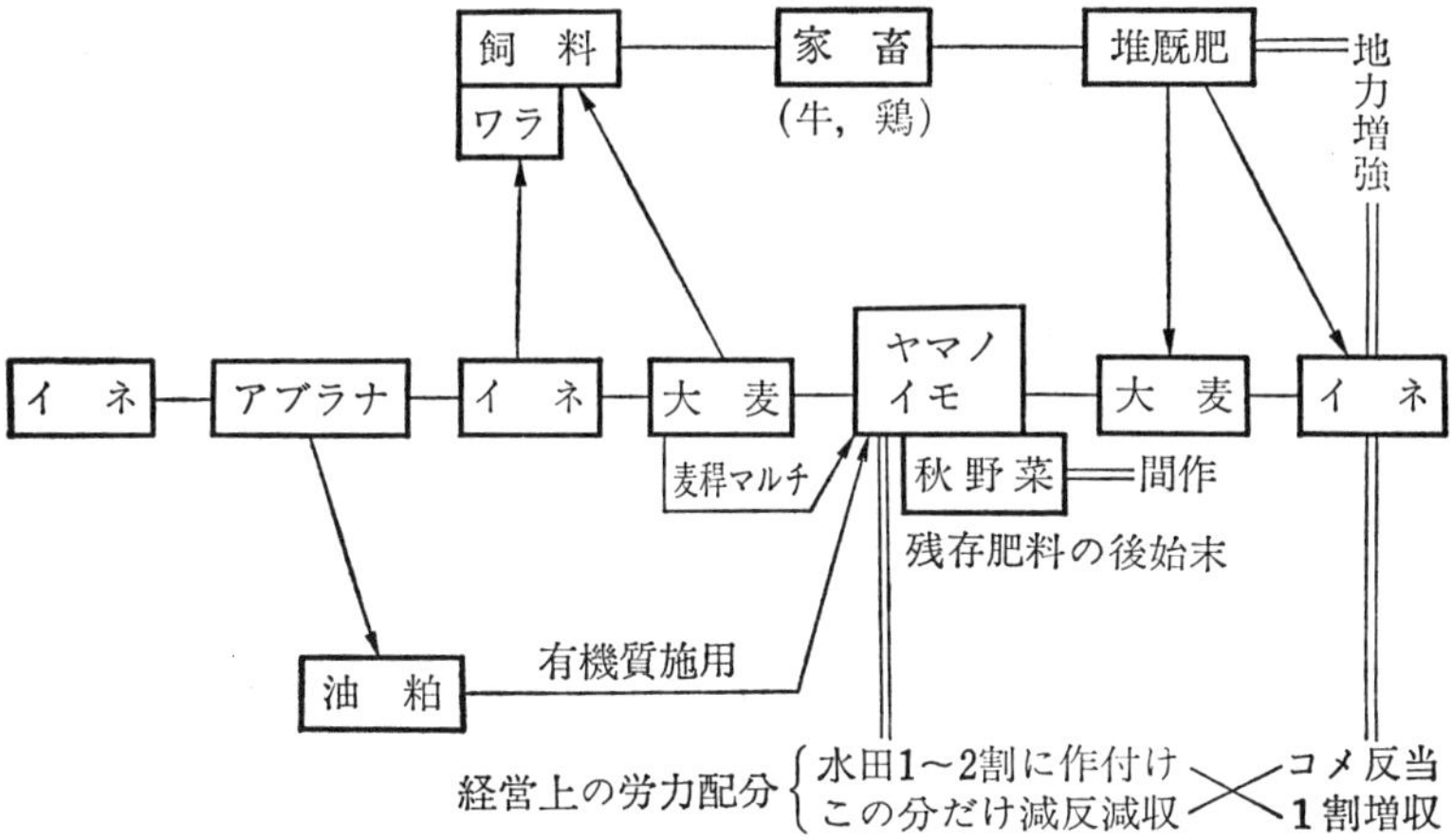

（注）川上幸治郎氏の資料も参考にした。

日本の輪作と複合経営

だが日本では、もっともっと以前から、輪作と複合経営の合理化があった。ヤマノイモは、それを証明する作物である。

まず第22図を見てみよう。これは兵庫県の丹波ヤマノイモ産地における複合経営である。ヤマノイモは、イモだけをつくるのではなく、穀類作物の前作として、重要な位置づけがあった。ヤマノイモは、イナ作や麦作、あるいは、地力と関連性があって、田畑輪換栽培の効果をあげていたものである。丹波ヤマノイモの栽培は、戦国時代に、すでに始まっていたといわれているから、約五〇〇年前からのことである。

そこで、この図を参考にして、ヤマノイモの栽培法を考えていこう。とかく栽培学は、イモ類として一括するが、ヤマイモはジャガイモやサツマイモとは、ちがった考え方が必要である。

栽培すれば変形イモになる習性

もともと、照葉性のヤマノイモは、山すその腐植質の堆積した土地で、空気中の湿度の多いところが適地、という条件で生育しているものである。だから、今のような畑では、乾燥しやすくて、こんな適地はつくれない。そこで、水田利用の有機質多施用栽培という土つくりに始まる輪作体系が生まれることになる。

人間の干渉をきらう

しかし、ヤマノイモは、人間のつくった土地をきらうもので、それが変形イモとなって現われる気まものである。その証拠に、イモの変形する条件は、土地が肥沃であるとき、乾燥したとき、土壌湿度の変化がひどいとき、多肥栽培したとき、さらにまた、生育が天候にめぐまれたときなどに多く変形する。だが、ヤマノイモは、四月から十一月までの生育期間の長い作物であるから、これらの変形条件を完全に回避することは、不可能であろう。それでは、産地といわれる地方のつくり方は、どのように対処しているのであろうか。

丹波ヤマノイモと秋野菜の間作

まず、兵庫の丹波ヤマノイモの産地では、変形の少ない塊形の品種を使用し、イモの肥大する生育後半期には、秋野菜（ハクサイ、ダイコン、ネギなど）を間作して、ヤマノイモの養分吸収を制限している。土壌中の残存肥料の後始末を秋野菜がするという方法である。このさい、間作物の株間決定には、体験的なコツがある。間作物は、すべて点播しているが、その年のイモの生育状態によって株間が決められる。株間を狭めると間作物の収量は高まるが、イモの収量は減少するという関係がある。

つまり、地上空間の利用法は、立体的にミクロの気象条件が関係する、ということである。

埼玉のヤマトイモとイモ地づくり

埼玉のヤマトイモ（イチョウイモ）の産地では、何はともあれ、施肥技術を最大の問題点としている。多肥すると収量は上がるが、形が乱れやすくなる。形がわるいと市場で安値にたたかれる。といって、収量が少なくては、生活に直接ひびくものである。そこで、施肥量の決定がめいめいの体験による秘訣になっている。

そうはいっても、ヤマトイモの良質産地では、古くから「イモ地」といわれる適地づくりが先決問題であった。埼玉県の理想的なイモ地は、腐植が地表下五〇センチくらいの下層まで豊富に含まれ、しかも、表層と下層との土の性質がほとんど変わらないのである。

南部ナガイモと放任栽培

青森の南部ナガイモは、植付け後は中耕、土寄せ、除草などは、ぜったいにしてはいけないとした放任栽培である。これはナガイモの生長まかせにしたきげんとりであろう。

とにかく、ヤマノイモは、八月以降に肥料がきくと、イモの形がわるくなる。こうした栽培のむずかしさは、草状がツル性で、つねに下草が存在するなかで育ち、イモの吸収根は、首部の頂端から四方に広く伸びて、地表近くを浅く這って、養分吸収をつかさどっているからである。

たとえ、イモ地といえども、ヤマノイモは、乾湿には最も敏感だから、それが栽培しにくい要素になっている。

労力配分とツル整理と支柱立て

経営面では、労力配分上、水田の一～二割をヤマノイモの作付けに向けると、農繁期の労働のピークがくずれる。

イモの植付けは、田植え前であり、掘上げはイネの刈取り後になる。そして、いちばん手数のかかる作業は、ツル整理であるが、これは田仕事が少なくなってからである。

ツル整理は、かるい仕事であるが、手数がかかるのでいそがしい思いをする。それに、イモの肥大は、光合成の産物だから、効率をよくするために大切な仕事である。

埼玉のツル婆さん

埼玉のヤマトイモの産地には「ツル婆さん」がいる。イモつくりは、数かぎりなくでてくるかと思われるツルを整理したり、子ヅル、孫ヅルの先をつんだりして、適当な密度で茎葉が繁茂できるようにする必要がある。このツル整理は、簡単でも生育がはやいので、三日おきぐらいに行なわないと、ツルは密生してしまう。この整理作業に専念する年寄りが

「ツル婆さん」である。

ヤマノイモは、こうしたツル整理をするため、ふつうは支柱立て栽培をする。支柱は、高くして、ツルが垂れないようにすれば、地上部の生長がよく、ムカゴも少ないので、地下部のイモの肥大がよい。しかし、関西以西の台風害の多い地方では、支柱栽培は、風で地上部がいたむばかりでなく、風害は、擦過傷がもとで病気を多発するから、光合成の働きを犠牲にした這いづくりが、各地に残っている。

輪作体系をこわしたら病虫害がでる

図に見る輪作、複合経営では、飼料と有機物とが合理的に循環して、地力の増強がはかられている。その結果、ヤマノイモを作付けした分のコメ収量は、反当増収量でうめあわせができることになる。

複合経営の基本

つまり、油粕の自給を主体にしてアブラナをつくり、家畜飼料としてオオムギをとり入れるなど、深いつながりの複合経営が完結している。ヤマノイモのあとは、土の性質がよくなり、一～二年間はイネがよくできる。だから、一町歩の水田のうち、一反歩ほどヤマノイモをつくったとしても、残りの九反歩で一町歩分のコメがとれる、という収量構成が可能である。

病虫害とその対策

ところが、この図式の輪作体系をこわしたり、むやみに家畜を増加（多頭化）すると、病虫害が発生する。今は、ヤマノイモつくりが無鉄砲になっているので、全国的に共通した腐敗性の病気や、センチュウ害に悩んでいる。

家畜からの厩肥や未熟堆肥は、ヤマノイモに施用しないことである。フザリウム菌による褐色フハイ病が発生しやすいからである。とくに厩肥は、ムギ作に施すことを主体にして、一部をイナ作へ使用するていどである。ヤマノイモへは、油粕の有機物施用ぐらいにしておく。

ヤマノイモは、センチュウ害がいちばんこわい。品質をそこねて、価格が暴落するからである。それで、前作にセンチュウ害の受けやすい作物はつくらないことである。

第22図でもわかるように、アブラナのあと作が、ヤマノイモではなく、オオムギのあとがヤマノイモ、そしてそのあとがまたオオムギというように組合わすことである。

埼玉のヤマトイモ産地でも、オカボ―ムギ―ヤマトイモ―ムギという輪作で、センチュウ防除の対策としている。

秋田県の石橋暎祥さんも〝ライムギがナガイモを助ける〟という輪作体験をしている。

これらの実証は、すべて、穀類とナガイモとは切離せないふかい関係のあることを示している。

ともかく、肉質がち密で、粘りがつよい良質のヤマノイモは、土壌湿度に気をつけて、無肥料でつくることが無難な栽培法である。化学肥料の多肥栽培は、塩類集積害(とくに塩素害)でヤマノイモの肉質がかたくなり、甘みもなく、味がまずくなる。

良質美味のヤマノイモ

ヤマノイモは、生育期間が長いほど、イモは大きくて、良質になる。それで、茎葉が枯れるまで、イモは充分に成熟させることが必要である。しかし、イモの表皮が白みがかっているばあいは、成熟が不充分で、アクが強く、粘りが少なく、貯蔵に耐えない。成熟したイモは、表皮が黒くなるから、黒みのでるのをまって収穫する。このように、よく成熟した貯蔵に耐えるヤマノイモは、貯蔵中に、デンプンがわずかずつ糖化して、味がよくなるものである。

変形しやすいへらこいイモ

最近のように、成熟不充分な早掘り、しかも多肥多収をねらえば、イチョウイモからナガイモがでてきても不思議ではない。ヤマノイモは、どんな品種でも、肥大性より伸長性が優先しているからである。それでタネイモは、昔からやっているように、ムカゴを使って、一年目の形質を検討してタネイモにすればよい。切りイモを使うなら、肥大性の安定した首の部分がよいのである。

とかく、ヤマノイモは、芽条変異によって、形が変わりやすいというが、へらこいイモ(ヘライモ=変形イモ)になりやすいのである。だがそれは、栽培することによるヤマノイモのクセである。だらしなくて軽々しいことを大阪では〝へらこい〟といっている。

五、サトイモ

水田の女房役
水田にサトイモをつくる輪作の合理性

日本におけるサトイモ栽培の起源は、古すぎてわからない。とにもかくにも、サトイモは、最も古い野菜の一つである。とくに日本人のし好に適するため、長年かけてつくりあげた土地柄への適応性は、家庭料理にも特有の定着がある。

もとは芋茎、芋柄（ズイキ）に始まりイモカシラの利用、さらに軟化ものの芽イモそしてズイキが煮もの、酢のもの、吸いものなどに広く用いられ、独得の庶民性がある。すでに、室町時代には、陰暦八月十五夜に「キヌカヅキ」を供える習慣があった。そして今でも、サトイモは、全国的に栽培されて、根づよい需要があり必需野菜となっている。

栽培の合理性を見直す

一時、サトイモは斜陽野菜だといわれた。一般の野菜にくらべて、サトイモは、栽培期間が長いために好まれない作物であった。それだけに、能率的な生産ができないから、今後、サトイモつくりは、もっと集約化して、栽培期間の短縮をはかれば有利な作物になる、ということがサトイモへの期待であった。せっかく、サトイモは、労力や資材を使わずにつくれるようになっていたのに……それが、斜陽化なのだろうか。

水田の見直し

それに、今では局部的な栽培になっている葉柄品種は、夏の野菜として見直しが必要であろう。また、水田の輪作上、サトイモは有効作物として、再考がいるであろう。

ちなみに、現在の休耕田、すなわち雑草地を以前の水田に戻すためには、山形田イモのようなサトイモの水田づくりがゼヒ必要である、と私は強調する。いきなりコメをつくってみても、コメは雑草に勝てまい。サトイモなら雑草を負かしてくれるからである。

ところで、日本のサトイモについて、いま再考を促す理由はこういうことだ。

日本でサトイモが最古の野菜といっている昔の品種と、今のサトイモの栽培品種とは、じつは、グループが生態的にちがうのである。元来、サトイモには熱帯性と温帯性との二つのグループがある。

サトのイモ　イエのイモ

熱帯性のグループは、高温多湿が生育条件である。親イモやズイキ利用の品種である。染色体は二倍体（2n）で、このグループは、低地（里）の栽培種である。だから日本の古いサトイモは水田の近くで、あるいは水田と輪作体系を組んでつくられていたから、当然、これが「サトのイモ」であったはずだ。

いっぽう温帯性のグループは、いま日本で多く栽培されている子イモ用の品種で、そのほとんどが三倍体（3n）である。この三倍体は、中国大陸の温帯地域で育ったものである。ところが、栽培の通念として、三倍体は四倍体と二倍体との雑種であるとすれば、四倍体は温帯性の生育条件を解くカギであるが、残念ながら、四倍体のサトイモは、まだ見つかっていない。この未知の問題について〝四倍体サトイモの植物体はよほど痩小、粗剛で分球あるいは匐枝《ふくし》発生の盛んなもので、栽培価値のないもの（飛高義雄氏）〟と想像されている。とにかく、日本では子イモ用の品種が、後世の「イエのイモ」というものである。

タローイモはタローか

私は、今ここで、日本人の先祖が南方渡来人種であった、というつもりは毛頭ない。ただ、大平洋諸島で、現在でも主食になっているタロイモと呼ばれている作物は、二倍体のサトイモである。古代の日本でつくっていたサトイモは、やはり二倍体である。そして、日本にもタロー（太郎）という言語がある、ということだ。

サトイモが水田を守る

コメつくりの水田では、地力維持の輪作体系に二倍体のサトイモをつくっていた。それがいつのまにか、三倍体の子イモつくりに変わって、畑作用の品種が主体になった。たぶん仏教伝来（六世紀）のころからの変化であろう。ということで、日本に水田があるかぎり、サトイモは、二倍体の親イモやズイキ用の品種が、輪作上、必要であると考え直したいものである。

以上のような品種感をもって、第16表を見てほしい。古来、サトイモは雑多な品種名をもって呼ばれてきた。品種の実在数も明らかでなかった。それを多くの人が、多くの試験場で、長年かかって、やっと分類したものである。いちおう、本書でもこれにじゅんじてサトイモの今昔を考えてみることにする。

水田サトイモは〝へそくり〟をつくる

イモ(妹)といえば、男が女を親しんで呼ぶ古語である。つまり、子を生む女で、妻のことである。サトイモは子イモを多く吹き出して育つ、その様を愛妻にたとえてもらったというものである。

孫イモは自家用

愛妻のサトイモは〝へそくり〟をつくる。昔からずっと、サトイモは水田単作地帯での唯一の換金作物で、生活のやりくりに役立った。わたしの地元、泉南地方では

第16表 サトイモの品種分類 （飛高義雄 1974年）

品種群	代表品種	染色体数	同種異名または類似品種	利用部
蘞芋	蘞芋	3n	蘞芋，稲橋在来，出雲塩治，とべ芋，河ずいき，河内芋，紀州芋，島芋，美作芋，京都2号，栗芋，太芋，振草，天王，団子芋，盆芋，青芋，小鳥，奉化芋（上海）	分球イモ
沖縄青茎	沖縄青茎	2n	沖縄青茎	なし
蓮葉芋	早生蓮葉芋	3n	蓮葉芋，蓮芋，衣被，石川早生，水芋，草深芋，八幡芋，静岡早生，女早生，文化芋，彌市芋，黄芋，遠州，笹倉，白芋，大土垂，新郷土垂，安行水芋，蓮芋奉化種B（中国），台湾白	分球イモ
	中生蓮葉芋	〃	日田1号	
石川早生	石川早生丸	〃	石川早生，甲州早生，文久早生，白茎京芋，京芋13，鈴芋，渋川，襟掛芋，愛媛早生，丸子芋，栗田，深芋，高座芋，浅木，日田早生，熊野早生	〃
	石川早生長	〃	親責，鶴の子，八幡芋，富岡早生，高座早生，京早生3号，在来晩生，神玉，東京早生，早生1本	
土垂	早生丸土垂	〃	六月芋，広島芋，土垂，早生芋，寒残り，大和，井桁早生，愛知早生，白鳥，早生丸，ジラ，北京A114（中国），ピャナン社，コマイカル（台湾），早生真芋，豊後	〃
	早生長土垂	〃	蓮葉芋，伝燈寺，親責，赤山芋，大阪泉南種，南京A（中国），シカミ芋（台湾），鉄砲芋，吉野芋，早生芋	
	中生丸土垂	〃	早生土垂，京都早生，小姫，六月芋，白芋，白早生芋，白茎早生，熊野，中生土垂，二宮18号，文山郡ラハウ社（台湾）	
	中生長土垂	〃	八重蔵，土垂，能高郡パーラン社（台湾），北京204（中国），三州，御厨，坂本在来，鶴の子，高雄1号（台湾），上海13（中国），奉化種（中国）	
	晩生長土垂	〃	三保早生，白芽早生，白芋晩生，チャマサイ（台湾），ガオガン蕃社（台湾），台湾土垂（台湾），与五郎芋，上座芋，中生真芋，丹蕃，群蕃，南澳キテヌ社，東勢郡雲山杭社（台湾）	
黒軸	黒軸	〃	黒軸，早生赤芋，赤稈，赤ずいき，朝鮮（朝鮮）	〃
	水戸黒柄	〃	水戸黒柄	
	烏播	〃	烏播（台湾）	
	大湖芋	〃	大湖蕃マバトワン社，大湖郡北勢蕃，マビルハ社（台湾）	

赤　芽	赤　芽 大　吉 白茎赤芽 青茎赤芽 黒茎赤芽	〃 〃 〃 〃 〃	赤芽，鬼赤，大野芋，都芋，沖縄芋 大吉（セレベス） 赤芽系3 バンガミーロー（台湾） 黒茎赤芽（屋久島）	親イモ 分球イモ
蘐　芋	蘐　芋	〃	蘐　芋	〃
檳榔芯	檳榔芯 旗山芋 紅檳榔芯	2n 〃 〃	檳榔芯（台湾） 旗山郡マスホワル社，旗山郡リキリキ社（台湾） 紅檳榔芯（台湾）	〃 〃 なし
唐　芋	唐　芋 真　芋 女　芋 大　頭	〃 〃 〃 〃	唐芋，海老芋，樋口，猿芋，ぼどう芋，麵芋，高雄2号(台湾)，山形田芋の芽条変異，吉浜芋の芽条変異 真　芋 白茎海老芋，吉浜芋，山形田芋 白頭，大頭	親イモ 分球イモ
八つ頭	八つ頭 白茎八つ頭	〃 〃	八つ頭 白茎八つ頭	〃
みがしき	みがしき ロフト蕃	〃 〃	みがしき ロフト蕃（台湾）	分球イモ 葉柄
溝　芋	溝　芋 赤　口	〃 〃		〃
筍　芋	筍　芋	〃	台湾芋	親イモ 分球イモ
蓮　芋	蓮　芋	〃	蓮　芋	葉　柄

サトイモは「田イモ」といっている。それは、水田の女房役という意味である。田イモは、親イモはズイキになり、子イモはエビイモになって、現金収入になる。そのうえ、余分に孫イモがとれる。孫イモは「コイモ(小芋)」といって自家用になる。つまり、孫イモは田イモのへそくりである。今でも泉南地方では、なにかにつけて中途にできる余りのもののことは「孫ができる」といっている。

子は多いほどよい

いっぽう、畑でつくるサトイモは、畑の田イモといっている。そして〝畑の田イモは、親の知らん間に子（イモ）ができる〟と人生のひゆが農家伝承になっている。

子イモは、困るほどたくさん収穫したい、というのがその真意であるが……そのとおり、サトイモは、第23図のように、ほぼ規則的な分球相で、子イモ、孫イモと増殖していく。しかも、地上ではなんのそぶりも見えないうちにふえているものである。

すばらしい土地柄への適応性

第17表でみるように、サトイモの品種はそうとう多く、各地に特有なものが栽培されている。便宜上、親イモ用、子イモ用と品種は分けられている。

第23図　サトイモ代表品種の形状と分球相　　（河野照義・伊藤潔　1951年）

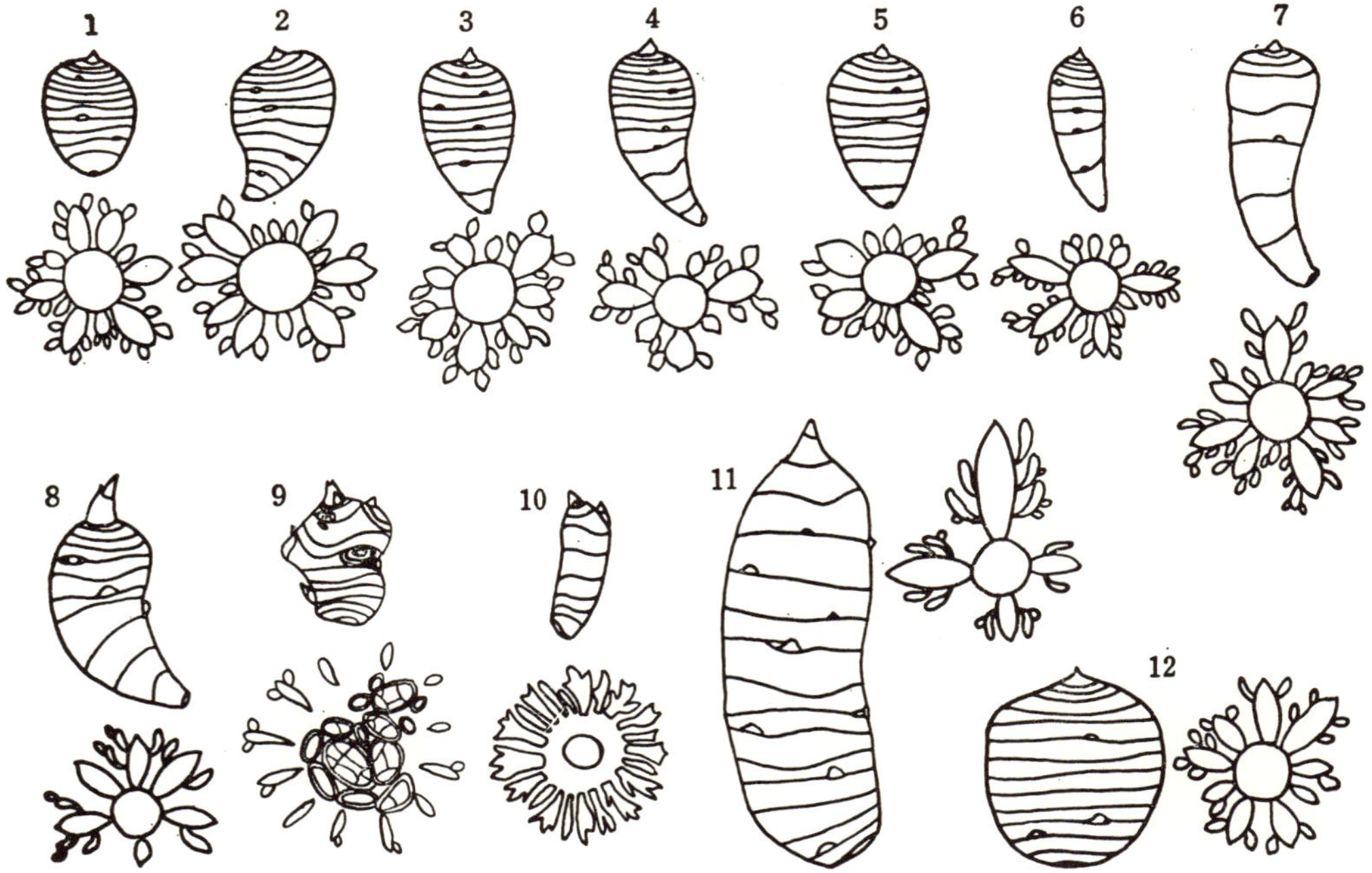

（注）1：石川早生，2：烏播，3：土垂，4：愛知早生，5：蓮葉芋，6：えぐ芋，7：エビ芋，
8：赤芽芋，9：八ツ頭，10：蘆芋，11：台湾芋，12：女芋。

第17表　親イモ用，子イモ用の品種区別
（門田寅太郎　1945年）

親芋比率	品種数
1～5％	0
6～10	1
11～15	9
16～20	28
19～25	25
24～30	28
29～35	20
34～40	15
39～45	13
44～50	6
49～55	9
54～60	2
59～65	3
64～70	1
69～75	0
74～80	1
79～85	0
84～90	0
89～95	0
94～100	0
品種総数	161

子イモ用品種への傾き

しかし、現在のサトイモは、学問的に分類していけば、両者の区別がつけられないほど、近いなかまである。第17表は、親イモの重量比率で品種の区別をみたものである。これによるとほとんどの品種が、親イモ二〇パーセントから四五パーセントまでの子イモ用品種の範囲に多くあり、親イモ用品種への境目がない。たとえば筍芋は七八パーセント、女芋五八パーセント、赤芋三八パーセント、八ツ頭四〇～六〇パーセント、土垂一七～二五パーセント、石川早生一二～二九パーセント、六月芋二四パーセントである。

もっとも、栄養繁殖しかしないサトイモのことだから、大きな品種間の差はみられないのが当然のことである。わずかに芽条変異が外観を変えた程度にすぎないものである。

親しまれていた呼称

古い歴史をもつサトイモは、独自の栽培地で、長年かかって身につけたすばらしい適応性をもっている。それが産地では、雑多な品種名呼ばわりをしていたが、サトイモの地場品種はそれなりの親しみを受けていた。

第18表 サトイモの作型 (飛高義雄 1974年)

作型	植付期	収穫期	品種	備考
早熟栽培	3月中旬(育苗始) 4中	月 6～7	早生蓮葉芋，早生丸土垂 石川早生丸	温暖地
早掘り栽培	3～4	8～9	早生蓮葉芋，早生丸土垂，石川早生丸	暖地
普通栽培	3～4(暖地) 4～5(寒地)	10～12 10～11	石川早生丸，早生丸土垂，早生蓮葉芋 大吉，赤芽，唐芋，八つ頭，大湖芋	暖地，寒地 暖地
エビイモ栽培	3～4	9下～11	唐芋，女芋	膨軟肥沃土
親子イモ栽培	11～4	12～5	中生丸土垂，蘞芋，赤芋 その他子イモ用種	親イモ利用
芽イモ栽培	8～9 11～4	8～11 12～6	子イモ用早生種 赤芽，蘞芋	早掘りの親イモ利用 蘞芋は寒地
葉柄軟白栽培	3～4	8～10	唐芋	都市近郊
ズイキ兼用栽培	3～4	8～10	唐芋，八つ頭	都市近郊
ハスイモ栽培 露地 促成	3～4 10	6～11 12～6	ハスイモ	親イモ利用

大阪のサトイモも、そうした呼び名が品種名である。在来の品種から独立させるような変種ではない。それでいて、土地柄への適応性は、農家の生活と切離せない重要性がある。泉南の田イモは京都の「唐芋」のエビイモつくりが泉南地方に伝わってきたものだ。

京都のエビイモは、安永年間(一七七二年)に青蓮院宮が長崎から種イモを持ち帰って、栽培したのに始まっている。この栽培法は、うね幅四〜五尺、株間三尺の疎植で、膨大なイモをつくる。いわゆるエビイモ栽培で、この栽培法は「唐芋」の特性と、京都の土質に適応していたものである。都の人は、大きな子イモを見て、形がイセエビに似ているから「エビイモ」といったものである。泉南の田イモは、これと同じ栽培法でつくられ、そのエビイモは京都のイモと同じであるということで「トイモ（都芋）」といわれている。

田イモ栽培の二様式

山形県に「山形田イモ」がある。これは、苗代跡の水田に植える品種で、これも唐芋系である。サトイモは、土地が乾燥しないことを栽培の条件としているが、水浸しになっては子イモの着生がわるい。山形田イモは、水田状態で栽培するので、子イモは翌年の種イモ用ぐらいである。主体は良質のズイキと、うまい親イモの生産である。そして、水田の「草たおし」もしている。いわゆる、これが正統派である。

同じ唐芋系でも、トイモ生産の泉南の田イモは、水田の半ぱな地所へ植えて、広幅の高うねでつくられる。田植えが正条植えになってから、田の形によって植込みの面倒な所ができる。たとえば「ながたん田」といわれる菜切庖丁の形をした田では、柄に相当している場所、または変に細長く突き出た場所とかが、トイモの植え場所になる。そしてかん水が便利で、大株仕立てにして、販売用の長大なズイキとエビイモと、おまけに自家用のコイモとを生産する。京都のエビイモ栽培とともに、これが子イモどりへの端初を開くことになったのであろう。同じ唐芋系で同じく「田イモ」といっても、大阪と山形とではこんなにちがうものである。

現在では、一般的にサトイモの作型は、第18表の栽培が基準になっているが、出荷用も自家用も、サトイモは好みを考えて適作型を選ぶことである。

官製技術が害虫を呼んだ

貯蔵用のエグイモ

畑の隅にもサトイモはつくられる。排水のわるい、日当たりのわるい、乾きにくい場所もサトイモの植え場所である。ここでは、三倍体で、子イモ用品種のエグイモがつくられる。エグイモは、乾燥さえしなければ、どこでもよく生育する。エグイモとは、えぐい（ひどい）所でもできるイモで栽培は全く放任状態である。エグイモは降霜にあって、葉が枯れると、モミガラや落ち葉で覆っておく、エグイモは冬の食べ物で、必要な分だけ畑から掘りとってくる。これはドロだらけの泥つきだから「ドロイモ」ともいう。ドロイモは春に向かうほど、エグ味がなくなり、味がよくなるから、ばたばたと食べない。それが貯蔵の合理性だ。

育つ畑がまちがった

これは泉南地方だけでなく、大阪での畑の本来のサトイモつくりであった。この栽培のしきたりが、もしくずされたら、それは大変なことになる。それなのに、近年、その大変をしてしまった。「サトイモは土質の適応性が広く、かん水設備さえ

第24図　サトイモの収量とかん水および施肥量との関係（藤井健雄　1950年）

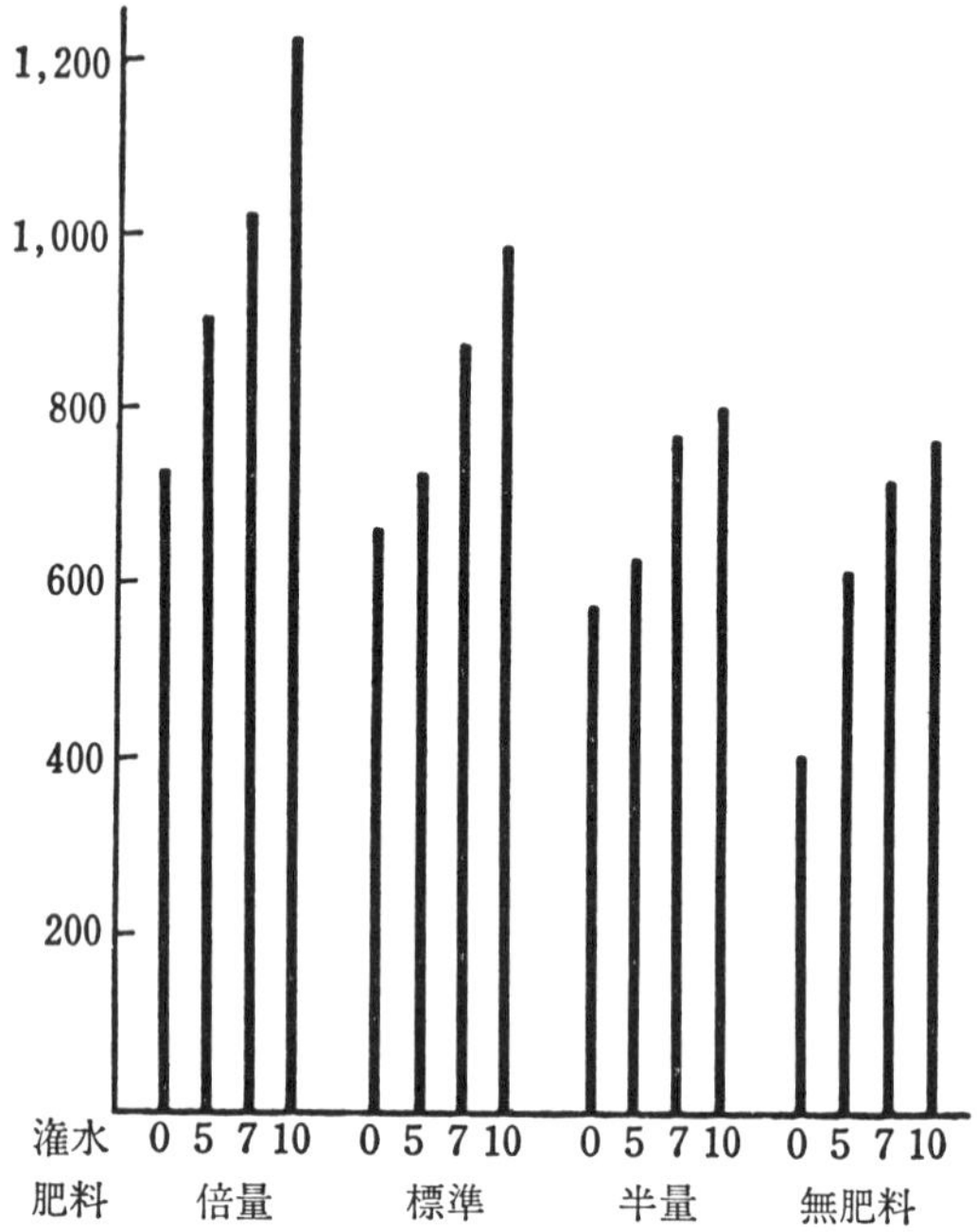

（注）　品種：赤芋，標準施肥量各要素7.5kg。

あれば、どんな畑でもよくできる」と官製技術はいったのだ。そうしてトイモが畑でつくられて、せっせとかん水した。たしかに水田とちがって、質のよいエビイモがとれた。小イモであるはずの孫イモまでが大きくなった。サトイモは、他の作物にくらべて乾燥にはきわめて弱い。だから、かん水効果は格別に大きく、無肥料栽培でも、かん水によって施肥栽培のものよりも多収になる。第24図は、かん水と施肥との収量への影響をみたものである。ところが、大変はそのあとだ。サトイモの後作はハスモンヨトウの害を受けつづけたのだ。これはエグイモも同じことである。それまで放任栽培で、雑草がエグイモの下草に生えていて、ヨトウムシはなかった。だが、手入れして肥培すれば、一回のイモつくりはりっぱにできても、後作はハスモンヨトウにたたれる。

まちがい栽培の大敵はハスモンヨトウ

ハスモンヨトウは、六月下旬から七月上旬にかけて、サトイモでふ化し、八月から九月にかけて多くなる。このムシは雑食性で、いったん発生すると作物だけでなしに、雑草をも食いながら年々増殖して、すべての野菜に甚大な被害を与えるものである。

今でもまだ、官製技術は、サトイモとハスモンヨトウとの関係を、これほど重大視していない。が、気を配るタネ屋さんは、サトイモの畑づくりをする地方へは、野菜のタネを売らなかったものである。後日に苦情を聞くからである。

前に書いたようにサトイモは、それを水田いっぱいにつくることは、水田の地力を回復させるために、休閑するときのうめあわせに栽培する作物である。集約化や能率的な生産を考えることが、そもそも、サトイモつくりのあやまりである。まして、他の野菜と組合わせるならば、必ずハスモンヨトウの被害のために、強力な殺虫剤が必要となる。現実は、すでにこうなった。

「石川早生」は生活に根ざした早掘り

粗放栽培があたり前であるサトイモの本来的な栽培が〝集約的な技術の効果が少ない〟といわれて、サトイモは早掘りの集約栽培が普及した。早掘りは安定した収益をあげられる、というけれど、サトイモにはそんな押しつけが通用したわけではない。

大阪のサトイモの早掘り栽培には、もっと別の理由がある。

イモコロづくり　大阪のサトイモは、明治三十年（一八九二）ごろから、早熟栽培が始まっている。大阪の都市化により、サトイモは盆イモや月見イモとしての需要がふえてきたのである。これはエビイモとちがって、俗に「イモコロ」といわれるコロコロとした丸形のイモである。それで促成的な栽培では、子イモ用の早生品種が使用された。

もちろん、この早熟栽培でも、たとえば、第25図にあるように、サトイモの後作は、必ず水田にするという輪作体系が行なわれ、ハスモンヨトウの発生を防いでいた。そしてこの栽培に適合していた品種が「石川早生」である。

それに、早生性を生かした「石川早生」は、生活のやりくりに役立ったという、サトイモの本性がある。産地形成の特質だ。

産地形成の特質　大阪の農家では〝節季支払い〟といって、盆と暮れが買掛金の支払い時期になっている。八月と十二月には現金が入用なのだ。だからその時に出荷して、現金化する作物が必要で、大阪の南河内郡石川村でも磯長村でも、あるいは泉南地方でも、サトイモの「石川早生」が盆節季の支払いを引受けている作物である。

石川早生は、聖徳太子が南河内郡磯長村（現太子町）へ持参したイモの一株が土地に適して、普及

第25図 サトイモづくりを織り込んだ水田輪作

（太田勝美，植田良雄 1953年）

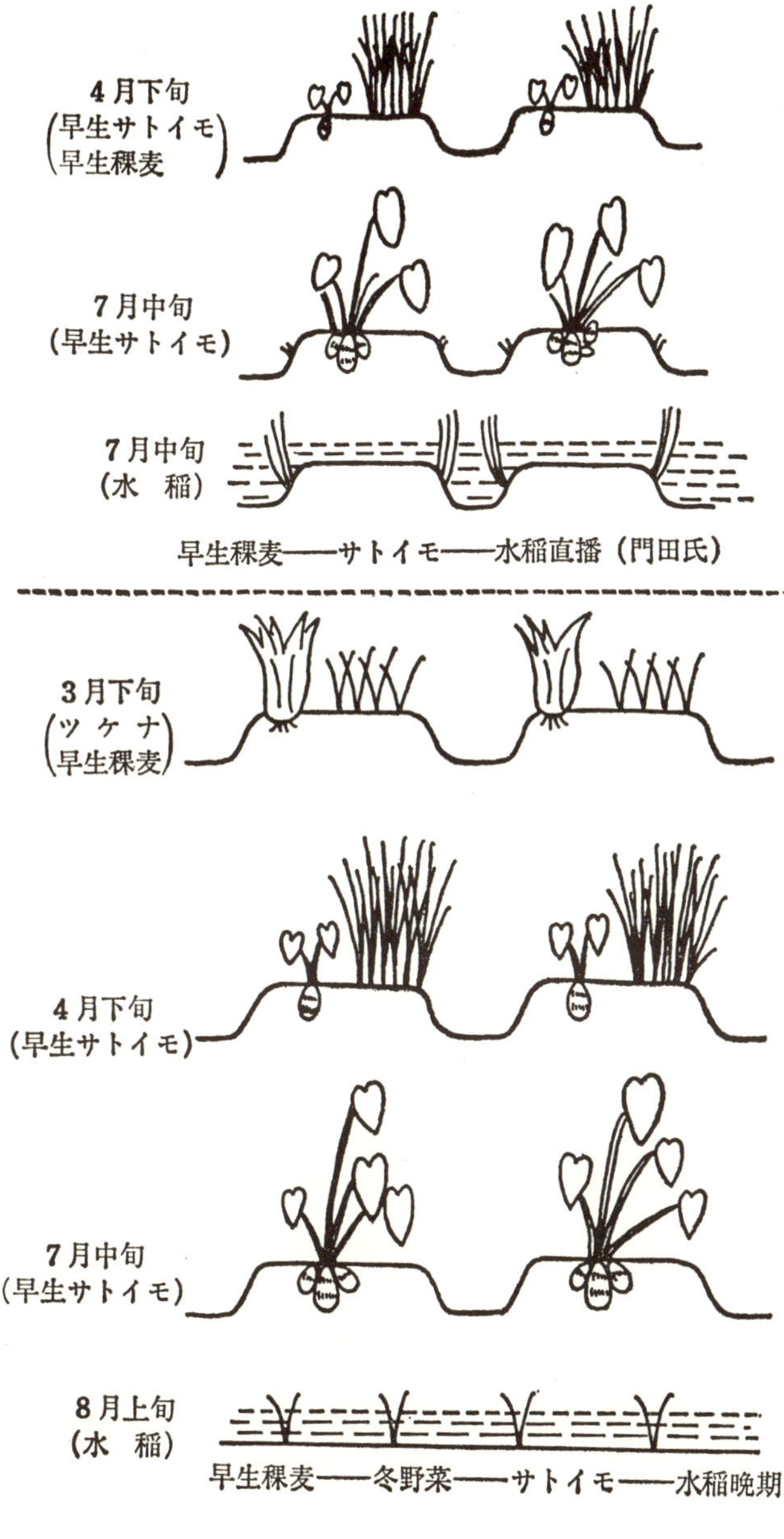

したと大阪ではいわれている。しかし、農家にとって大切な品種は、そのようなやさしい動機で普及するものではない。聖徳太子と石川早生との関係は、サトイモの産地である石川村や磯長村の盆節季の支払い時期にサトイモの売上金が、一〇〇円あったという「よろこび」である。聖徳太子が、一〇〇円紙幣へ最初に出たのが昭和五年（一九三〇）一月一一日発行のものである。その時は、昭和

の農業恐慌のまっただ中だ。いかに聖徳太子が農家に深い印象を与えたか想像するにかたくない。それ以来、「聖徳太子」は、おカネの代名詞になった。

石川早生にかなう品種はない

さて、このような深いかかわりあいをもって、七月下旬から八月に収穫する石川早生の強みは、あまりにも生活と密着しすぎて、他の品種は、どうにもこうにも歯が立たなかった。

たとえば、昭和十年代より「ウーハン（烏播）」の普及がずいぶん力強く迫った。ウーハンは、石川早生よりも粒ぞろいのよい丸形の子イモを多くつけ、肉質もよりよく、耐暑耐乾性が強いことが特徴であった。だが、大阪でのウーハンの多収性は、九月に入らなければ発揮しなかった。それは、盆節季に間に合わす現金収入には致命的な欠点であった。もう一つ、早掘り用の品種に「土垂」がある。土垂は、子イモの着生が関東以北では石川早生より早いが、関西では土垂よりも石川早生が一〇日ほど、子イモの着生が早いので、やはり石川早生にはかなわなかった。

子どもたちとイモのヒゲとり

岸和田では、早掘りの八月出荷には夏休みの小学生がイモのヒゲとりに動員された。小学生は、お盆のこずかい銭を稼ぐのである。

サトイモは、栽培が粗放で容易であるが、収穫と調整に多くの労力がかかった。とくに調整は、ドロ落としとヒゲとりとは手でするしかなかったので、家内労働だけでは、盆節季の支払いに、間に合わせられなかった。それで村じゅうの子どもがヒゲとりを手伝った。

イモのヒゲとりが息子の嫁さがし

子どもたちは、朝となく昼となく、ヒマをみてはサトイモの山積みの前でイモのヒゲとりをした。まだ学校へいかないような小さい子でも、このときだけは「ネコよりましや」といってよろこばれた。ほんの少しでもかまわない。できた分の目方をはかって、その場で賃金を支払う。子どものなかには受取ったお金で、好きな菓子を買ってきては食べながらまたイモのヒゲとりをする。このときは子どもにとって、自由に使えるカネが魅力であった。

そして、子どもたちの働きぶりをみていて、それが将来の息子の嫁さがしになっている、というから農家らしい風習である。子どもは正直だ、何でもかんでもしゃべる。ヒゲとりの楽しみであろうけど、聞くほうの大人は、子どもの成長を予測する好機である。

今は、サトイモのヒゲとり機ができた。子どもたちの手伝いがいらなくなった。

しかし農家は便利だとはいわない、無情だという。夏休みを待つことがなくなって、サトイモはマルチ栽培で、夏休みにならないうちに収穫が終わるようになった。大阪では、まだ節季支払いの習慣が農家に残っているのに……無情だ。

サトイモの一般的素性

サトイモの特性が、あまりにも特異であるので、つい、つりこまれて、栽培のポイントを押さえることができなかったようである。もう一度、サトイモの一般的な素性を検討することにしよう。

サトイモの生態

サトイモの芋は、植物学上では茎である。そして種イモの頂芽が発達して、その基部が肥大して親イモとなる。俗に、ゴリイモという煮えこじれるイモは、葉の損傷によって、葉柄の基部が肥大しそこなったものである。親イモ用は一枚の葉をも大切にしなければならない。山形田イモが良質なのは、水に守られて水田で葉が完全に育つからである。

親イモの節間から分球して子イモが発生し、さらに子イモから孫イモが分球する(第23図参照)。頂芽が発生すると同時に、その周囲に新根が発生する。種イモは、新イモの肥大するにつれて、しだいに腐る。新根は、地上部にくらべて、伸長が早く、しかも太く、数は少ない。それでサトイモの催芽は、葉が展開してから定植したのでは植傷みがひどい。

栽培管理

うね幅と株間の関係は、うね幅を広くして株間を狭めたほうが収量は多くなる。土寄せは多くするほど子イモは大きく長形となるから、エビイモ用は土寄せの多いほうがよい。子イモ用は、イモが露出しない程度の土寄せをする。厚く土寄せすることは、子イモ、孫イモの分球着生数が少なくなるから、着生した分のイモの肥大はよくなり、重量的には増収になる。梅雨直後は、充分な敷きワラや敷草をする。それは乾燥防止と、ハスモンヨトウの発生予防にもなる。サトイモは、乾燥に弱いから、かん水の効果は大きい(第24図参照)。うまくかん水すれば無肥料栽培で、施肥栽培よりも収量が多くなる。秋の低温は、イモの肥大がとまり、収量が少ないので、初期の生育を促進して増収をはかる。そのためには、種イモは大きいほど、増収効果があるから、親イモの食用に不向きな品種は、親イモを丸のまま利用する。子イモを使うときでも、なるべく丸く大きいものがよい。種イモの切断利用は、腐敗や虫害で思わぬ失敗をすることがある。

貯蔵管理 サトイモは高温性の植物であるが、イモ自体は、三〜五度の低い温度で二カ月間も耐える。それで一般に、貯蔵によく耐え、ふつう貯蔵で四〜五月の発芽期まで容易に囲っておける。しかし、収穫後に親イモからはなした子イモは、日がたつにつれ、どんどん食味がわるくなる。とくに、分離した傷口より品質が悪化して、腐敗の原因にもなる。

サトイモの貯蔵は、そのまま畑にすえ置きして、株の上へモミガラや落ち葉をのせるにかぎる。そうすれば冬じゅう、いつでもうまいサトイモが食べられる。

ともかく、サトイモは、素性を知らないで押しつけがましい栽培をすると、かえって、ひどい目にあわされる。サトイモは雑草にも負けない強さがあるのだ。わたしは、サトイモの性格は「陸に上がったクワイだ」と思っている。サトイモの野生型には、クワイと同じ長い匐枝《ふくし》を伸ばすのもある。

六、ニンジン

水辺から離れてきた野菜
栄養野菜の人気スター

冬に向かって食べる野菜

ニンジンは、正月の「煮しめ」には、なくてはならないものである。日本人は風邪《かぜ》にかかりやすいからだ。日本の四季に応じた気候変化に対するカラダの抵抗力は、ビタミンAに負うところが大きく、夏向きの生活をする日本人は、冬にビタミンAが不足すると、抵抗力を弱めて、伝染性の病気にかかりやすくなる。流行性感冒は、その代表例である。

ニンジンは、野菜中で最高のビタミンA源野菜であって、古来から盛んに利用されてきた。とくに近年、有色野菜の普及にともない、ニンジンの栄養価はホウレンソウの人気を追い越した。戦後、学校給食や工場給食が一般化して、ニンジンの需要は急激に増加した。

いっぽう、市場では、周年出荷が望まれ、品薄の時には、極端な高値がみられて、夏出しのニンジンは、必要以上に栽培の妙味があった。

そのために、結局は、旬の長根ニンジンがすたれて、短根の三寸、五寸ニンジンの栽培が盛んになり、ニンジンを食べる時期まで変わった。

栽培のはじめ

ともあれ、日本でのニンジンの来歴は不明である。林道春の『多識編』(一六三一年)に、はじめてその名が現われている。もっとも、はじめから薬用人参とは別で、野菜用のニンジンは「セリニンジン」といわれていた。

野生的なニンジン

つまり「セリ」が水辺でせり合って育っているように「セリニンジン」も水に近いところで、群生していたものであろう。そのニンジンは、さほど太りもせず、ヒゲ根も多く、草丈が高く、病虫害もなくて、盛んな生育状態であったろう。この生育を野生的というならば、今でもニンジンは、多かん水で土壌湿度を高めると、このように野生的な生育をする。これを栽培学では、水分過多による過繁茂というけれど、軟弱徒長して病弱に育っているのではない。全草がやわらかくて丈夫なのである。

心ならずも根を食われ

今のニンジンは、間引きをして、株間を広くするから、一株ずつは丈夫にみえても、生理的に根だけが肥大して生長はゆがんでいる。そして、もう、せり合ってそだたなくてもよいから、セリニンジンといわなくなった。ただのニンジンである。今の短根種は、すでに江戸時代、安永五年(一七七六)に羊角ニンジンといわれたものが導入されて、長崎五寸が土着した。これが暖地型五寸ニンジンの栽培時期である。羊角の五寸ニンジンに対して三寸ニンジンは玉ニンジンといわれていた。

このころからニンジンは、根菜類として、肥大した根が食用部に、そしてカロチンの色付きが栄養素となっていたばっかりに、当のニンジンは、不本意な生長をしなければならない、という悲しい定めとなってしまった。

いつが栽培期か

栽培の原型

もともと、日本のニンジンは人参臭の軽い東洋種、すなわち「金時」や「滝野川」が代表品種である。この品種は夏秋生育型で、六月以前や九月以降にタネをまくと、小苗でも一〇度以下の低温にあうと感応して花芽分化する。その後、高温長日で抽台《トウダチ》しやすいという適応性がある。だから、栽培時期は、すでに七〜八月の二カ月しかタネまき時がないという適応型である。そのうえ、根の着色には、一六～二一度が適温という、いわゆるニンジン色に着色することが収穫の条件であるから、さらに、適期が制約される。これが、夏まきニンジンといわれる秋から冬にかけて収穫されるニンジンの旬である。西は甘味のある金時系が好まれ、東は大形の滝野川や国分系が、北は札幌太系がそれぞれ地場品種として育った。

金時ニンジン　関西の金時ニンジンは、地下水位の高い地帯が生産地になっていて、播種期が七月中旬から八月中旬で、八、九月に雨の多い年は、収穫が多いということになる。この栽培は、八、九月が高温多湿で、しかも排水のよい土壌が生育の条件である。そしてそのためには、高うねとかん水が収量の決め手になる。

こうした条件のすべてを満たすことのできない関東では、関西のように、金時ニンジンは、りっぱなものができない。収量があがらないだけでなく、根部の首の色までわるくなる。

滝野川ニンジン　そこで関東は、滝野川の長ニンジンを七月中旬まきに限定していた。長ニンジンは年末から翌春にかけて収穫するには、七月中旬まきをすると根の色つやが最もよいのである。これよりも早めに梅雨期にまけば、発芽はよいが太くなりすぎて色がわるい。おそくまくと、太りがわるくて、色が淡く収量も少ない。

東京では、滝野川は品質が随一であるが、それは七月一四日と一五日にタネをまいたものに限っていた、というほどである。

国分ニンジン　それで、七月上旬まき適地として、国分ニンジンの産地がある。利根川水系がつくる豊沃な地帯で、その中にあたる国府は、耕土が深く、排水がよい。それでも、七月上旬よりも早くタネをまけば、葉が枯れやすく、葉茎が長く、病気に弱くなる。

一般に夏まきニンジンのタネまきは、地温が二五～三〇度であれば発芽がよいとして、全国的に七月いっぱい、暖地では八月となっている。しかし、いちがいに地温だけで決定するわけにはいかない。適地における発芽の条件は、播種から発芽のおよそ一〇日間はタネのまわり、つまり地表面を乾かないようにすることが先決である。

短根種の全盛　ところが明治になって、欧米から寒地型、晩抽性の短根品種が導入されて、播種期の幅が広まった。長根種は、耕土の浅いところではできなかったが、短根種は土地を選ばないので、明治中期からどんどん普及してきた。とくに戦後、長根種は栽培期間が長く、そのうえ、長形は流通、消費の面で不便さがあって、滝野川などはしだいに栽培が減少した。かてて加えて、農業基本法施行以来、省力多収の風潮で、長根種は激減した。これにかわって、短根ニンジンの周年化が実施されて、適期がなくなった。また、周年化にともなって、ニンジンの品種は、近年とみに細分化して品種数が多くなった。品種と栽培時期を第19表に示しておく。

第19表　品種と栽培時期　（今津正　1958年）

品種群	優良品種	寒地 播種	寒地 収穫	一般 播種	一般 収穫	暖地 播種	暖地 収穫
三寸	MS三寸	4下～7上	7中～10下	3上～3下 11下 6下～7上	6下～7下 6上～6下 10中～11中	2上～3下 11下～12上 7中～8下	6中～7中 5中～6中 10中～12上
	馬込三寸	—	—	6下～7上	10下～11下	7中～8下	10中～12下
	長崎三寸	—	—	—	—	6下—7上	9下～10中
五寸	早生五寸 大型五寸	4下～6下	7下～10下	6下～7下	10下～12中	7中～7下 8下	10下～1下 12下～3下
	黒田五寸 愛国五寸	— —	— —	6下～7上	10下～12中	6下～7上 8下	10上～10下 11上～2下
札幌太	中村鮮紅	4下～6下	9下～11上	6下～7上 3下	11上～5上 7中～8上	7中下 2中下	11中～4下 7上～7下
国分	国分鮮紅	4下～5上	9下～11上	6下～7上	11上～4中	7中下	11下～4上
金時	—	—	—	7中下	11下～2下	7中下 8下	11下～2下 2上～3下

栽培は発芽のよしあしで勝負

もともと、ニンジンは、好湿性の作物であるから、乾燥状態で生長はスタートしない。ニンジンのスタートラインは、梅雨期の湿りである。そもそも、ニンジンは〝雨あがりにまけ〟といわれるゆえんである。

さて、現今の慣行からみた各地での基本的な播種期は第20表のとおりである。

播種期と発芽の問題点

関西の金時ニンジンは「梅雨まき」に始まって「土用まき」に終わるが、梅雨明け後のタネまきは、関西独特の「桶かん水」で日に三回の水かけで発芽させる。

関東の長ニンジンは、梅雨明けの高温乾燥期

第20表　各地の播種期　（小川勉　1975年）

地域	播種適期	播種期の幅
東北南部	6／上～6／中	6／上～7／上
関東中北部	6／下～7／中	6／上～8／下
関東南部	7／中～7／下	6／中～9／上
中部	7／下～8／上	7／上～9／上
北陸南部	6／中～7／中	6／上～8／上
山陰	6／中～7／下	6／上～8／中
西日本	7／下～8／上	6／上～9／上

第26図　ニンジンのタネの拡大図

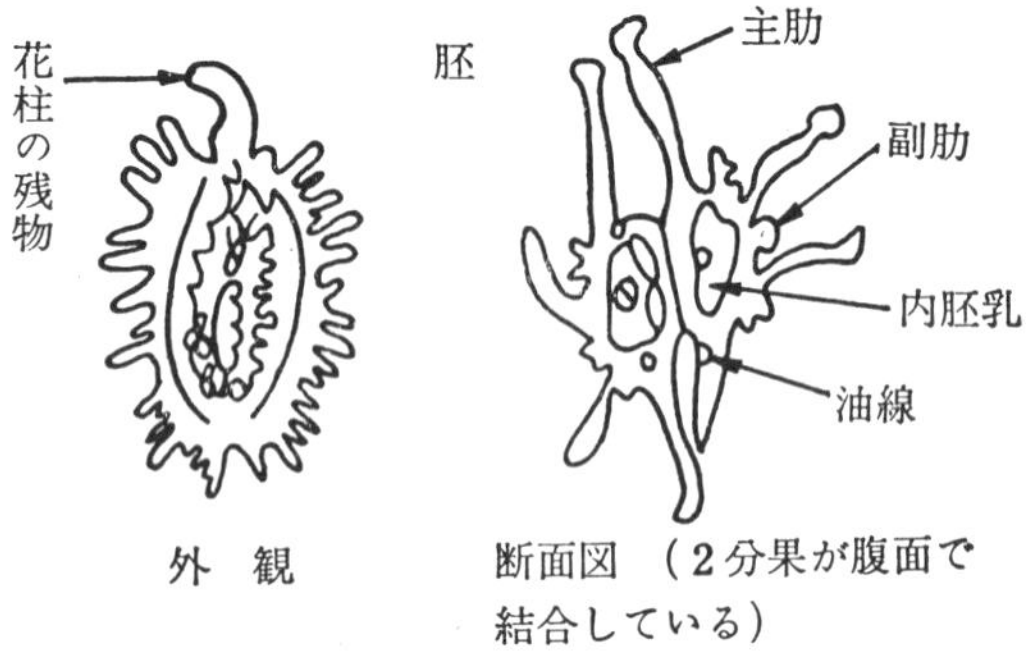

（注）左：近藤　右：荊木

のタネまきは、関西ほどのかん水をしないから、しばしば発芽は失敗する。ニンジンのタネは、いったん発芽を開始すると、その後はきわめて乾燥に弱いから、かん水は発芽が終わるまで、途中で中止してはいけないのだ。

水辺から畑へ移住したニンジンは、発芽のスタートが実際面で最も苦しいことである。だから、いろいろの問題があって、結局、栽培は「発芽のよしあしで勝負する」とまでいわれる。発芽不良の原因は第26図に見る複雑なタネにもある。この発芽の良否は、最後の収量にまで深い関係がある。

第21表を見よう。発芽がわるくてまばらに生えた区は、根形の大小、変形、裂根などが多く混在して、同一品種と思われないほど、成績がわるくなる。しかし一方、発芽の良否は、播種技術の巧拙とも重要な関係

第21表　発芽の良否と収量の関係　（長崎農試　1965年）

発芽の状態	系　統	収穫本数	収　量	1株根重	原種選抜本数
正　常	A	158 本	17.5kg	111g	10.1本
	B	163	16.4	101	11.7
ややふぞろい	A	153	14.3	81	6.3
	B	165	12.6	76	5.6
ふぞろい	A	117	9.3	80	3.4
	B	128	10.5	81	3.3
ごくふぞろい	A	109	6.2	57	1.9
	B	116	7.4	64	2.5

（注）品種：黒田五寸。7月20日まき，面積：3.3㎡。

をもっている。しかも収量への関係は、発芽密度が間引きの技術に続行する。

大阪の老練なニンジンつくりは、四葉期までの倒れやすい時期には、間引きはしない。それ以後、根が太って倒れにくくなってから、両手でふたうねの間引きをいっぺんにする曲芸をやる。いうまでもなく、この曲芸は、最初の発芽密度が適当であるからできるのである。もっとも、発芽密度の予測は、使用するタネの理解が十二分にできていなければならない。

ニンジンのタネは、繊弱で発芽力が弱い。新ダネといえども平均発芽率は、四〇～八〇パーセントで、他の野菜類にくらべて発芽率はわるい。まして、梅雨を越した古ダネは、発芽力を弱めている。なおまた、新ダネは発芽抑制物質キャロトールによる発芽遅延現象があって、とりまきでは、半分しか発芽しない。

金時ニンジンでは、いずれの播種期でも、こうした問題が関与するので、タネの発芽率は、五〇パーセント前後としかみていない。なおそのうえに、老練な人は、採種地での開花期の天候まで考慮している。ニンジンの発芽不良には、無胚や未熟胚や腐敗胚が多く、その原因は、受精時の不良天候による栄養障害が大きな一因となっているからである。

栽培と採種は同じ地方で

もちろん、このことは、金時ニンジンに限らず、他の品種でもニンジンは栽培地と採種地が同じ地方で併行して発展する傾向がある。あるいは、栽培地からさほど離れていないところに採種地がある、というのが特産地の特色である。そのほうがタネの素性を知るために都合がよいのだ。

ニンジンはダイコンとすべてがちがう

一般に、ニンジンもダイコンも、根菜類として、すべてのことを同じように扱っている。だが、なにひとつ同じものはない。

いちばん似ているようにみえる根形にしても、ダイコンはシンが太って、カワがうすい（木部肥大型）。ニンジンは、シンも太り、カワも分厚くなる（篩部肥大型）。だいいち、昔から〝ニンジンのよくできる畑はダイコンができにくい〃といって、ダイコンの品種がわるくなることを警告していた。畑までちがうということは、よくよくちがった管理が必要であることを教えている。

密生が生育の条件

まず、双葉のちがいも大きい。ニンジンは細い双葉が展開する。すでにこの時から密生が生育の条件となっている。双葉から四葉期ごろまでは、葉の本性からみても、群生していなければ個々の株は、一本立ちができない草姿である。第27図は、ニンジンの栽植密度の生態学的な考察を行なった関係図である。三〇日のばあい、密度が高いほど個体重量が多くなっている。吉良氏らは「協同の現象」といっている。つまり、この間は、密植が生育をよくしているので、間引くことは、倒伏させることになるから、倒伏がタチガレ病を起こすことになる。

第27図　ニンジンの栽植密度と個体重量との関係

（吉良竜夫　1953年）

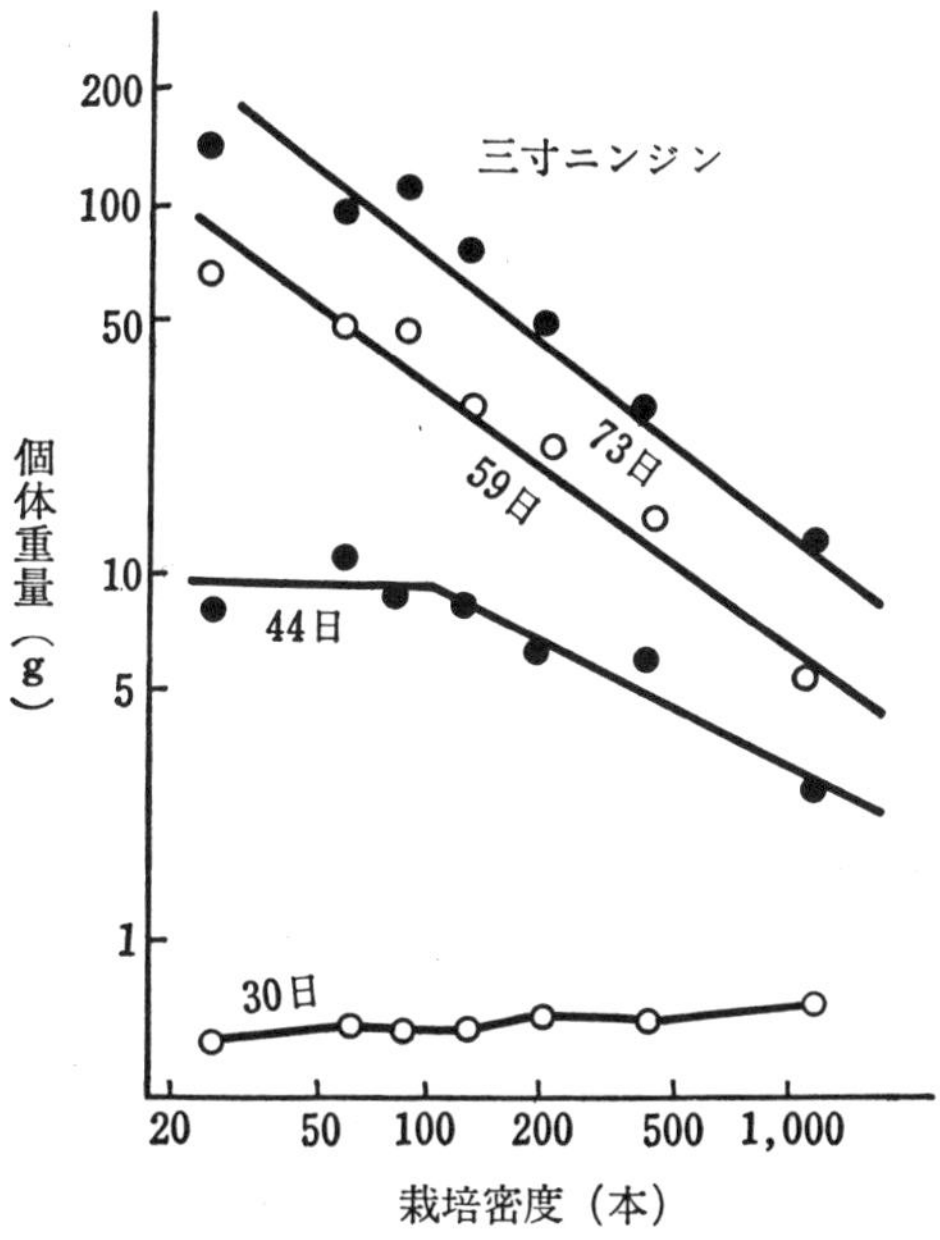

（注）　個体重量：log ω，栽植密度：log Δ，1 ㎡中の本数。

間引きは根の間隔をとる

五〜六葉期になって、根形の形成がすすんでくると、株元がしっか

第22表　地域・品種と間引き間隔　（小川勉　1975年）

品種	地域	うね幅（条間）	株間	10a株数
黒田五寸	長崎	35～40cm　1条	6～8cm	3.5～4万本
	関東南部	30～35　1	8～10	3.5
	関東北部	40　1	10	2.5
	東北南部	65　2	15	2.0
金時	関西	135　2	10（千鳥）	2.0～2.5
国分鮮紅	関東	63　2	15～20	2.0 内外

りして、雨に打たれても倒れないようになる。このころから間引きが必要になるが、それも、葉がたがいにからみ合った状態を保っていなければならない。むしろ間引きのねらいは、根のからみ合いをなくすように、根の太りに応じて、間隔をとる。そしてそれは、葉ニンジンからの間引き収穫を始めることになる。根がふれ合うと、縄のようによれるからだ。そして、最終的には、栽培地の条件や品種などにより、第22表のような間隔になる。

根の肥大期に充分な太りができるように、と考えて株間を早くから広くすると、かえって、葉伸びがわるくなり、クロハガレ病が発生する。この際、根の肥大に必要な条件は、株間でなく、生育初期から根の肥大期にかけて、土が適当に湿っていることである。

土の保水力とヨトウムシ

それがために、土の保水力は、有機質を多用することであった。ニンジンは、発育初期に乾燥すると、その後は、相当の湿りがあっても、生育がおくれ、岐根やヒゲ根が多くなり、根の皮目が大きくなって、品質を低下させる原因となる。しかし注意しなければならないことには、有機質多用の適湿地は、ヨトウムシの好適地である。害虫の適地をつくることは、ちょっとの油断で、ニンジンが全滅することである。

根の肥大性と好湿性との関係

根の肥大は、第28図を見ればわかるように、根は水分が高いほど、肉付きがよく、重くなる。また、高温乾燥で細く短くなり、肥大がわるい。

ニンジンの肥大性は、初期生育から根形の形成期に至る間の生育条件が、好湿性であること。つまり細かい葉のニンジンは、地下水位の低い乾燥地では、生態的な自衛手段が働いて、水および養分の貯蔵庫となったものである。すなわち、肥大は好湿性を逆用した栽培手段であって、ニンジンはすこしでも条件のよい時には(湿りがある時)葉が順調に生育し肥大の準備がととのい条件がわるくなる（乾く時）と、葉からの蒸散が少なくなり肥大が始まる。それは、ニンジンの葉が細い切れ葉であるからだ。

第28図　温度・土壌水分とニンジンの根形・根重（バーネス　1936年）

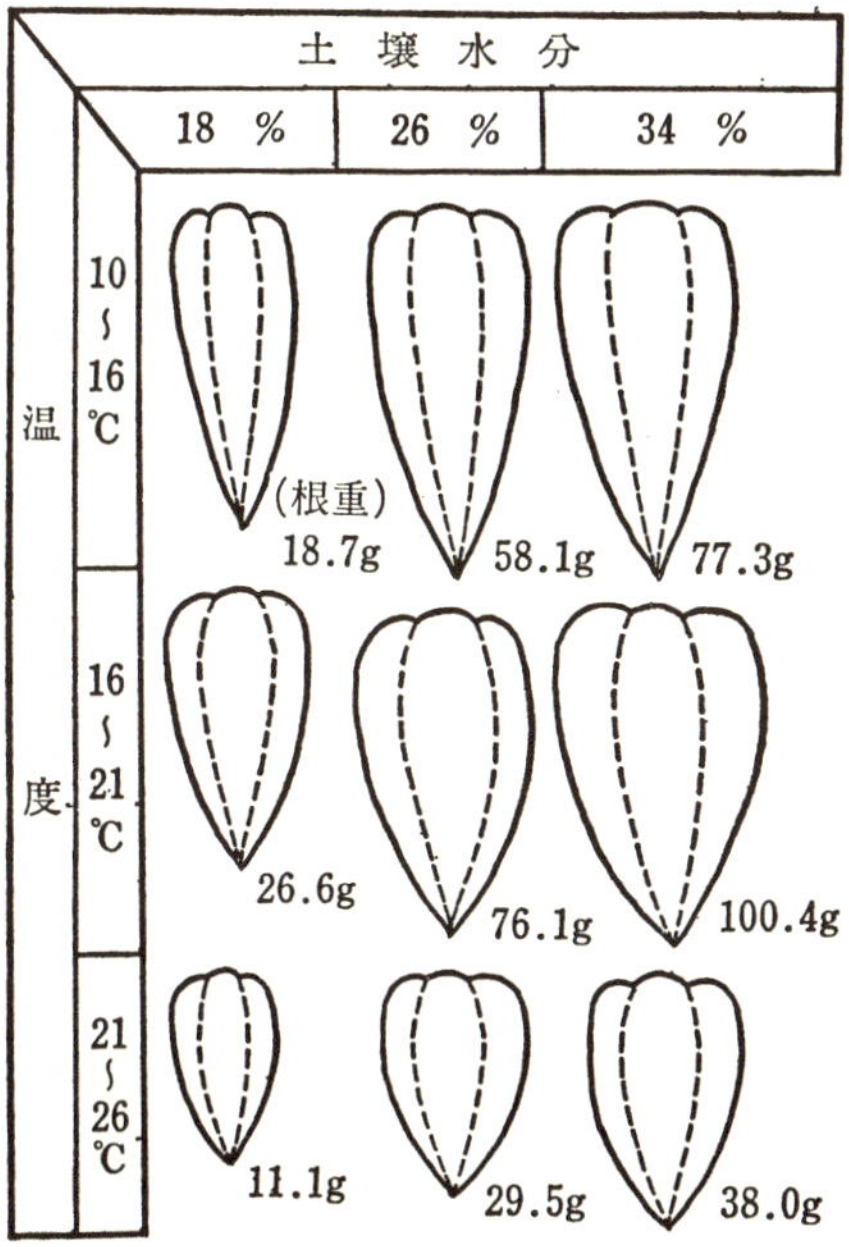

湿りと色づきと収穫

さらに複雑な関係は、根の好湿性を逆用して肥大をはかると根色の着色に反作用する。ニンジンの根色は発芽後、五〇日ぐらいからの肥大期とともに、着色がしだいに進む。本来の色が、カロチンやリコピンの色であるから、一般に着色は温度で説明している。このばあいは、たしかに、着色の適温は一六～二一度であって、それよりも低温でも、高温でも色づきがわるくなる。しかし、色が最もわるくて品質まで低下するのは、いつまでも湿りがあって根が、たくわえの肥大にかかりきっている時である。逆に、高温期は適当に乾燥することが消耗を少なくして根色が濃くなるものである。それだけでなく、収穫に向かっての生育後期には、なるべく乾燥状態にするほうが、糖含量が高くなる。こうした、収穫準備が畑でなされたニンジンは、鮮やかな色彩の特色が現われる。それには、畑から収穫したニンジンは、根皮を乾燥させないように収納して、水洗いするまで湿った状態を保っておくことが洗い上がりをよくするコツである。

輪作と有機質と

ニンジンの栽培は、ニンジンの不適地でムリヤリに育てているようなものである。それだけに、ニンジンの輪作には、よく注意がはらわれていた。せめてもの親切ということであろう。

肥料よりも輪作で

たとえば、ニンジンはセンチュウに弱いから、トマトのようなセンチュウにおかされやすい作物はさけて、実際には、寄生の少ないイネ科作物などとの輪作をする。また、畑土がチッソ過多になると病気がでやすいので、多肥作物はつくらないという配慮が必要であった。

元来、ニンジン栽培には、肥料は多く使わなかったものである。ニンジンは、生育期間中に高温乾燥期があるので、肥料の多用は、塩類集積の害を受けるからである。肥料を使わなかったら連作ができて、かえって連作するたびに品質が向上した。しかし、ニンジンは播種期との関係で、とくに短根種の普及は、ジャガイモ、カボチャ、キャベツ、ネギなどと輪作された。その結果、堆厩肥の施用が多くなった。

ニンジンは、これもダイコンとちがって、有機物多用で岐根を多くするようなことがない。完熟堆肥なら、タネの真下に施用しても岐根がないほどである。ニンジンの岐根は、化学肥料が増加させている。ただ、未熟堆肥は、ミミズの発生を多くして、モグラの害を受けるから気をつけなければならない。

ニンジンに厩肥はわるい

いっぽう、ニンジンつくりの要点は、土を肥やすことであるという信念と、堆肥施用で岐根が少ないことが好都合となって、牛馬の厩肥を多用する習慣になっている。とくに戦前の軍隊は、軍馬の糞尿の捨て場とニンジン畑とをうまくからませて

第29図　生牛糞施用量とニンジンの収量割合

（鹿児島農試　1973年）

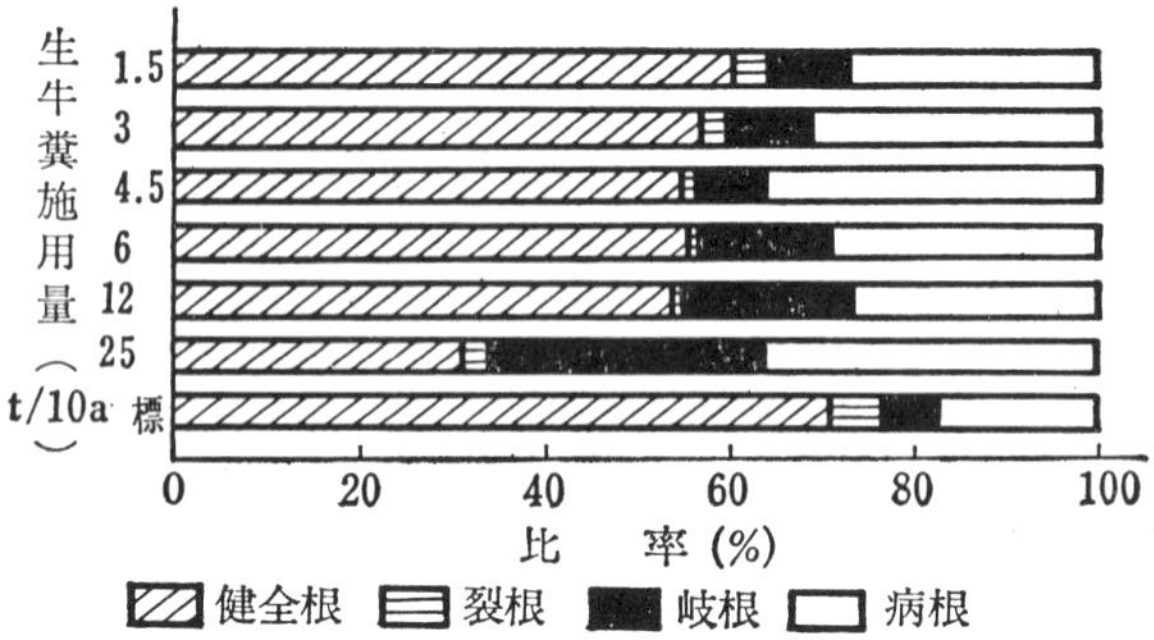

いた。かつて、ニンジン産地と馬との関係は、各地に多くの事例があった。今でも、北海道富良野市には、馬と結びついたニンジン栽培が残っている。戦時中は、軍馬の育成地で、戦後も農耕馬の育成地になっていてニンジンは、飼料用にも役立っている。

ところで最近、畜産の公害問題では、家畜の糞尿施用が、土壌還元と体よくいわれている。だが、しかし、第29図では生牛糞の多用は、ニンジンに対して裂根や岐根、腐敗根の発生を多くしている。こういう厩肥の連続施用は、だんだんと病虫害の発生が多くなり多肥、多農薬栽培への悪循環をすることになる。

昔は、ニンジンの輪作は「ムギ―ニンジン」にみられるような合理性があった。ムギの収穫後の切り株をそのまま残して、その両側にタネをまき、ムギの根群へニンジンのヒゲ根をくばったものである。それはセンチュウ回避の最善策でもあった。

栄養は旬のものに多くある

近ごろの短根ニンジンの栽培は、肥沃な地で、五月出しをねらえばもうかる、という。それには、不時抽台性がなく、晩抽性で、着色も早く、裂根の少ない越冬用品種を要望する。また、八、九月どりをねらう向きには、ニンジンの不適地での耐暑性を強めるように望まれている。さらにまた、省力経営のためには、除草剤を活用して、労力を配分し、不時栽培が有利な作物であるといっている。それはどうであろうか。

短根ニンジンの特性

いわゆる日本の長根種は、開花期と夏の高温期には、肥大根を収穫することができない。その期間は、ニンジンの端境期である。にもかかわらず、栽培は端境期を生育上の穴としか考えない。だから、この穴うめは、栽培的に重要性が増大するものと思う。そこで、短根ニンジンは、この穴うめ用に重要な品種に仕立てられて、間に合わせている。そんなことが端境期の対策だなんて、大言は吐けまい。

事実、短根ニンジンの一般的特性は、発芽適温は一五〜二五度で、三〇度以上になると、発芽がきわめてわるく、三五度を越えると発芽しない。また、低温下では、発芽日数が多くかかる。生育温度は、三〜二八度であるが、適温は一八〜二一度で、これより高温になると根の太りがにぶり、根形がわるくなり、表皮が荒くなる。二八度以上では、葉の生長もとまり、病害が多発する。低温下では、根の太りがさらにわるく、三度以下では肥大がとまる。

こうしたことから、春まきニンジンは、生育適温の関係で、北海道や冷涼地においての作型として考えられていたものである。そこへビニール栽培が実施されるようになって、暖地および中間地帯で、二月上旬まきが実現されるようになった。短根種は、ものが小さいだけに生育期間が短い。それが幸いなことに、五月中旬からの出荷が可能になった、ということである。もちろん、春まきは、おくれるほど生育がわるく、しかも高温期に入るので、ナンプ病が発生して、畑でニンジンを腐らせてしまうこともある。また、短期間の生育を利用して、初夏まきもされるが、この時期はセンチュウの多い時であるから、たやすくはできない。

品種分化の行きづまり

生育不振を品種にシワ寄せして、短根種は、多くの品種が競い合った。だが、しょせん、短根種は、育成過程でいろいろの変わったものに分系されて、異なった品種群が成立しても、もうすでに、近い型のものとなり、品種の幅は、実際にはあまりなくなっている。その結果、純度の高い根形のそろいのよいものは、肥大の力において不足するものである、という終点へきている。

すでに、三寸から五寸までの間に、品種的な差異はなくなっている。そのうえ環境要素の支配が大きくて、なおいっそう、そのちがいをなくしている。前の第28図でも見たように、同じ品種でも、高温乾燥と低温多湿とでは、極端な差がつくものである。

第23表は、長崎五寸の播種期と根の大きさの関係である。集約的な栽培をする五寸ニンジンでも、収穫してみると、根の大きさはさまざまである。播種期の早晩が大きな原因で、早くまくほど大小の

第23表　播種期と根の大きさ（勝又広太郎　1957年）

播種日	～10匁	11～20	21～30	31～40	41～50	51～60	61～70	71～80	81～90	91～100	101～	合計株数
7月5日	29	55	58	83	85	48	85	70	61	42	64	680
15	47	72	82	109	81	284	69	35	35	17	25	856
25	69	73	79	116	134	116	88	49	40	17	19	800
8　5	83	106	152	232	196	104	48	22	10	3	1	957
15	100	123	198	201	139	63	22	3	—	—	—	849
25	125	300	285	175	13	12	—	—	—	—	—	910

（注）収穫調査：12月15日，面積12.5坪，品種：長崎五寸。

差があり、根形をそろえることはむずかしい。この表によると、五〇匁内外を標準根重とする黒田五寸では、四〇～六〇匁の根が最も多いのは、七月二五日と八月五日である。この期間にタネまきをすれば、寒くなるまでに、適当な大きさに肥大することになる。

栽培条件と「くくり」

ニンジンの根形とはこういう不安定なものであるから、遺伝形質として厳密なとらえ方をするには、むずかしい問題がある。まして、早まき早どりのばあい「くくり」といわれる尻詰まりの美しさは、簡単に固定するものと考えるわけにはいかない。

といって、くくりのわるい短根種ほどみにくいものはない。しまりがないからである。通常、くくりは、尻詰まり率でいわれているが、間引きが早すぎると、尻詰まり率が少ない。株間は、広いほうが詰まりがよくなる傾向がある。根部肥大が不充分な状態で冬を越し、早春に先端部の発根が活発になると、尻詰まり率は低下する。さらにおそくまでおくと、二～三割は、詰まりがよくなるが、品質はわるくなる。これが「くくり」である。

栄養価が低いニンジンの端境期

ともかく、ニンジンは、栄養があるといっても、化学的な薬剤ではなくて、れっきとした野菜である。やはり旬のニンジンが、いちばん栄養価が高いものである。つくりにくい時にムリをしてつくってみても、現実に、五月どりとか七月、八月どりはカロチン（ビタミンA）の生成は、それだけ少なくなっているものだ。端境期とは、その期間はニンジンの必要性がない、ということである。つまり不用期なのだ。

そのくせ、ニンジンは低温性作物であるから、日本の夏には不向きで病虫害にやられるのだという。そうではなくて、日本のニンジンは、夏に生えて夏に育っている。はっきりとした夏向きの作物である。ただ願わくば、夏に涼しい場所がほしいと望んでいるのである。水辺のような……。

ニンジンの除草剤、そのおかしな計算

除草剤で三割減収

ニンジンの初期生育は、繊細な草姿で、密生している。そのとき、最もやっかいなものは雑草である。ニンジンの雑草には、選択性の除草剤が早くから、研究されていた。兵庫農試では、三木市別所町で、選択殺草性の強いAソルベント、ゲザミル、CMU、IPCなど、数種の殺草剤について実用試験をした。一〇a当たりAソルベントの七〇リットル（当時

の薬価で二一〇〇円）の散布で、きわめて顕著な殺草効果を示した。ただし、春夏作ニンジンの本葉六〜七葉期以後に発生する夏の雑草には効果が少ないので、収量は完全除草区の七〇パーセント止りで、約三割の減収となった。将来、経営規模の拡大を考えれば、収量は七〇パーセント止りでも、栽培面積を五倍に拡大経営するとすれば、三・五倍の収量を挙げ得ることになるので、省力経営のため、これらの殺草剤を活用すべきである（兵庫農試、昭和三六年度試験成績より）、（傍点筆者）、と普及の段階へ進めている。

　すでに除草剤は当初から、三割の減収をしているにもかかわらず、五倍に拡大経営すれば、三・五倍の増収だとは、いったいどういう掛け算なのだろうか。三割の減収は、そのまま五倍に拡大すれば、三割が五つの足し算で、わが身にこたえるはずなのに。この足し算のほうが、やさしくて正しいのとちがうか。これはすぐに生計にひびくものである。面積を五倍にしても収量が三・五倍とは、なんともおかしな計算だ。それから薬価を差し引いてみよ、ますます計算はおかしくなるぞ。これが、除草剤の効果であった。

　こうまでしても除草剤は使うべきものか。

つまるところ、セリニンジンをニンジンに改良?して、多肥、多農薬で、そのうえ除草剤まで使用する栽培は、人間が一方的に決めつけていることを反省しなければ、作物は、人間の役立つようには向いてはくれまい。

七、ダイコン

コメとダイコンは生活基盤
コメ食にはなくてはならぬ糖化酵素

日本人はダイコンと深いなじみがある。ダイコンの栽培は、そうとう古く、仁徳帝の時代には、すでに栽培されていて、しかも今と変わらぬりっぱな「大根」があった、という記録がある。その庶民性は、ダイコン飯やダイコン粥にして食べていたころから、すでに野菜の王者であった。

今でも、ダイコンの魅力は煮食用、漬物用をとわず、味噌汁の味が忘れられないかぎり、ダイコンは、食生活からなくならないものである。

ダイコンの効能

大根、すなわち〝おおね〟は栄養の「おおもと」である。栄養食品として、ビタミンはきわめて豊富で、しかも多量のジアスターゼを含有している。ジアスターゼはコメのデンプンを糖化するので、消化剤としても有効である。また、コメ食による体液の酸性化は、ダイコンの高いアルカリ度が中和剤となってカラダの調子をととのえる。だからダイコンは、日本人の保健上、きわめて大きな働きをしている。

近ごろは、ダイコンはカロリー価がない、ということで能率のわるい野菜だ、とする。そして、こんなもので「飢えをしのぐ」ことが不思議だと思っている。これはカロリー偏重のまちがい栄養学である。日本のダイコンは、決して飢饉の食べものではなかった。そのことは、長い歴史の中で、多様な品種分化が証明している。古来から、どの品種にも糖質が微量で、救荒作物としてふさわしくないからである。つまり、低カロリーであるからこそ、日常生活の保健上に、大切な食べものとなるのである。

コメ食での混食の意味は、もともとは、栄養的なバランスからきている。つまり、コメの酸性中和が主目的であるから、アルカリ性の野菜が糅《かて》になるものである。それが、コメを節約するための増量効果として、意味が拡大されて、他の穀類を混合するようになり、糧《かて》に変わってきた。糧の増量は味をわるくすることになって、動物タンパクの混合が味付けの役目をした。だが、このような動物タンパクの添加が栄養価を高めたとした栄養学は、混食の意味を理解していないだけでなく、今日的なまちがい栄養学の起因にもなっていると思う。

このような関連を、わたしは食生活とダイコンとの密着で見つけることができた。

日本じゅう、どこへいっても、どんな山奥の家へいってもつくられている野菜、そして生食、煮食、漬物、切干しなど、幅広い用途は、外国では例を見ないほどの食生活との密着がある。さらにそれは、多彩な品種分化へ寄与する、という価値がそこにあろう。

ダイコンには土地柄がある

ダイコンは、日本じゅうでつくっているので、いまさら適地をうんぬんすることもあるまいと考えられるかもしれない。だが、ダイコンには、その土地柄でなければ発揮しきれないもちまえの本性がある。それだからダイコンの品種は、多様化しているということでもある。第24表の品種分類を見ればわかるように、ダイコンの品種は、すでに一〇〇種におよび、もはや最近の品種では分類も特性調査も、手のつけようがなくなった。

ところで、現在のダイコンつくりは、もっぱら市場性を第一義的にし「もうかる時期」に、規格に合わせてつくるということが主なねらいとされている。それで規格に合わない品種は、次々と姿を消すことになる。

ダイコンの地づくり　その結果、ダイコンつくりとは土地に品種を合わせるのではなく、ダイコンの品種（市場性の高い品種）に合わせた土地をつくる、という、本性を無視した栽培が、一般化してしまった。そこで「ダイコンは、ダイコン地をつくってからつくれ」などということになるのである。ということで、産地では、ダイコン地は、連作するほど品質のよいも

第24表 品種分類表 (藤枝国光 1975年)

品種群	代表品種	類似品種
四十日	四十日 博多四十日	本圧返り四十日，大阪四十日
亀戸	亀戸	於多福，吸込亀戸，白茎亀戸
みの早生	春播みの早生 みの早生 みのづまり	早生みの九日，黒葉みの，晩生みの，夏みの早生，みの四倍体
練馬	秋づまり 晩生丸 中ぶくら 三浦 理想 練馬丸尻 練馬尻細	白葉九日，堀江づまり 大葉，源内づまり，晩づまり 高円坊 三浦中生，都 西町理想，近江白，黒葉理想，都西 大長丸尻，中長丸尻 練馬中長，早太り練馬，赤城，高倉，あずま，秋早生
方領	方領	早生方領，二つ寺
	守口	
白上り	白上り京 天満 桃山 田辺	山田，吉田，南禅寺，中堂寺 和歌山 鼠 横門，うぐろ
宮重	宮重尻丸 宮重長太 宮重総太 氏永 白首宮重	島，小日比野 小葉宮重，太閤 五日市場，源助，下津，赤池，切太，利平 明治長，蜂須賀 清州1号，白首宗像
阿波晩生	阿波晩生	阿波中生，御園，箕島，小田部
聖護院	早生聖護院 晩生聖護院	鞍馬口 淀，鷹ヶ峰，高農聖護院，国富
東北地大根	秋田 赤筋	四ツ小屋，仁井田，川尻 赤頭，唐風呂
信州地大根	鼠 ・ 親田辛味	山口，平柴，上野，戸隠，中野，長入，鼠の尾，打木，下高井 牧
南九州地大根	桜島 早生桜島 かじき	練早三月，橘三月，鏡水，上別府，松原田，横川，女山，皿冠，佐波賀，庄内 蓑原，牧ヶ原
春福	春福 三月掘入	鬼若
二年子	春若 博多春若 二年子 時無 夏	早生二年子，中生二年子，吸込二年子，愛宕 寒越，花不知，寺尾 尾久，丸葉夏，新ダイコン，晩生夏
北支大根	辛味 衛青 岩国赤	膠青

のができている。ダイコンの「地づくり」は、毎年つづけるから一年一年と適地になっていくわけである。

だから適地は、土質を選ばない。関東では洪積層の軽い土が適するという。中部や、関西では砂まじりを適地といっている。けっこうどこでも良品はできている。しかし多年の連作は、やっぱり適地が適地でなくなる傾向も多分にある。それは、多肥栽培による土壌の化学反応による。またさらに、多肥栽培の一時的な現象は、病害や虫害の巣くつをつくり、農薬散布をしても、良質のダイコンがつくれなくなる。

それに今は、ダイコン畑と住宅が同居している地帯が多くあるので、場所的な微気象にちがいが生ずる。それは適地のなかにも不適地がある、ということである。

もっとも、ダイコンはいかに品種が多様化したとはいえ、その品種の成り立ちは、もとはといえば、各地の風土に根づいた「地ダイコン」が基礎になって育成されたものである。

特有の根形と耕地柄

第30図を見られたい。品種特有の根形は、その品種が元来育ってきた地域に根づいているありさまを示した。そして、現在の主な品種がどのような耕地柄でつくられているかをみたものである。これによって、品種と耕地柄（気候・土地条件）とが、いかに密接不可分に結びついているものであるかがはっきりとわかる。つまり、ダイコンは第30図に示したとおり、まず耕地柄に合わせて、育成され、各地、各様のかたちで根づいてきたというこ

第30図　ダイコンの耕地柄と基本品種　（藤井平司　1974年）

タイプ	細根				太根									
	先ほそり系								ねずみ系			先づまり系		
耕地柄	低温性		高温性		耕土深い				耕土浅い				耕土深い	
	乾燥				適湿				湿地	乾燥	地下水位高い		地下水位低い	
群	二年子			みの早生	方領	宮重	練馬ほそり		聖護院	白上り			練馬つまり	
代表品種	二年子	鬼若	時無し	みの早生	方領	宮重	練馬尻細	中ぶくら	聖護院	ねずみ	田辺	和歌山	秋づまり	練馬尻丸

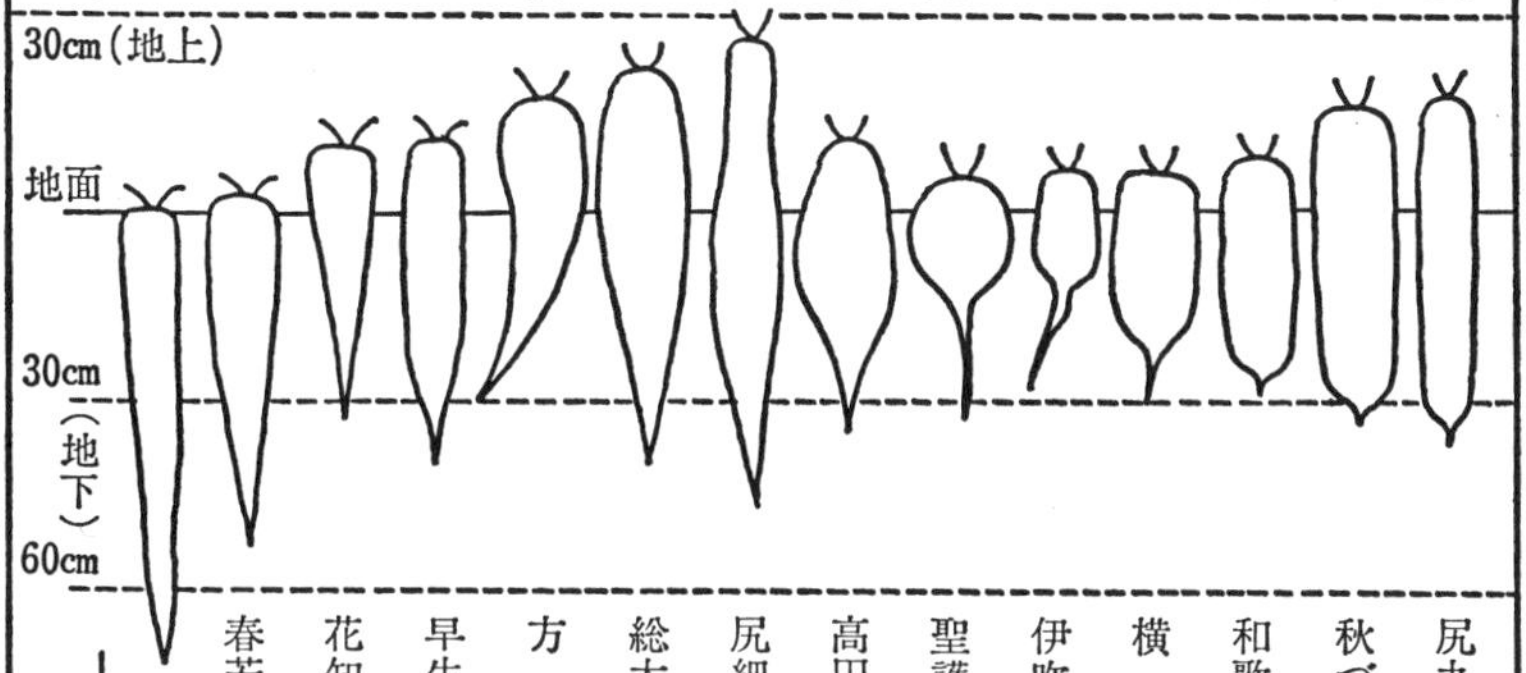

類似品種	二年子	春若・鬼若	花知らず・寒越	早生みの・春みの・黒葉	方領	総太・源助	尻細・高倉・あずま	高円坊・三浦	聖護院・鷹ヶ峰	伊吹・山田	横門	和歌山・天満	秋づまり・大蔵	尻丸・理想
型	粗放栽培								集約潅水栽培					

とであって、耕地柄を無視した品種選択では、ダイコンの本性からかけはなれるだけである。そこで現在ある品種の本性を知るために、それぞれの品種がどのように成立したのか、それをハッキリさせてみよう。

水田向き品種・畑向き品種

ダイコンには、大きく分けると、二つのタイプがある。「あがり系」という抽根性と、「しずみ系」と呼ばれる吸込性との二つである。それぞれの成り立ちから特性も大きくちがっている。

あがり系ダイコン

あがり系のダイコンは、主として水田につくられ、やがて海岸や河岸の砂地に定着した。それは水に近いところだけに、地下水位が高く、抽根性である。それに砂地は、陽光熱の照り返しがあるので、葉が立性である。また、常時、風が吹いているので、葉の毛が少なく全体が繊細な形態である。こうした形質を受けついだのが「白上り」である。別名は「砂場《さば》のダイコン」という。

この「白上り」が山へ登って「ねずみダイコン」ができる。根身の先がネズミの尾のように細く伸びているダイコンである。これは土が重く、乾燥気味で育っているからで、辛味も強い。この「ねずみダイコン」の太り方が「聖護院」の丸ダイコンを育成した。

丸尻は、尾のないダイコンで、高い地下水位は、直根の伸長がとめられて、丸まったものである。「ねずみダイコン」の尾のある尻とは、当然形姿も本性もちがう。はじめは「長どまり」といっていたが、今は形に長短があるので、「先つまり系」といっている。

しずみ系ダイコン

いっぽう、しずみ系のダイコンは、「あがり系」が畑に出て確立したダイコンである。水田から遠ざかるほど、ますます地下水位が低くなって、乾燥もひどくなる。それで根は、下へ下へと伸びて肥大する。このダイコンは、土の水分が少ないので、細根で、味も辛い。この「しずみ系」の遅まきから、根身の肥大する系統(低温肥大性のもの)が選抜されて「二年子」や「時無し」が生まれた。細根のままで葉を食べる「はたなダイコン」や、その後にできた「亀戸」や「小瀬菜」も「しずみ系」である。

いずれにしても、日本のダイコンは最終的には、関西における「聖護院」「白上り群」も、東海の「宮重群」も、そして関東の「練馬群」も、これらはみな大産地をつくった。そして、播種期と土地柄で根身の形状が定まった。つまり、地域的な基本形が確立したのである。

たくあん用の「御園」

その後、各地の品種交流があって、やがてその交雑種が、今の周年栽培への品種分化に貢献することになる。たとえば、伊勢沢庵の代表品種である「御園」は関東の筑波おろしで育った練馬と、土地の宮重とを組み合わせて、吹き荒れる鈴鹿おろしに耐えうる品種が育成された。ス入りがおそくなって、宮重よりも冬向きになったのである。

加賀砂丘の「打木源助」

加賀砂丘の「打木源助」は、愛知県の井上源助氏が育成した宮重の早太りの切太系と、石川県の松本佐一郎氏が育成した練馬の短形つまり系との自然交雑種から選抜したものである。砂丘で多量のかん水をする栽培型は、砂場用のダイコンを育成したのである。

みの早生の耐暑性

また、全国的にみても、品種的発展の最もいちじるしい「みの早生」は、将軍へ献上していた「早生九日（九月九日に将軍家へ献上する慣習）」からの育成種であって、その耐暑性は、各地の地ダイコンと交雑することによって、周年化とくに夏作へ大きな貢献をしたことになっている。

品種の葉と根にみる本性

これらの経過を総合して、形質上の特徴をまとめてみよう。

まず、葉については、葉色は濃いほど高温性である。葉の毛は、多い（アザミ葉）ほど冬向きで、毛の少ない（オカメ葉）ほど、春まき夏向きである。葉姿は、砂質や粘質地の地表温度の高くなるところでは、立性が適している。晩生や二年子などの寒越え品種は、伏性で、葉が傘型に開いて根身を覆う。それが越冬性である。葉の中肋は、太いほど風に弱く、風のある地帯では、細くて丸く、繊細である。

根身は、太く長大なものほど、土壌水分が豊かで、通気のよい好条件が必要である。俗に〝大きなダイコンからくなし〟といわれる品質がそれである。

栽培期間が好天にめぐまれ、湿気の少ない土地では細根になる。乾燥には、細根やねずみ根は強いが、丸尻は弱いということだ。早太りは短日肥大性で「あがり系」に多い形質で、「しずみ系」の肥大は晩生型である。

漬物・生食・煮食　漬物用のダイコンは、台地のやや高いところが適地になっている。当然、ここのダイコンはじっくりと肥大して、品質がしまり、漬物もうまい。生食、煮食用のダイコンのばあいには、低い土地で湿り気のあるほうが、尻つまりのみずみずしいものができる。良質のダイコンをつくるには、こうした土地柄をよくみきわめることである。そして、土地柄にあった品種を選ぶことが大切である。

まき時期の繊細な考え方

ダイコンつくりは、品種の多様化によって、いつでも収穫できるようになった。それは、栽培の周年化であろうが、適期をのがした早まき栽培は、えてして病気・害虫を呼びこみ甚大な害をこうむるもととなる。

限られた播種適期

もともとダイコン産地では、播種日の決定については、じつに繊細な考え方があった。

たとえば、大阪の「白上りダイコン」産地では、「九月一三日と一四日とがタネまきの日」であった。その前後は、一二日にまくとシンクイムシの害で全滅し、一五日にまくと収穫が一〇日もおくれるといわれてきた。

愛知の宮重ダイコンでは「九月二〇日過ぎに播種すれば、ダイコンはカマの柄ほどにしかならない」といわれてきた。今でも渥美の「阿波晩生」は、九月一〇日から一四日までの五日間が適期だとしている。もっと冬の寒い関東の練馬ダイコンでは、九月上旬が限られた播種期であった。

ダイコンは播種にあたって、それほどまでにデリケートな神経をつかってきた、ということである。にもかかわらず、最近はどの地方も、播種期は、八月上旬からが習慣になってしまった。だから、ダイコンの発芽するころが、シンクイムシの発生と、時期を同じくして、甚大な被害を受けることになったのである。第31図はシンクイムシの発生消長を示したものである。

早まき増収は全滅と向かい合う

ところが、ダイコンの増収栽培では、八月まきは、従来の九月まきより効果があった。だが反面、いつも全滅と向かい合っていた。

そのわけを説明しよう。

元来、ダイコンの生育気温は、冷涼を好むものである。根身が肥大したダイコンは、零度くらいの低温にもよく耐え、冬の食べものにつくられた。しかし、耐暑性のみの早生では、根部の肥大開始期の生育温度は、二四度付近にあるとされている。第32図を見よう。

第31図　シンクイムシ幼虫の季節別発生消長

（東京都農試　1948年）

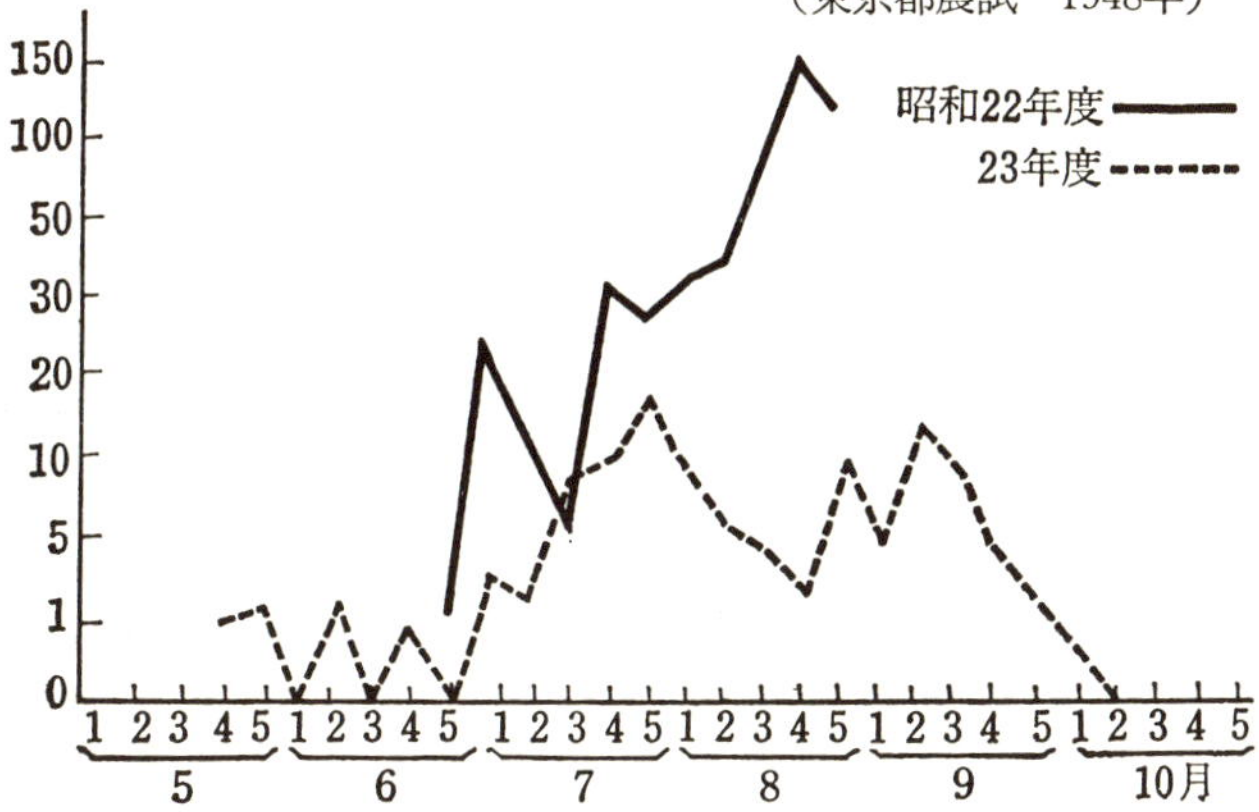

そしてこの温度は、播種後二〜三週間、すなわち初生皮層が剥脱するころから、本格的な根身肥大が始まるまでにおける影響が大きいのである。それ以後になると、それほど目立った影響はない。そのうえ、そのころの播種は、発芽そろいがとくによいから、いかにも適期にみえる。第25表の発芽温度を参照してもらうことにしよう。つまり、このことを教科書的にいうならば〝発芽が適温で行なわれ、本格的な肥大が開始され、その後、次第に低温に向かう気象条件下では発育が良好

第25表　温度とダイコン種子の発芽

（Kotowski　1929年）

温　度	4℃	8	11	18	25	30
発芽始	32日	13	10	4	3	3
発芽終	55日	20	15	6	5	5
発芽率	42％	80	92	95	97	95

第32図　みの早生ダイコンの播種後３週間の平均気温と収量　（斉藤邦八　1934年）

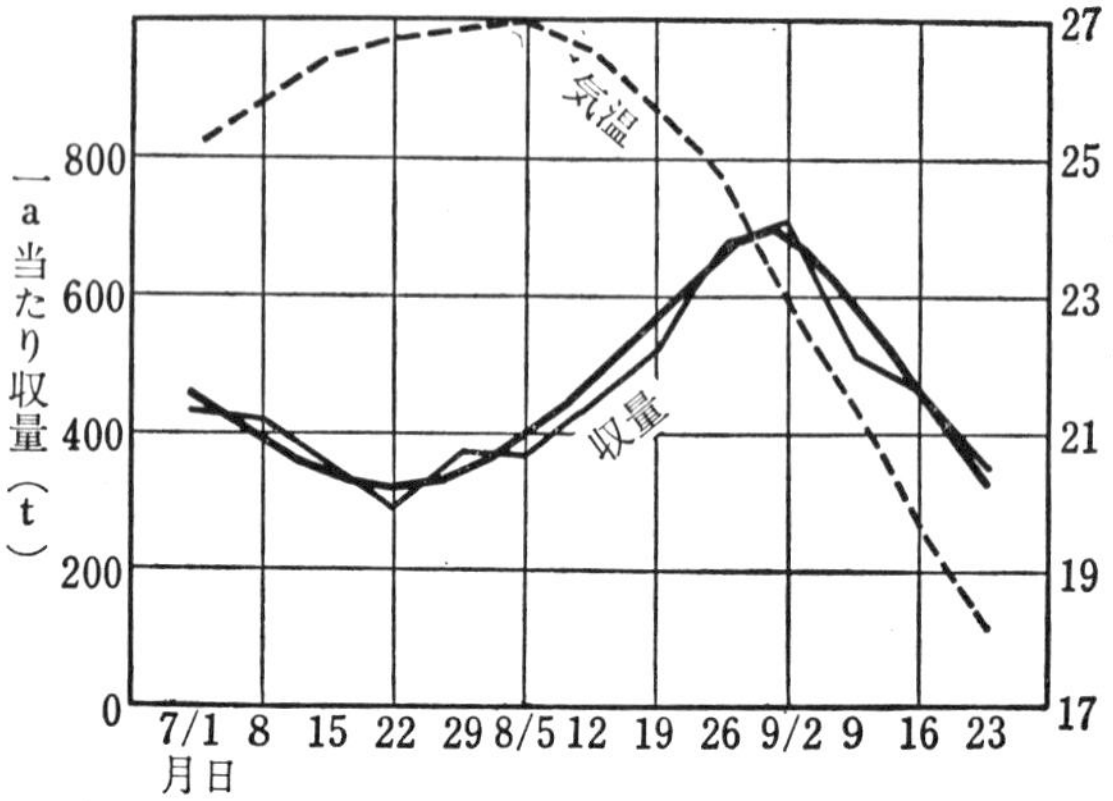

である〃となる。

増収には殺虫剤が必要となる

ところが、ここで第31図と第32図とを頭の中で重ね合わせてみよう。増収栽培の決め手、すなわち二四度付近の八月下旬はシンクイムシの最も危険な時である。これでは早まきのダイコンは、シンクイムシの飼料になる、ということがわかるであろう。だとすれば、早まきの増収を効果的にするためには、強力な殺虫剤の散布が前提になる。とかく科学の進歩には、こうしたことはよくあることだ。しかし、農業では、こうした不安定な増収栽培は、かえって農家が迷惑するばかりである。それは、一作だけで事がすまないからである。

ダイコンと気象とシンクイムシ

ついでに、ダイコンの栽培が困難になったという迷惑の実例を出しておこう。

いる。

気象条件と病虫害

前の第31図の説明でわかったように、ダイコンの栽培で、最も重要な時期は、播種から間引きして一本立ちする間である。この時期の気象条件が豊凶を左右している。

次に、第26表で見るように、ダイコンの収量は気温が多く関係し、降水量、日照は関係が少ない。そして、気温が最も関係するウイルスやシンクイムシの発生は、気温の高い時に発生する。とくにシンクイムシの発生の多い年はウイルス病の発生も多い。こうした関係のなかで、早まきの傾向を進めていた練馬ダイコンは、ついに昭和一七年（一九四二）にはシンクイムシのために全滅した。それ以後、二一年、二三年と、多発生がつづき、名産練馬ダイコンの主産地は、次々と移動しなければならなくなった。

参考までに、シンクイムシとウイルス病が多く発生した昭和二三年の気象は、第27表のとおりで、表に見るように、平年にくらべて温度が高く、降水量は少なかった。

第26表　ダイコンの収量と8，9月の気象要素との相関（駟松市郎兵衛　1950年）

事項＼月	8	9
最高気温	－0.525	－0.551
最低気温	－0.561	－0.598
平均気温	－0.349	－0.624
地温	－0.442	－0.672
降水温	＋0.359	＋0.281
日照	－0.277	＋0.036

シンクイムシの生態と防除

シンクイムシの発生回数は不規則であって、それが防除をやっかいにしている。だいたい普通の年では、三～六回くらいであって、早い年は五月中旬ご

第27表　モザイク病，シンクイムシの発生の多かった昭和22年の気象状況

（駒松市郎兵衛　1948年）

項目＼年月	昭和22年				平　　年				平年との差			
	6	7	8	9	6	7	8	9	6	7	8	9
平均気温（℃）	19.7	27.2	30.0	23.6	20.5	25.1	26.0	22.3	−0.8	+1.1	+4.0	+1.3
平均最高気温（℃）	22.9	30.9	33.3	26.6	24.2	29.3	33.3	26.6	−1.3	+1.6	±　0	±　0
平均最低気温（℃）	15.6	20.9	22.7	18.4	16.1	20.9	21.7	18.3	+0.5	±　0	+1.0	+0.1
降水量（㎜）	4.0	1.6	3.2	8.1	6.5	6.1	7.7	6.9	−1.5	−4.5	+4.5	−1.3
平均地温（℃）	19.1	23.9	27.4	24.4	20.7	24.7	26.6	24.4	−1.6	−0.8	+0.8	±　0

ろからになる。これも通常は、六月下旬に第一回の発生があって、だんだん増加して、八月には最高となる。ということで、八月に播種したダイコンやハクサイやらに被害が多いわけである。成虫は、ダイコンの双葉の時から産卵している。ふ化した幼虫は、ダイコンの心葉をつづり合わせて、その中にいて食害する。

従来は、シンクイムシの被害回避方法としては、オカボ、ミツバなどを混作した。混作は、夜間における温度に変化ができて、これが成虫の飛来産卵を防止する、という方法で防除がなされていた。シンクイムシの生活環境を乱すことが防除の方法である。これは、耕種的害虫防除法の一つである。

発芽を彼岸に合わせるのが常道

ところで、第25表で見たように、ダイコン種子の発芽温度は、かなりの低温でも発芽がよい。そこでダイコンは〝彼岸の

第28表 ダイコンの品種と花芽分化までの日数 （9月上旬まき）
（金沢幸三 1955年）

播種〜花芽分化の日数	品種群	品種
60〜 70日	南支ダイコン型	梅花，矸仔（南支）
70〜 90日	秋ダイコンⅠ型	大阪四十日，みの早生，宮重，聖護院，三浦，方領
90〜100日	秋ダイコンⅡ型	練馬一号，みの四倍，三浦晩生，桜島，鬼若，春若
100〜140日	春ダイコン型	四月，佐波賀
160〜170日	亀戸ダイコン型	亀戸
180〜200日	二年子ダイコン型	青首夏，白首夏，時無し，二年子

かいわれ〃を生育の基準としていた。秋の彼岸に双葉が展開していれば、ものになるということだ。〝天高く〃という秋晴れの高気圧のもとで、タネを発芽させるのが常道である。

イワシ雲が播種期

ダイコンは、気圧が高く、気流が上昇するときに、いっきに、直根を伸長させる本性がある。これを「立つ根」といっている。すなわち、タネまきは、入道雲の空が「イワシ雲（巻積雲）」に入れかわったころを基準にして始めればよい。イワシ雲は、秋の到来を告げ、秋の高気圧がそだち始めるときにできるからである。だが、九月は長雨と台風の月である。秋晴れにタネをまいても、急に、天候の変わるときがある。秋の空だ。雨中で双葉が開いたり、発芽までに強く地面がたたかれたりすると、立つ根は伸びない。それで、播種前には、少なくとも数日は「お天気の見通し」が必要である。ダイコンは、播種から発芽までの時間は、野菜のなかでも早いほうで、ふつう二四時間後には発芽してくる。

ダイコンの生育日数

ともかく、このころを基準にまけば、第28表のように早生種で七〇日、晩生種で一〇〇日もすると収穫期となる。ちょうど花芽分化までの日数が根身の肥大期間である。

しかし、秋のタネまきは、日一日と気温が下降するので、播種期が一日おくれるだけで収穫期は、一〇日ちがってくるといわれる。これを関西地方では「一日十日《とうか》」といっている。九州の桜島ダイコンの地方では、ものが大きいだけに〝一夜五十日〟という。

ダイコンのタネまきがひと晩おくれるだけで、生長は、五〇日分もおくれてしまう、ということである。

秋の雨は「通り」をわるくする

以上が、シュンのタネまき時の決め方であるが、このころは、まだ残暑がきびしい時だ。まして〝秋ひでり〟の年にであえば、播種後のかん水は、さながら地獄の思いだ。ときには、しとしとと〝秋の長雨〟がつづいて、一度もかん水をしなかった、という安楽な年もあるが、えてして安楽な年ほど、収穫時には苦労のタネになるということを、注意してもらいたい。

かん水地獄は、よく伸びたりっぱなダイコンができるものだが、安楽に発芽したものほど短根であったり、曲りダイコンとなる。まさに地獄極楽がこの世にあるか、と思わせるのは、ダイコンつくりであろう。

ダイコンの豊作と不作

つまり、ダイコンの「通り」といわれている伸長性は、天高き秋の候、晴天続きのもとで発揮されるのだが、逆に、発芽時の雨続きは、ダイコンの「通り」がわるく、いわゆる、不作の年ということになる。

耕起十遍でヒゲ根なし

ダイコンの「十耕」とは

〝大根十耕〟とは、昔からいわれてきたことである。ダイコンは耕すほど良品がとれる、という意味に解釈している。このごろは、どの栽培方法をみても、深耕は岐根を防ぎ、長大な肥大根を生産する最も重要な作業である、と説明している。しかし、この十耕の意味は、ただ耕せばよいということではない。

古いダイコン産地の老農にいわせると「日照りのときは耕さないほうがよい」という。最近は、耕うん機で土をかきまわすやり方が一般的になっているが、これでは、とうていろくなダイコンはできない。耕うん機は表土だけしか、かきまわしてくれない。表土をいくらかきまわして軟らかくしても、心土が堅ければ、土の硬さのちがいで、ダイコンはマタ根になりやすい。ついでに、マタ根という岐根の問題は、いま一つ、未熟な堆肥や、あるいは肥料の直上にタネをまくと、不規則な岐根が多く発現することになる。それでは、ダイコン十耕のねらいは、なんだったのか。

コメとダイコンの輪作

もともと、日本の農耕では「コメとダイコン」の輪作体系が基本になっていた。これが生産様式なのである。その後の米と麦の表裏作は、米一辺倒の肥培様式で、高温時の米は地力でつくり、低温時の麦は肥料とくに下肥でつくるものであった。前者の生産様式は、今も京都の久世郡にある。山城盆地の「淀大根」は、コメの早期栽培と聖護院ダイコンの輪作でハダの美しい丸大根をつくっている。つまり元来は、水田整地の代かきで単粒化した土を十耕し、酸性をなおして、ダイコン地をつくる、ということにあった。たまたま、畑作でも、十耕することが土の乾燥を防ぎ、生育を助長させるのに効果があったということである。

先どまりの普及

だが一方で、十耕式栽培方法は、空気の流通をよくし、乾燥を防止するという条件づくりが、丸尻で太短いダイコン（先どまり）になった。近年の「大蔵ダイコン」にみられる〝つまり系〟の品種の普及は、その傾向を表わしたものである。

明治以前の最高の農学書である宮崎安貞の『農業全書』（一六九七年）によると、「大根畠を十遍も耕せば、鬚《ひげ》少しもなし」とある。

これは、よく耕したほうが、ハダが美しくなるということであって、十耕することが、太いダイコンをつくるということには、必ずしも結びつかない。太いダイコンができるかどうかは、元の地によって決まってくるものだからである。そのうえ、生育のスピードと期間が関係して太るものである。

十耕は収穫もラクにする

また、ダイコンの伸長性は、土の軟らかさとか、深耕の程度で決まるものではないことにも注意していただきたい。前記したとおり、ダイコンの「通り」は、発芽当時の晴天、つまり高気圧で決まるものである。天気さえよければ、不耕起のほうがよく「通る」のである。しかし、その後の乾燥は、肥大がおくれ、細根になったり、ネズミ根になったりするので、耕起したほうがよいというわけである。結局は土の軟らかさや、深耕は、収穫をラクにするためのものである。

あの長い守口ダイコンは、毎冬の耕起「深床掘り(約六〇センチ)」のほかに、三〜四年に一度、特別な天地返しをしている。それはたいへんな手作業で「掘り返し」といって、一・三メートルくらいの深さに耕うんする。この作業能率は、夫婦二人で一日一アールていどである。この耕うんをした畑の収穫は、まるでウソのようにらくらくと抜きとることができるのである。

つづけざまの間引きが大切

次に、ダイコンつくりの決め手といわれる作業に、まき方と間引きがある。

ひとうねに一条まき

従来から、根身の太い品種は点まきに、細小のものは条まきがよい。そして間引きは早く終えて、一本立ちにする、といわれてきた。しかし葉の本性からみると、ダイコンの葉は、切れ葉であることから、早くから一本立ちにするよりも、葉がふれ合うような状態で生育させること、すなわち、ひとうね一条まきとして、第33図のように、しだいに株間を広げていくという間引法が理想的である。

前に述べた『農業全書』によると、わりあいに早まきしたときのダイコンつくりが記載されてあって、それによると「およそ一歩（坪）の内に四、五十本ある程を中分とすべし。是一段（反）の畠に一万二、三千ある積りなり」となっている。これは格段な密植栽培であるが、これだけの株数を入れるのには、点まきでは不可能で、条まきでなければならない。

ついでにいえば、二尺五寸のうね幅に、三寸五分の株間にすることが、反当たりの株数が一万二三四〇本ということになる。

早くからの一本立ちは危険

ダイコンの根身の肥大のよしあしは、間引きの技術によっても大きく左右される。ものの本によると、間引きは、葉の枚数時と回数が大切であると書いてある。だが、肥大の仕組みは、このような時期別になっているわけではなかろう。

ダイコンの肥大の仕組み

根身の肥大は、第一本葉がでたころから、一日も、休みなくつづいているものである。それは、双葉の軸がタテに破れて皮をはぐころ（初生皮層が剝脱する時期）からいよいよ盛んになる。大根になる主根は、発芽と同時に急速に伸びて、三〇日めごろまでに、全根長の八割近くまで、土中深く伸長する。その後は、徐々に伸長しながら、ぐんぐん太る。だから、このリズムに合わせて、間引きは常時しなければならない。しかし、生長の段階で、間引きの目のつけどころを変えることが大切である。

上見みて下知る間引きの方法

もう一度、第33図を見てみよう。まず、双葉の時は、展開が充分であるように、軸が徒長しないように、子葉の重なりをなくしてやる。本葉一～二枚のときは、生長のわるいものと、よすぎるものとを間引く。三～四枚のころは、シンクイムシの駆除(捕殺)をしながら食害されたものは抜きとる。五～六枚の時は、葉姿が開張性で、葉が黒っぽく、草勢の強いものを抜きとる。このようなタイプのものはマタ根になっているか、ヒゲ根の多い品質のわるいものになるからである。

ダイコンつくりのベテランは「地上部の発育をみれば、良品生産に結びつけることができる」といっている。それは、いつも生育草姿が立性である株を残しているということである。上を見て下を知るわけだ。

第33図　ダイコンの間引き方　　（藤井平司　1974年）

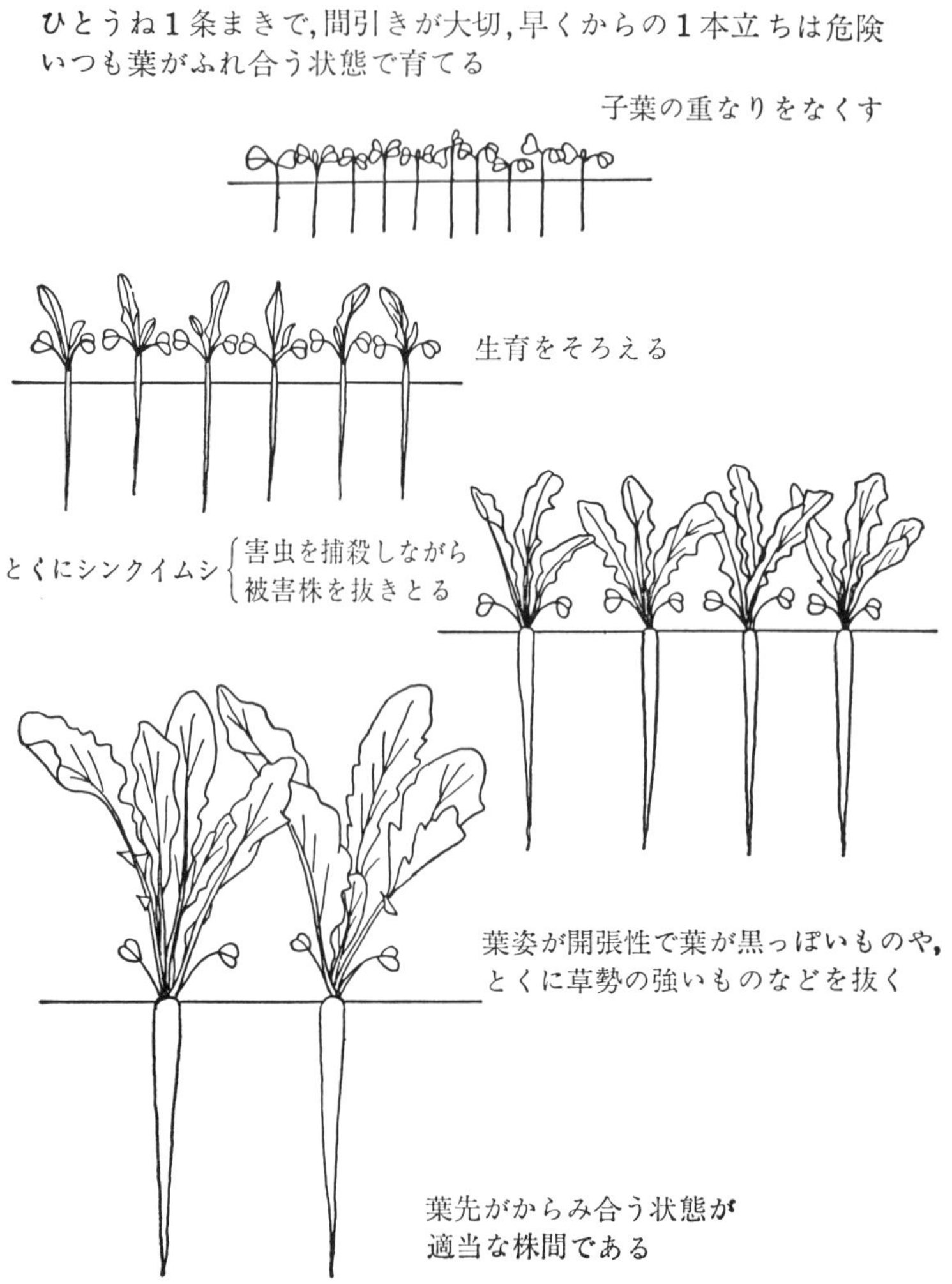
ひとうね１条まきで，間引きが大切，早くからの１本立ちは危険
いつも葉がふれ合う状態で育てる
子葉の重なりをなくす
生育をそろえる
とくにシンクイムシ
害虫を捕殺しながら
被害株を抜きとる
葉姿が開張性で葉が黒っぽいものや，
とくに草勢の強いものなどを抜く
葉先がからみ合う状態が
適当な株間である

適当な株間

そしてそれでも、株間はいつも、各株が立ち上がっていられるように、両隣の葉が、たがいにからみ合っている状態がよい。早くから一本立ちにすると害虫の被害や、とくにウイルス病の原因になる。だから、等間隔の密植状態であれば健全な発育をする。また、広い株間は、その年の降水量や降雨期により、裂根の発生が多くなる。

この際、葉が大きくて、根身も大きくなる品種は、小さい品種より間引きの回数を多くして、早めに株間を広くする。初期生育のテンポを早めることがコツである。反対に、立性の白上り群などは、葉が繊細だから間引きのテンポをおそくするのである。しょせんロゼット状（根出葉）のダイコン葉は、一株では葉が立っていられないからである。

それなのに、ダイコン産地の専作化では、間引きは、できるだけ早く終えるようにする。そして栽培の指導者たちは、それがダイコンの太りをよくすることだと思っている。だが農家には、もっと意外なわけがある。

言いようがない間引きの苦痛

ダイコンの間引きは、タネまき時のかん水と同じような地獄の思いがある。作付面積が多いと、つづけざまの間引きは「ケツから血を出す」苦痛があるのだ。毎日毎日、長時間かがみこんで、間引きをしていると、シリの穴がうっ血して痔《ぢ》になるのだ。どうしても、早く終えたい気持があって当然であろう。

とにかく、従来のように、どんな品種でも早く一本立ちにするから、根元への直射が強く、根がいたみ、ウイルスの発病原因になっている。事実、大葉のおそまきほど、ウイルスが少なく、細葉の早まきほど病気に弱いものである。ダイコンの耐病性とはこんなものである。

品質本位の栽培はおそまきで若どりを考える

もう一度くり返すが、ダイコンつくりは高温が禁物である。高温と強光はウイルスの発病原因になり、高温と乾燥はシンクイムシの被害を大きくするからである。

そしてダイコンは、葉の働きが根身を肥大させるもとになっているが、葉のチッソ過剰は「ス入り」を早め、収穫時期の幅を短縮する。チッソ過剰は、初期の生育が盛んであるが、過熟現象が早く、それだけ、細胞も早く老化する。ス入りは、その成因については、まだ明らかではないが、生育日数や、ダイコンの大きさなどに、直接関係するものではない。

ス入りの原因

いちおう、ス入りの問題は、萩屋薫氏が廿日大根のラビット・レッドを使った調査で、主として柔組織細胞の急激な生長にともなない同化生成物が根身の肥大生長をまかないきれなかったばあいの一種の飢餓状態になるために生じた現象だ、と結論している。現実には、軽い土質では、根の肥大が早く、ス入りも早い。粘土質では、じっくりと肥大するため、ス入りはおそい。結局は「無理な肥培管理を行なわず、幼苗期の余力と地力で、つねによどみなく生育させることがス入りの少ない鮮度の高い良品を生産するコツだ」と実際家の平岡康人氏は言っている。全く、そのとおりである。

とにかく、ス入りは、ダイコンの品質を非常に低下して、味気ないものにする。

収穫期と大きさ　そこで、ダイコンの収穫期の見分け方はどうするか。肥大が限度までに達したダイコンの葉は、すでに働きがおとろえて生長せず生気もなく、葉がだらりと垂れぎみになる。そのときが収穫期と判断すればよい。今はダイコンだからとて、大きいばかりが能ではない。むしろ、産地での売り悩みが日に日に、ダイコンを太く大きくしたものであろう。過日も、秋田県のバカデカイダイコンが、岸和田の山村、わたしの地元の八百屋に並べてあった。今はやりの転送荷とはいえ、生産農家が気の毒に思えてならなかった。

品質本位の栽培では、九月中旬以後におそまきして、品種は、短根の早太り系を用い、十一月から十二月に若どりする。この栽培では、しぜんに病虫害を回避している、という合理性がある。参考までに、第34図は、品種の特性をできるだけ生かした作型を図示したものである。

牧草をすきこむダイコンつくり　ここに一事例を紹介しよう。場所は蒜山高原〝白い米、白い牛乳、白いダイコン〟の「ひるぜん三白」を経営の柱とする岡山県真庭村の平岡康人さんのダイコンつくりである。平岡さんは、ダイコン栽培困難期の高温時期に、夏まきの「みの早生」をつくっている。その特徴は「牧草四年↓ダイコン二年」の輪作体系である。酪農で生産した厩肥は水田に施用し、飼料用の牧草は、四年間栽培し、四年目の秋には牧草をすきこんで有機質の給源とす

の 作 型　　　　(藤井平司 1975年)

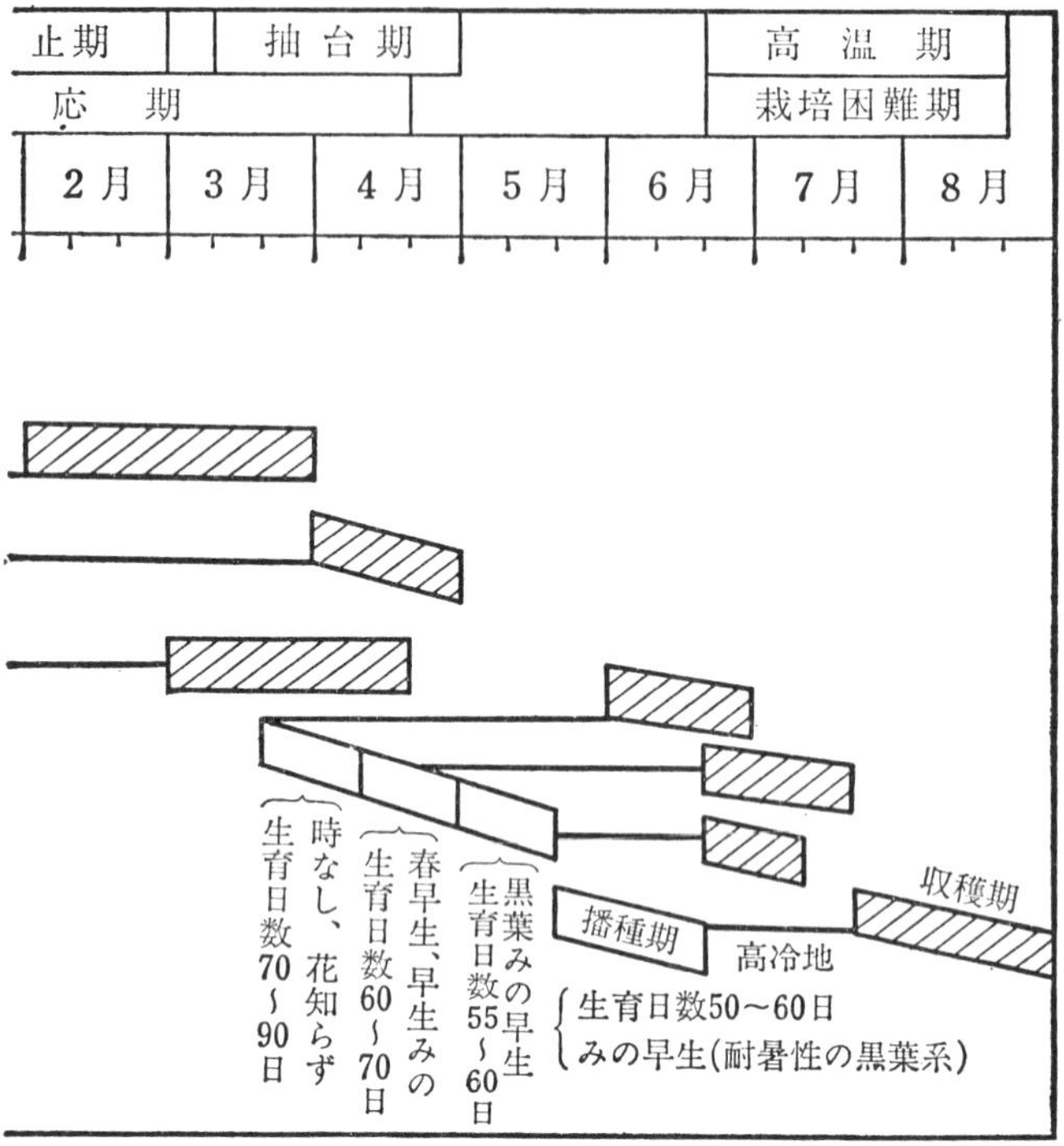

る。牧草の刈り株と根が有機質の補給となるうえに、四年間のイネ科牧草の栽培で、アブラナ科作物に寄生する病害虫の生息密度が低下する。牧草の利用によって、堆厩肥の施用労力が省け、土壌は団粒化し、病虫害の発生も少なくなる。

ダイコンは、二年間に三作した後、ふたたび牧草に戻し、地力の衰えを防ぐ。この輪作体系は、ダイコンと酪農とが有機的に組み合わされた特異性のあるシステムであろう。そして、平岡さんのダイコンは前に書いたように、よどみなく生育している（農文協編『農業技術大系、野菜編』一九七五年刊〝ダイコン〟の項による）。

第34図 ダイコン

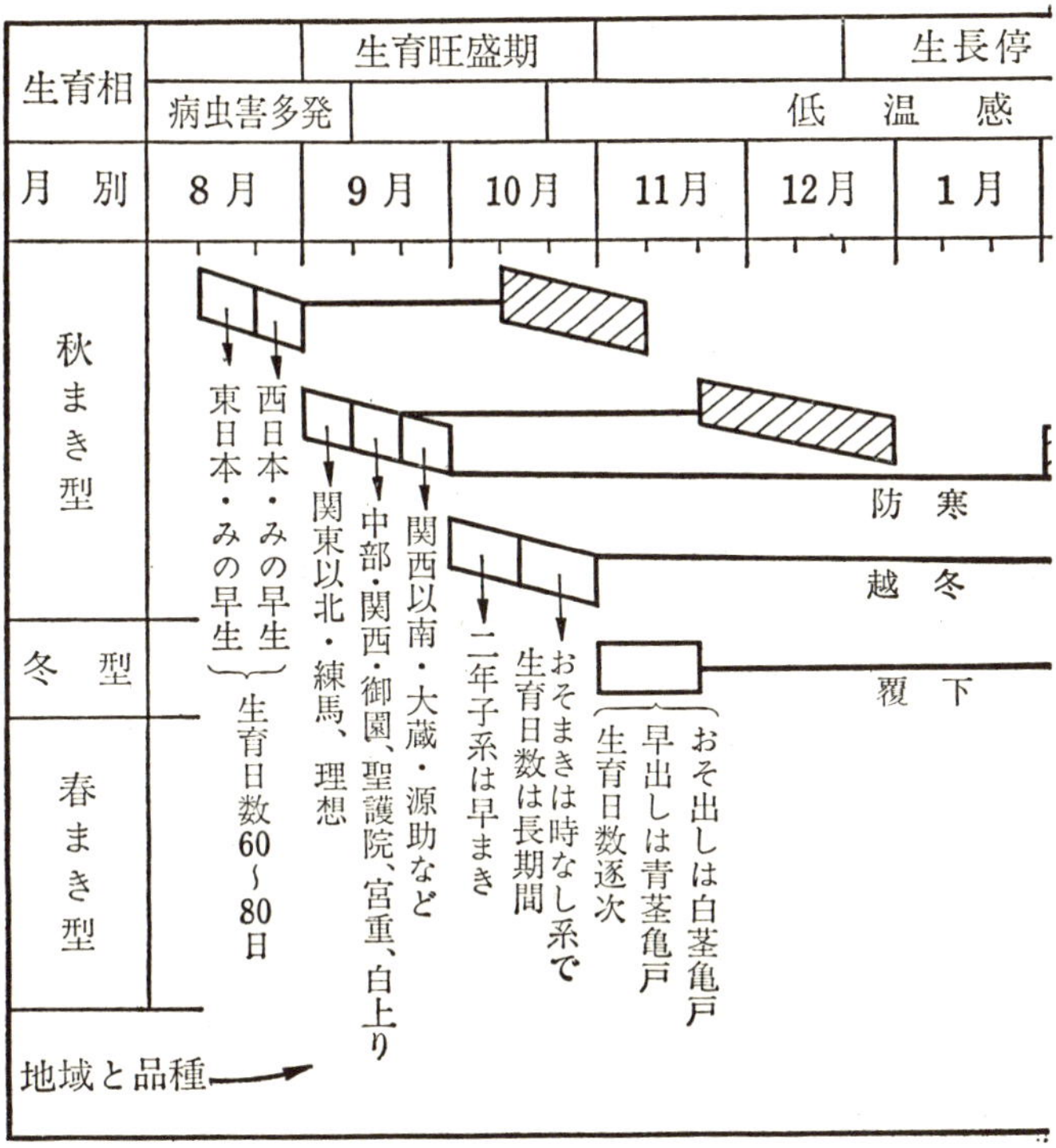

地力維持は根圏微生物の働き

ところで、わたしが平岡さんのダイコンつくりを紹介したのは、ダイコンの栽培困難期を克服した技術もさりながら、もう一つ、とても大きな問題があるからである。

輪作上でのイネ科とマメ科のちがい

平岡さんの牧草地は、大半がオーチャードで、これを四年目の秋にすきこむ。厚いマット状の根群は、地力維持増進に効果が高く、さらにナンプ病菌、クログサレ病菌、キスジノミハムシなどの生息密度の低下に役立つ。また、牧草のすき込みが、岐根率を高くすることもなかった。しかし、ラジノクローバーをすきこんだ畑は、一〇〇パーセント岐根になったこともあり、分解時に何か特別な物質があるのではないか、とオーチャードとの相違を平岡さんは指摘している。

実は、この指摘なのである。わたしは、地力保全とは「絶え間ない根群の維持である」と主張している。耕地には、いつも植物の根がいっぱいに張っていなければものをつくることができないのである。根群には、種々様々な根圏微生物が生活している。この微生物が有用か有害かによって、作物の生育が決められる。そしてこの有用微生物の維持増殖は輪作体系によってはかられる。

日本の耕地は、栽培品目の面積からみて、主として、イネ科とキク科とアブラナ科とマメ科との根群で土壌微生物を養っている。地力を論ずるには、まずこの現場が理解できていなければならない。残念だが今ここでこれに関する地力に言及している場ではないので本論に戻ることにするが……。

マリゴールドの利用による防除法

耕種的害虫防除法

ともかく、大昔の人がやっていた輪作体系でわかるように、イネ科の根圏微生物は、アブラナ科に寄りつく有害な微生物を押さえる働きがある。それで平岡さんのダイコンもつくりやすかったと思われる。マメ科の微生物は、イネ科の微生物と別なものであることが、平岡さんの指摘ではっきりしたことである。

そこで、新しい試験研究といわれている〝マリゴールド利用によるセンチュウの防除〟がクローズアップされる。マリゴールドはキク科であって、キク科の作物は、耕地からだんだん減少の傾向にあったのだ。キク科は、またちがった根圏微生物を養っていたのである。だから、この研究は、キク科の微生物が作物に有害な土壌微生物のセンチュウに、防除効果を持続的に働きかけるという農薬を使わない害虫防除法である。

もう一度、農文協編の『農業技術大系』(一九七五年刊)から抄録することにしよう。

マリゴールドの利用によるセンチュウの防除は、畑全面に栽培する単作型式が望ましいが、混植栽培でも実用的な効果が期待できると考えられる。

防除効果が長期間にわたって持続する、その理由は明らかでないが、マリゴールド栽培後の残存物質がその増殖を抑制しているものと考えられよう。

このマリゴールドを緑肥源と考えて堆肥化し、畑に還元するならば、堆肥材料の不足している農家にとって一石二鳥ということができよう。

マリゴールドは、植物寄生性のセンチュウのうちでも、根の組織内に完全に侵入する内寄生性のネグサレセンチュウやネコブセンチュウの仲間に対する防除効果が高い。しかしネコブセンチュウ類では、実用的効果について若干問題があり、マリゴールドの品種との関連などについて今後さらに検討する必要があろう（大林延夫氏執筆記事より）。前に述べたシンクイムシの生活環境を乱す方法とともに、耕種的害虫防除法は、農薬を使わない最善の方法である。

マリゴールドによるセンチュウの防除は、一九五〇年代からオランダを中心に研究が進められていた。その効果は、日本でも知られていたが、農薬万能の風潮に押され実用化しなかった。だが農薬公害に対する反省が現われて、このマリゴールドの利用が、昭和四八年（一九七三）から神奈川県三浦地方のダイコンつくりに普及した。

もともと、ずっと昔の日本では、地力や根圏微生物に関して、一役をかっていたキク科作物があった。それはクリサンテマム属のキクナ、食用ギク、アルテミシア属のヨモギ、アスター属のヨナメである。これらのキク科作物が輪作に組まれることによって、耕種的に土が守られていた。そして、これらのキク科作物は「蚊やり火」としていぶしにも使用していた。それが速効性のある除虫菊（ピレトリン剤）に偏重した。そうしたことで、かつてのキク科作物は、特殊なタイプで余命を保つことになった。すなわち、クリサンテマムは除虫菊と観賞菊、アルテミシアはモグサ用に、アスターは観賞草花に……。だが、しょせん、これでは耕種的に土を守ることはできなくなった。

今また、除虫菊も強力な殺虫合成剤に駆逐されかかっている。

もう一度いう。日本の耕地の生態は、イネ科、アブラナ科、キク科、マメ科の根群で土壌微生物を養い地力を維持している。それはなにもマリゴールドに限ったわけではない。

八、ツケナ

生活の近くにある野菜
アオナは冬の日光不足を補う要素

ツケナの歴史は古く、日本人的な野菜である。昔からアオナといわれる野菜の代表品目で、日本人の食生活にとっては、冬のビタミン要素であった。

畑の自家用野菜

いま一例として、早くから都市の発達した大阪で、ツケナの存在を回顧してみよう。

明治十年代までの大阪の農業は、コメのできない畑地では、主としてサツマイモや、ダイコン、カブラ、それにオカボをつくっていた。水の便ある畑地は、ことごとく綿作地であった。当時の農家では、自家用の野菜は周年かかさずにつくっていた。それは当然、品目が多種類でなければならない。

たとえばキクナ、ホウレンソウ、カキチシャ、フダンソウ、キウリ、ナス、ネギ、ダイコン、カブラ、ミズナ、クロナ、ミツバなどがあった。もちろん、まだ交通の不便な時であるから、毎日のお惣菜は、畑の野菜が保健食として自給していた。

菜っ葉でもカネになる

ちょうどそのころ、今の広島市観音町から京阪神地方へ葉柄の扁平な「ヒロシマナ」が出荷されてきた。それは、大変な好評だった。おそらく、このことは〝菜っ葉でも、カネになる〟ということを農家に教えたことであろう。

だから今、ツケナを考えるには、このことを心得る必要があろう。ツケナへの認識は、ここで自給から市場向へと一転しているからである。

ツケナの由来と分類

さて、ツケナとは、一般に不結球性の菜類を一括して呼んでいるが、このなかには菜属の菜類およびカブ類と、高菜類とがある。広義のツケナには、結球ハクサイもふくめられるが、通常は、結球ハクサイとカブ類は除外している。この二者は、明治二十年代の後期より、やっと品種が分化して重要視されたものであるから、古来の菜類や高菜類とは、同様に扱いにくい性格のものであろう。それと油料用菜種は、古くから野菜とは別に扱っていた。

第29表 ツケナの分類 (藤井平司 1975)

古名	類	品種群	代表品種（雑種型）
〈吹立〉フキタツ（茎立系）	蕓苔（なたね系）	油菜	菜種・房州花菜・寒咲花菜
		苔菜（とうな系）	茎立菜・大崎菜・畑菜
	蕪菁（うきな系）	真菜（かぶら系）	小松菜・黒菜・真菜・長禅寺
			天王寺菜・野沢菜・酸茎菜・日野菜
		株菜（かぶな系）	潮江菜・水菜・壬生菜
			広島菜・天満菜・大阪しろな
（導入系）	唐菜	長崎白菜	長崎白菜・縮緬白菜・彦島春菜
		体菜	雪白体菜・二メ目体菜・長岡菜
			四月しろな
〈建〉タケシ（たかな系）	葉芥子	芥子菜	葉芥子菜・黄芥子菜・久住高菜
		山潮菜	山潮菜・阿蘇高菜
	根芥子	根芥子	根芥子
	高菜	かつお菜	広茎かつお菜・川越菜
		高菜	紫縮緬高菜・大葉高菜
（導入系）	多肉高菜	青菜	柳川高菜・三池高菜・二宮

もちろん、ここで考えるツケナも、菜類と高菜類とである。

「吹立つ」と「建る」

元来、ツケナは品種判別のむずかしいもので、今までに、学問的な分類は、幾通りにもされている。が、ここでは、便宜上、筆者は第29表のように分類した。

昔、ツケナは早春の食べものであった。菜類は、春先に吹立っ(トウダチ現象)てきたものを収穫していた。いわゆるクキタチ系である。高菜類は暖地で、たけしくたって、高性に育つところから建《たけ》る菜であった。いわゆるタカナ系である。

独得の風味〝地味な味〟

もっとも、ツケナは他花受粉が原則の作物であるから、不明の雑種から各地に適した独自の品種（雑種型）ができあがってきた。そして、ツケナは、風土色が豊かで、土地柄がちがえば独得の風味がでないものである。俗に〝地味な好み〟といって、産地での味がたかく評判されるゆえんである。

品種には均一性より雑然性が必要

このごろの野菜つくりは、同じような形と品質のものをつくることが大切だといわれている。そのためには、品種は同質のものに、均一化しなければならないということになっている。

雑然性とは三つのタイプ

だが、はたしてそれでよいのだろうか。たとえばツケナ。ツケナの品種は、今はほとんどが雑種型であるように、複雑な育成過程を通ってきている。それは、多様な系統の品種が混ざり合い雑然としている。そして、この雑然性が、病気のでない安定したツケナつくりにとって大きな役割を果たしているのである。だから、ツケナでは雑然性を生かしたほうが得だ、ということになる。

このことを、大阪の代表的なツケナである大阪シロナでみてみよう。

どのツケナも同じだが、大阪シロナも変異の多いたくさんの系統をもっている。だが、市場や一般で呼ばれているツケナの名称は、シロナ、シマ、マナの三種に区別されているだけである。実際は、それらが雑然となっているのである。

便利なタネ

今では極端な例として、笑い話にされているが、実際に、大阪シロナの雑然性が実用的に、いかに有効であったかという話がある。古い話だが、あるタネ屋でのことである。「シロナのタネをくれんか」「ヘイ、これよろしおまっせ」「そうか、そんならついでにマナももらおうか」「いや、その用はいりまへん、うちのシロナをまいてもろうたらシマもマナもみなありま」「うまいこと便利になってるな」という話である。

ナタネの双葉

このタネはわるいのではない。便利なのである。はたして、このタネをまくとどうなるか。まず、よく発芽して、双葉が展開する。タネの使命は発芽良好が第一である。それに本葉一枚では、まだ気にするほどの差はでない。つまり、世にいう〝ナタネの双葉〟である。小さい時は、見分けがつかない、ということである。そのうち、初期生育の強いシロナらしいものが目立ってくる。このシロナを収穫すると、とたんにシマの作柄になる。葉の大きいシロナに押されていたシマが、どんどん生育してくる。シマを収穫すると、最後は晩生のマナとなる。

こういうことで、自家用にはなかなか便利なものである。もっとも、こういう便利さはずいぶんと昔からあったのかもしれない。一から十まで、行きとどいた配慮（便利さ）のことは、〝ナタネからカブラまで〟といっていたのだから。

大阪のツケナつくりでは間引きはしない。大きくなったものから収穫していくのがふつうである。タネは、品種をわざと混合するわけではない。ツケナはシロナ、シマ、マナの三つの代表グループが雑然としているだけである。そしてこの生育は、おたがいに牽制し合って、病気を出さないようになっているから、いかにも合理的な耐病性があるわけだ。

また〝信州には三種の菜があり、アイチナとイナコキナとノザワナである〟という。長野県下一帯に栽培されているノザワナの産地でのことだ。やはり、三つのタイプが雑然としていることをいい表わしている。

所変われば品変わる

もっとも、ツケナそのものが、日本じゅう、各地のツケナを一堂に集めても、手ぎわよく、分類することはできないほどの雑種型になっている。日本は狭い国土でありながら、すでに、ツケナは何十種も育っているから〝所変われば品変わる〟といわれるように、各地での品種名が異なるだけでなく、土地柄によって、内容も、大いに変化している。だが、ツケナの雑然性は、外観（外部形態）の類似をたくみに利用したものである。事実、金沢のクキタチナ、京都のスグキナ、大阪の天王寺ナ、長野のノザワナ、山梨の長禅寺ナなどは、はなれた土地で育っていても、形態は区別のできないほど似ているものである。これらはそれぞれ地方色に富んだ調理法で、ちがった形の食品に仕上げが変えられる。

タカナには一連の葉形

タカナ類は他の菜類との交雑がなくて、カラシナ類との間にだけ雑種ができる。それでも、その葉形の変異は、第35図に見るように切れ葉から大葉まで、徐々に変わっていて、中間に区切りがない。やはり、長い長い間の変化による雑然性であろう。

最近は、品種の純度や、品質の整一を最高の価値にしている。が、この一辺倒がすべての解決策ではあるまい。ツケナのような雑然性は、栽培上の強さ、やさしさとなっているものだ。また、雑然性は長期にわたって、いろいろな食べ方ができるという合理性にもなっているのである。

ツケナつくりは、自家用から市場向けへ

では、このように雑然性に富み、各地域に根づいてきたツケナの栽培は、どのような経過をたどってきたのだろうか。

自家用は小面積で

もともと、ツケナは自家用につくっていたものである。しかも、イナワラ跡地でつくられていた。イネの収穫後、イナワラは、水田の一部につみ重ねておかれる。その土地は、広さにして、ざっと五〜一〇坪ほどあったから、ワラをかたづけた後は、春どり用のツケナを定植するか、直まきする。自家用だからこそ、このようなわずかな土地の利用でも、充

第35図　タカナの各品種群における根出葉の形態

（熊沢三郎・阿部定夫　1955年）

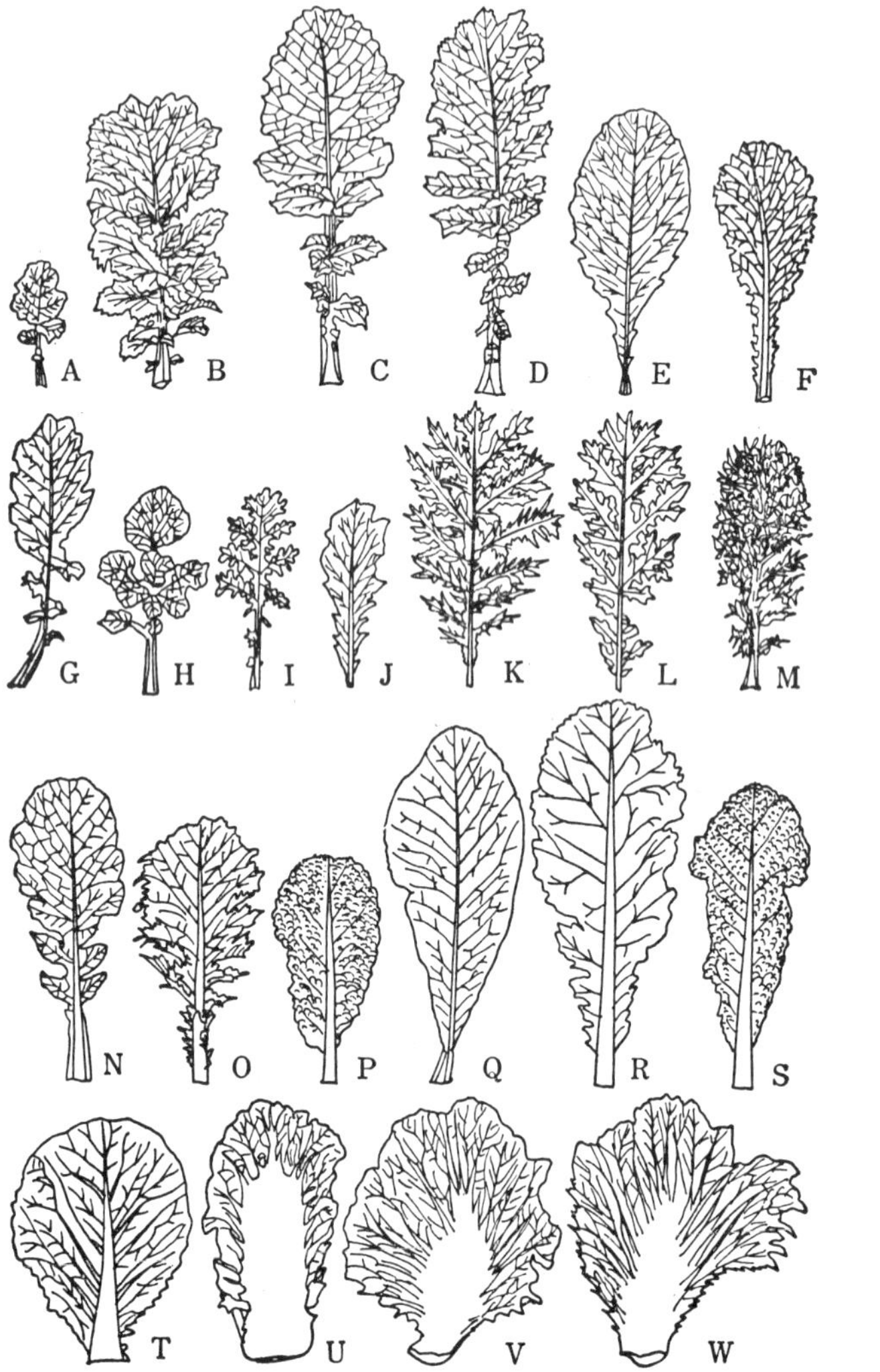

（注）A～F 葉ガラシ類（B葉ガラシナ，Eヤマシオナ），G～I根ガラシ類，J～L雪裡紅類，Mアザミナ，N～Sタカナ類（O川越ナ，Pカツオナ，Q長崎タカナ，R青葉タカナ，S広島紫タカナ），T～V多肉性タカナ（U三池タカナ，V柳河タカナ），W大心菜。

分、間に合っていたものである。

もちろん、長野のノザワナは「庭菜」といい、京都のスグキナは「屋敷菜」といわれているのも、すまいに近い所での栽培が手近な自家用になっていたことの呼び名であろう。

市場向けの動機

ところで、明治期における市街化膨張は、近郊野菜産地を発達させた。そのなかへ割りこんできたのが、大阪では、前に書いた安芸の国のヒロシマナのような送り荷である。農家は菜っ葉でも、カネになることを見のがすはずはない。そしてこの刺激は、ツケナの本格的な市場向生産が始まる動機になった。

大正時代からのツケナつくりの傾向は、早つくりの集約化であった。それでツケナは、早まきするためには耐暑性が望まれ、集約化のためには短期生育型に品種が変わってきた。

ヒロシマナは雪白体菜に

たとえば、大阪では、耐暑性のある雪白体菜（当初はシャクシナといった）が使用された。雪白体菜は、淡泊な味と葉柄の白さが、好評を得て、ヒロシマナの人気を追い越した。それ以来、雪白体菜はヒロシマナといわれ、また今は、シマと略称されている。

ところが、ツケナも、こうして専作化されてくると、空地利用ではなく、コメやその他の野菜との輪混作が必要となってくる。結局、ツケナは、農家経営としての作付体系が組まれるわけである。野菜つくりでの作付体系は施肥や、農薬散布よりも、優先する栽培技術である。とくにツケナは、作付体系のベースになっていて、つねに、土壌管理(とくに地力の維持)には、重要な働きをしていたことを見のがしてはならない。

腐れ縄も使いよう

老農と菜っ葉のこやし

大阪近郊のツケナの産地では、古くから、〝腐れ縄も使いよう〟という言葉をモットーにしていた。二宮尊徳の倹約や、塩原屋太助の出世話では、腐れ縄はカベ土のスサワラに再使用することになっている。多分、このことは農民がええ格好に手本を示したにちがいない。ほんとうは、畑への行き帰りに、道に落ちている縄くずや、牛の草履《ぞうり》まで拾い集めては菜っ葉のこやしにしていたものである。わたしが現地指導していた昭和三〇年前後には、まだ、これを実行している生証人がいた。まさにこれが老農というべき人だろう。

熊本のアソタカナの産地では、肥沃地のことを「タカナ畑」といっている。堆肥を多く施用して、よくこやした畑は、タカナにかぎらず、何をつくってもよくできるということである。

堆肥の効用

堆肥という有機質は、厩肥とちがって、畑地ではなくてはならないものである。落ち葉、刈り草、ワラなどの堆肥は、ネコブ病の発生を押さえているからである。それで野菜畑のひとすみには「くまし場」があって、つね日ごろから堆肥の材料は、ここで「くまして

〈発酵させて〉」いたのである。大阪では堆肥のことは「くまし」といっている。

北国へゆくと、春に茎立菜を収穫した後は青刈飼料にするか、または緑肥として水田に返されていたものである。

菜っ葉のこやしでカケゴエばかり それは後日の役に立たないこと

ツケナと果菜類の輪作体系

大阪のツケナの一般的な作付体系は、四、五年に一回はイナ作をやめて、果菜栽培をする。その前作がツケナである。栽培がむずかしいといわれる果菜類でも、堆肥〈厩肥ではない〉を多用したツケナの後作では、ネコブ病がでないので、簡単につくれるものだ。ツケナは、こうした地力維持の役目をしていたのである。

事実、各地のツケナ産地をみても、昔は、果菜類と組み合った作付体系が多くあった。今でも広島市には第36図のような、ヒロシマナの輪作体系があり、多くのイナワラ堆肥を施して、土つくりにはたえず神経を使っている。

こうした作付体系は、産地の大型化が単作化へ向かって、堆肥が下肥や化学肥料に変えられてからくずれた。まず、都市近郊の特質として、野菜とくにツケナは、下肥栽培が進められてきた。ツケナ

第36図　輪作体系（昭和47～48年　両祖　勝）

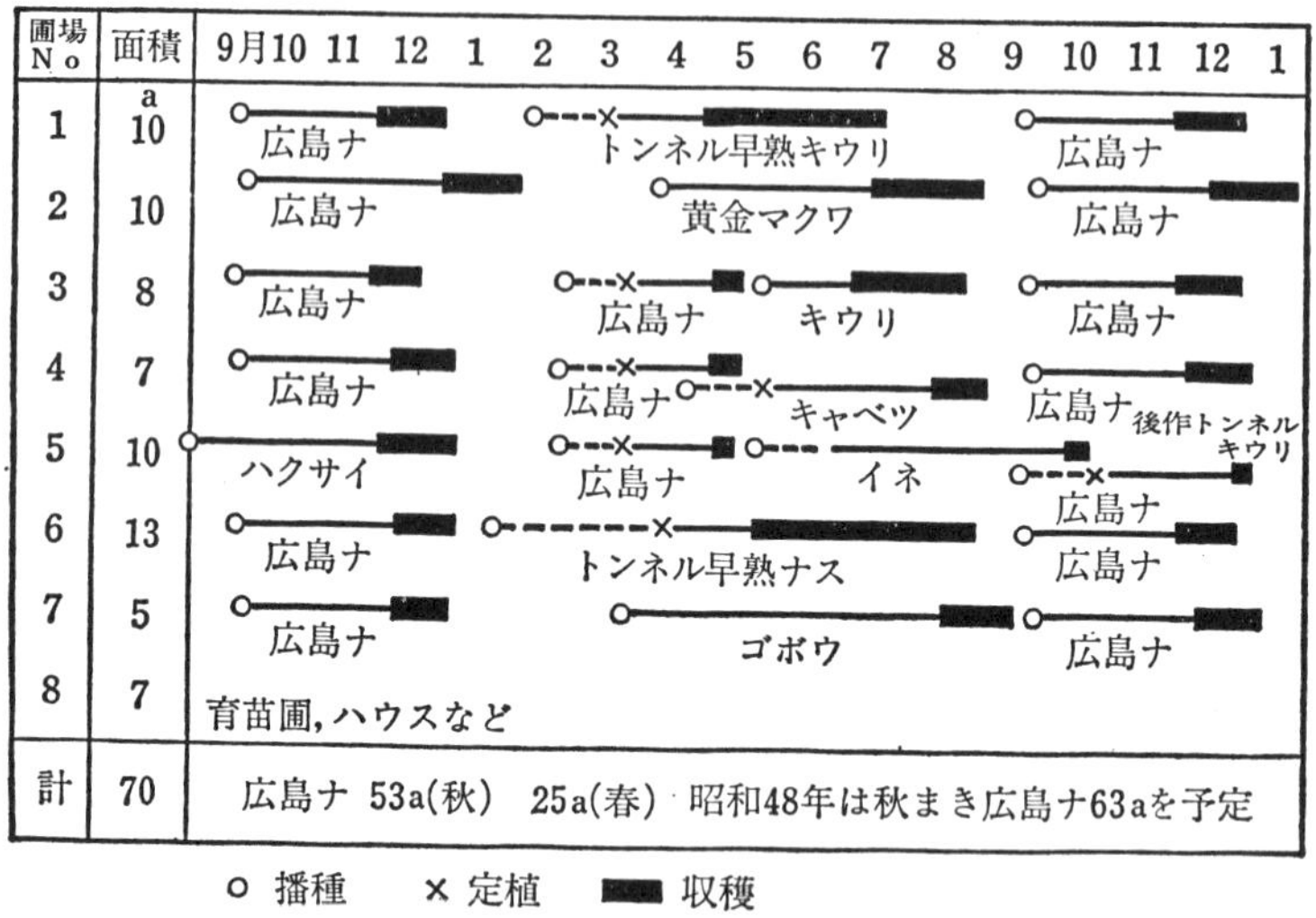

（注）広島市佐東町両祖農園。

を下肥で栽培することは商品生産として、安価で手っとり早い肥培管理であった。だがそれは、そのときのツケナには肥効があっても、地力を高める操作にはならなかった。それで下肥栽培は〝菜っ葉のこやしでカケゴエ（掛声）ばかり〟といってあとあと役立たないことにたとえていた。

カケゴエとツケナの消長

このカケゴエ（掛肥）が不潔である、とした日本の文化は、ツケナつくりを無視して、とうとう昭和四五年からの農林省統計表では、ツケナの欄が消されて、下肥との因縁がやっときれた。ちなみに、この統計欄はツケナの消長を示しているので、記してみよう。昭和一六年から結球白菜とツケナとに区別される。ちょうど結球白菜の輸送園芸が発展してきたころであり、一方では、ツケナに付着する寄生虫卵をやかましく騒ぎたてていた時でもある。昭和二六年から、ツケナは、春まきものと秋まきものとに区分された。周年化を目ざしていたからである。昭和三六年から、春まきと秋まきの区分を中止する。施設園芸での周年化は、露地のツケナを問題外にして、春秋の区別なく「露地もの」と一括した。昭和四五年からは前記のように、そして規格化しにくい商品として統計の数値にかからなくなった、ということであろう。現実は数字ではなくて、実際に口へ入る量である。ツケナは今でも、野菜を代表する需要がある。

とにかく、下肥や化学肥料での栽培の結果は、連作障害とネコブ病に悩まされることとなった。そして今、ツケナ産地の悩みは、いずこも同じネコブ病である。ウシの草履どころか、ワラのひとしべもいただけなくなったツケナは、すでにこのことを知っていたであろう。

ツケナはおそまきがあたり前
——無農薬栽培

ツケナは低温性の野菜である。暖地では、秋から春にかけて、水田裏作でつくられる。寒地では、冬から早春用にクキタチ系の苔菜つくりがされてきた。タカナやカラシナの類は、九州地方が主産地である。

一般的な栽培型は第30・31表で示しておこう。

第30表　ツケナの栽培型　（今津正　1958年）

栽培型	播種期	収穫期	種類	栽培地
短期栽培	3～6月 8～12月	4～7月 9～3月	コマツナ 大阪シロナ 山東菜の早生系	近郊地
秋栽培	8～9月	10～1月	山東菜，大阪シロナ 広島菜，タイサイ	各地
冬栽培	9～10月	1～2月	ミズナ，ミブナ マナ，コマツナ	関東以南
春栽培	9～10月	3～4月	晩生大阪シロナ 彦島春菜	暖地
苔菜栽培	8～9月	2～3月	長岡菜，雪菜 茎立菜，若菜	寒冷地

第31表　カラシナの栽培型　（今津正　1958年）

栽培型	播種期	定植期	収穫期	品種	産地
早どり用	10月 11月	（直　播） （直　播）	3～4月 2～3月	葉カラシ 黄カラシ 山潮菜	関東地方 九州地方（久留米）
掻き葉用	9～10月	11月	12～4月	カツオナ 広茎カツオナ	九州地方（福岡）
清物用	8月 9～10月	— 12～1月	11月 4月	青葉高菜 三池高菜	東北地方（山形） 九州地方（福岡）

特性の集約、大阪シロナ

さらに、ツケナ類の一般特性がすべて集約されていると思われる大阪シロナについては、大阪農林技術センターの大阪シロナの播種時期試験（一九四九年）の結果によると、おそまきのほうが、収量も品質もよいということがわかる。シロナは、寒さが加わるにしたがい、生育はおそくなるが品質はよくなる。なかでも、九月二五日まきが生育もよく、また、よい品質のものをとることができる。

またさらに、ツケナはおそま

きすることで害虫や雑草に悩まされることがなく、いちばんつくりやすい時期につくることができる。

自家用から出発したツケナは、イナワラ跡地が、いわば〝ふるさと〟であり、栽培の合理性もそこにあった。ツケナは、他の葉菜、たとえばホウレンソウやフダンソウなどとちがい、害虫にねらわれたら全滅する。とくに八、九月のサルハムシやキスジノミハムシは、菜類にとっては致命的な大害虫である。

第37図 「大阪シロナ」（藤井平司育成）

害虫防除の第一号

ちなみに、日本の野菜つくりで、害虫防除の薬剤散布は、明治三二年（一八九九）、向坂幾三郎氏によるサルハムシに除虫菊を散布した試験が最初である。ちょうど、そのころは都市近郊で、野菜の出荷用専業栽培が、ようやく盛んになりかけた時と一致する。

ツケナがイナワラ跡地でつくられていたころは、たとえ九月にタネをまいても、害虫の被害はなかった。それは、苗床というなるべく害虫から隔絶した場所で育苗していたこと、そして定植は、虫害を受けない十一月以降に実施していたことによるものである。もちろん、水田裏作という菜類（ナタネなど）の栽培も、このおそい定植期にすることで、害虫から回避していたことになる。

大阪でも、十、十一月の定植や、直まきのツケナは、虫つかずの菜っ葉として重宝である。あの寒い八ヶ岳高原でさえ、長禅寺菜は、「二百菜」といって、二百十日の一〇日前でなければタネをまかなかった。それよりも早くまくと、虫害で全滅のおそれがあるからだ。

雑草も防ぐ　おそまきの利点はまだある。晩秋から初冬にかけてタネをまけば、雑草の害がほとんどない、ということである。冬から春にかけての雑草は、秋の整地が早いほど、根張りをよくして、作物の生育を押さえるものである。この雑草の冬期の準備は、秋には目立たないだけにしまつがわるい。しかし晩秋以降の整地は、春まで雑草が芽生えないから、作物は、害を受けないのである。

ツケナの品質は水で決まる
——無肥料栽培

品質のよいツケナは、スピーディーに生長させることによって得られる、といわれている。むしろ、これは公式である、というべきであろう。だが、そのスピーディーな生長の要素は水である。ツケナの耕地柄については、いろいろといわれているが、その共通点にはやはり水がある。

水がツケナを育てる

静岡のミズカケナは、いうまでもないが、関西のミズナは古くから畑に水を入れてつくったからミズナといい、一般にツケナの産地は川の三角州（砂場）で良品生産をしていたものである。そのツケナが山へ登っても「沖積地帯よりも、洪積地帯のものが、センイ少なく味もよい」といわれる良品は、周囲が山でかこまれ、水がきれいで豊富、そして霧がかかるところに育っているものである。信州のノザワナは、生長する秋には霧がかかってうまくなる、といわれているのがそれである。福岡のヤマシオナは、筑後川中流沿岸の最も肥えた沖積層地帯で、栽培されたものが、独得の香辛風味がある、と賞賛されている。ツケナのかん水量と生長の関係は、多量にかん水したばあいは、葉茎長く伸び、葉数が多く、葉身の幅広く、葉柄の発達が著しく長大である、と品質のよさも説明している。さらに一般的にみても各地のツケナつくりでの生長のピークは、降水量の増加線上にある。

品質向上には料理のくふう

もっとも、ツケナは生長の段階によって、呼び名も、食べ方も、味も、ちがってくる。第38図では、それを解説したものであるが、なんといっても、世間でいわれる〝ウグイスナ〟のときが最高の味である。それに大きく生長してからは、葉そのものよりも、中肋の部分がおいしいので、煮物でも、漬物でも葉先を切り捨てて使うのが品質をたかめ味をよくする使い方である。

第38図　ツケナの生育時期別呼び名　（藤井平司　1974年）

生長期	双葉	3～4葉	5～6葉	以後成形葉	
呼び名	貝割→撮菜→摘菜→若菜→菘菜→豊菜→薹菜 (かいわれ)　(つまみな)　(つみな)　(わかな)　(つけな)　(くくな)　(たいな) ウグイスナ				
一般名	間引菜			漬菜	茎立菜

（注）ウグイスナをつくる品種は，のっぺりしていて葉が立性のものがよい。たとえば雪白タイナ，シロナ，チヂミナ，コマツナ，カブナ，ミズナなど。

第32表　コマツナの時期別在圃日数・収量・適期の幅

（東京都江戸川区篠崎町・山崎一男　1973年）

播種期	在圃日数	収量/a	収穫適期の幅	播種量/a
10月 1日	40日	500束	5日	130～150ml
5	45	500	5	〃
10	50	550	7	120～130
15	65	550	7	〃
20	75～85	550	7	100
11　5	90～100	600	7	〃
2　10	60	600	7	120
15	55	650	5	〃
3　1	45	700	3	150～180
4　1	40	700	3	〃
5　1	35	600	2	〃
6　1	30	500	2	〃
7　1	20	450	2	〃
8　1	18	450	2	〃
9　1	25	500	2	〃

（農文協・農業技術大系野菜編より）

いずれにせよ、近ごろの食生活の変化は、ツケナの栽培を変えた。ツケナはマチの食生活に合わせて、従来のような長期大株栽培でなく、短期小株栽培になった。そのうえに、周年栽培を目ざすから、病虫害の防除はもちろんのこと、除草剤まで使用しなければならなくなってしまったのである。第32表は東京のコマツナの周年栽培である。なんともあわただしい栽培である。

なんで、どうして、低温生長性のツケナを真夏にまでつくらなければならないのか。いうまでもない、夏のツケナは店頭の「飾りもの」用だ。

日本の夏は、ナスやウリ類がたくさんあって、これらが夏の栄養をつかさどっている。夏は、日光が強く、しかも豊かにあって、わざわざツケナの〝みどり〟を食べなくても、栄養不足にならないものである。

野菜は旬につくり、旬のものを食べるということである。そしてそれは「時（旬）ならざれば食わず（孔子）」であろう。

夏のツケナは、食べる人間が対象でなく、市場が対象の売る野菜つくりである。これでは行き先きはゴミという消費であろう。

九、ホウレンソウ

性質は葉菜でなく根菜的
ビタミン野菜の代表種

光と緑の効果

ホウレンソウは、ビタミン含有量の豊富なことが特徴となっている野菜である。各種のビタミン類や鉄、カルシウムの含有量は野菜中随一で、アルカリ度も高く、栄養価は、きわめて高い。とくに「午後二時のホウレンソウ」といわれているように、昼下がりにつんだものが栄養的にいちばんすぐれている（辻嘉一氏）。

日照とビタミンC含量は関係深い。ビタミンCは、緑色の葉で生成されるから、強い太陽光線が当たるほど含有量が多くなる。第39図に見るように、光度を少なくすることは、栄養価を低くすることである。ハウス野菜が中身をわるくしているのは、これと全く同じ理由である。また、ホウレンソウのビタミンは、葉身に最も多く、葉柄や根の部分にはきわめて少ない。

また、ホウレンソウは、無肥料栽培すると、味に甘味があって美味である。多肥栽培のものは味がまずい。葉先にチッソが多くなって、味をわるくするからである（二五九頁第43図参照）。

第39図　光度とビタミンC含有量

（菅原友太　1939年）

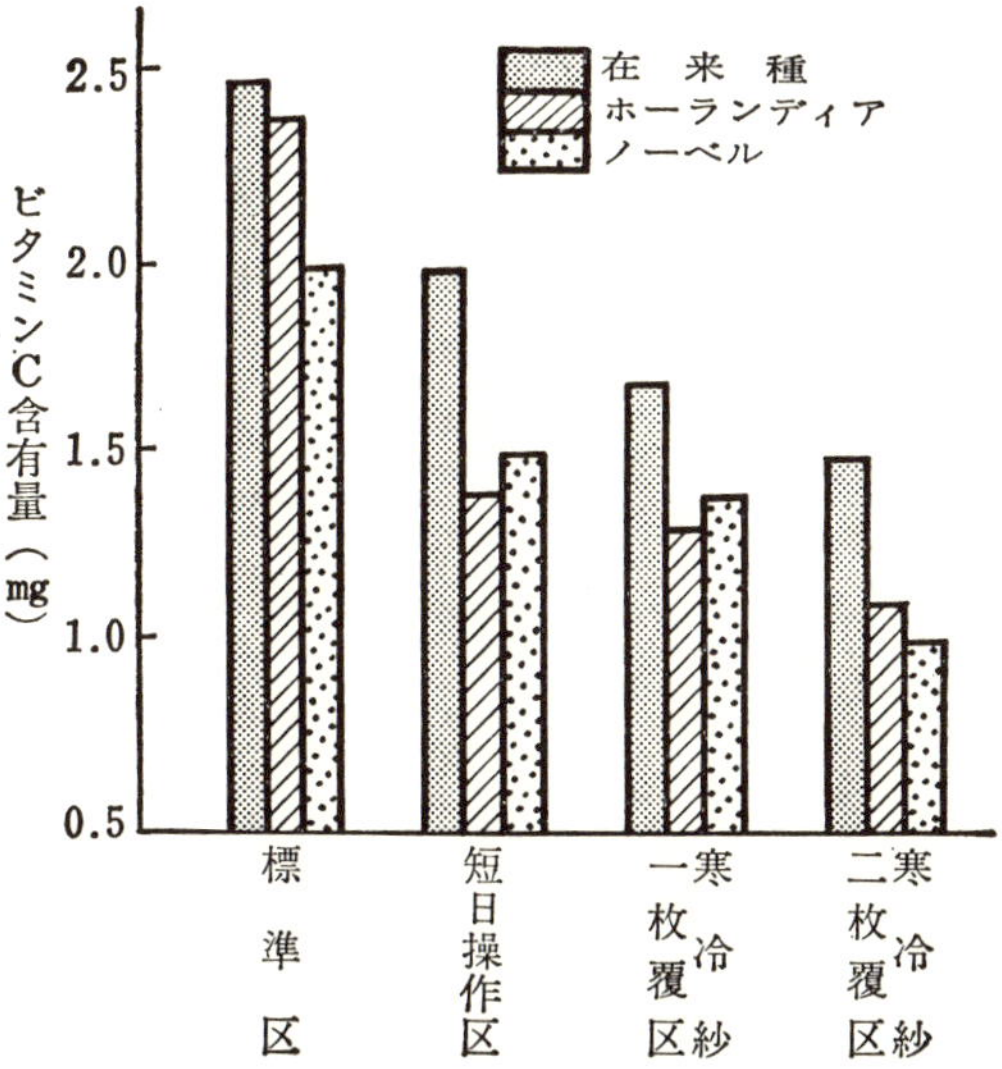

肝油よりもホウレンソウを

ご存知のように、アメリカには「ポパイ」の漫画がある。ポパイはホウレンソウを食べると、もりもりと力が出るという内容だ。それは、発育ざかりの子どもたちに、あおい野菜を、たくさん食べさせようという〝国策漫画〟である。

栄養はどっち

アメリカでは一九二〇年代より乳用児食用の品種が研究され、葉面のシワが少なくて、洗いやすい加工用の品種が育成されている。

そのころの日本では、ホウレンソウは、コマツナの代用品ぐらいなもの、としか考えていなかった。

近代になって、子どもの発育にビタミンが大切であることを知った栄養学は〝不味い肝油を高い金で飲ませる〟ことを、おしつけた。その反発は、ホウレンソウのような美味で、ビタミンの多い野菜を選ぶ風潮となって、昭和初期に東京の都会から起こった。

昭和一〇年（一九三五）ごろになって、やっとホウレンソウは消化や食味のすぐれた栄養食、と認識されて、病人や妊婦の食べものに好適しているという普及段階に入り、需要が盛んになった。が、消費ムードの流行がアメリカ式になってはいたが、生産者側ではホウレンソウの特性を、まだまだ理解していなかった。

認識不足は栽培法をゆがめる

一般に、ホウレンソウは軟弱野菜である、とされ、つくり方も軟弱野菜と同じである、と考えられてきた。はたしてそうであろうか。じつは、そう考えることがホウレンソウの特性をゆがめるもとになっているのである。

ホウレンソウの栽培をしている人のなかには、「ホウレンソウはうまくできないところに、妙味がある」と、妙なことをいう人がいる。これは、ホウレンソウを一般の軟弱野菜と同じように考えて、多収することだけに目をうばわれ、適期もはずして栽培した結果が、病気の多発などで、栽培が不安定になっていることを物語った言葉である。

いったい、どうしてこんな病気に弱い栽培法が普及してきたのか？

多収どりの品種は病気に弱い

洋種は病気に弱い

ホウレンソウの品種分化は、明治になって欧米諸国から西洋種が導入されて始まった。現在つくられているホウレンソウの品種のほとんどは洋種系統で、これは、在来種がもっていたよさを失い、病気に弱いものになっている。

もともと日本のホウレンソウは、中国より伝来して、在来種化したものである。それが需要がふえるにしたがって、今のような多種多様な洋種系統が育成され、栽培も周年化してきたものである。その先がけとなったのは、日本の在来種との交雑によって育成された有名な「治郎丸」である。

交雑によってできた治郎丸には、次のような特徴があった。根系の状態が生育を左右し、大株であると収量も上がる。そして九月中旬以後、晩秋までタネまきができ、間引きながら収穫するという、長期どりで最大の能力を発揮したのである。

しかしその半面、治郎丸は、在来種のよさを失い、日本には不適当な形質を入れた。すなわち在来種特有の葉身の欠刻（ぎざぎざ）が少なく、葉はやや丸味をもち、葉柄がやや太くなっている。この形質は病気に弱い。

この欠点を無視して、治郎丸の長所を拡大解釈した。それ以後、和洋交配の一代雑種の育成に拍車

第40図　ホウレンソウの代表品種とその葉形

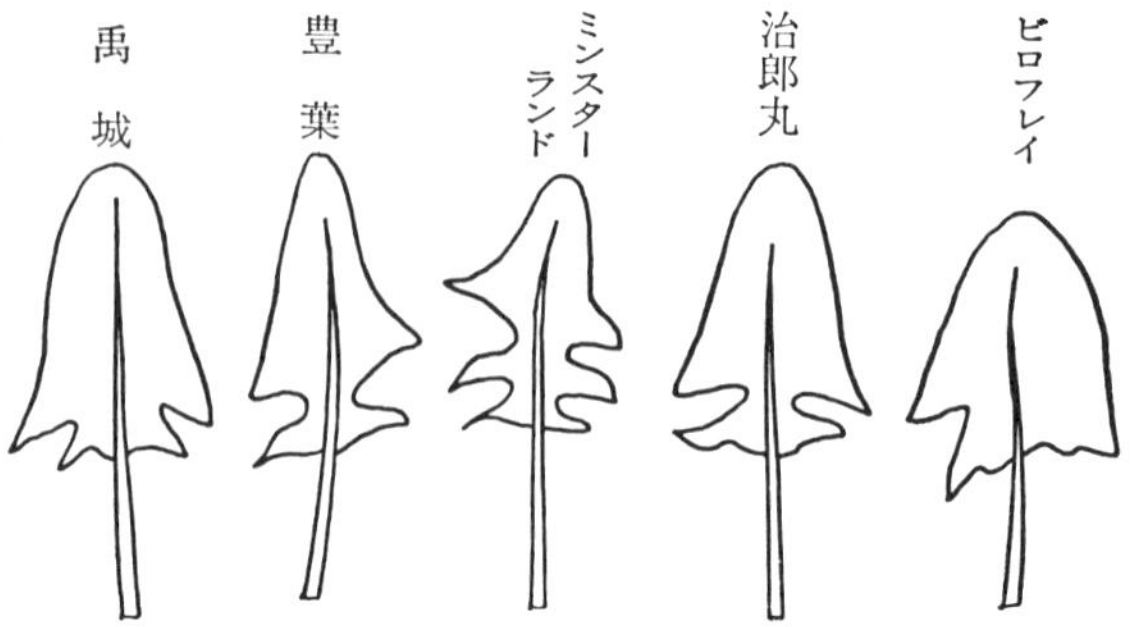

（注）剣先・細葉が品質佳良。

がかかったが、これがベト病で全滅させる主因になった。

ベト病と霧の関係

それがはじめて現われたのは、河内ホウレンソウの壊滅である。河内地方では「霧がこわい」といってホウレンソウをつくらなくなった。霧は一夜でホウレンソウをベト病で全滅させるからである。じつは河内地方も、「七草」といって、タンポポ葉の在来種や、雑然性の治郎丸をつくっていたころは、まだホウレンソウは健在だったのだ。それなのに洋種タイプの雑種をつくったばっかりに、工業都市大阪の風下になる河内では大気汚染にはひとたまりもなく、みじめにやられたのである。とくに全滅の最たるものは「シックリーブド」の春作であった。

これは、もうけだけに目をうばわれ、洋種系統の品種で多収性をねらい、周年化をすすめた結果起こったことである。最近は、洋種の欠点が少し認識されて、タンポポ葉の「ミンスターランド」に注目していることは喜ばしい傾向である。

長期どりが原則

よく〝ホウレンソウは生育期間の短い作目であるから、発芽のよしあしで栽培の勝負が決まる〟という人がいる。芽出しでいっせいに発芽させ、いっせいに収穫するという短期どりこそが、ホウレンソウの上手なつくり方だというのである。

はたしてそうであろうか。たしかにホウレンソウは、タネをまいてから収穫するまでの期間は短い。しかし、それをさして、短期どりだ軟弱野菜と同じであると断言できない。というのは、もともとホウレンソウは、発芽がふぞろいになる性質をもっているものだ。発芽がふぞろいになるので、生育がふぞろいになって、早くとれるものもあれば、収穫がおくれるものもできる。つまり、長期どりとなる。長期どりこそがホウレンソウの特性を生かした栽培ということである。

発芽ふぞろいはタネの特質

では、ホウレンソウは、どうして、発芽がふぞろいになるのか。それは、タネの特質をみるとはっきりする。野菜には、タネとひとくちにいっても種子と果実とがある。軟弱野菜の種子は、発芽がそろうにこしたことはない。しかし、果実のばあいはちがう。ホウレンソウのタネは、とげのある角ダネと、とげのない丸ダネとがあり、内部構造は第41図に示すとおりで、明らかに果実であって種子ではない。ホウレンソウのタネは、堅いぶ厚い果皮

第41図　種子の縦断面

（香川彰　1974年）

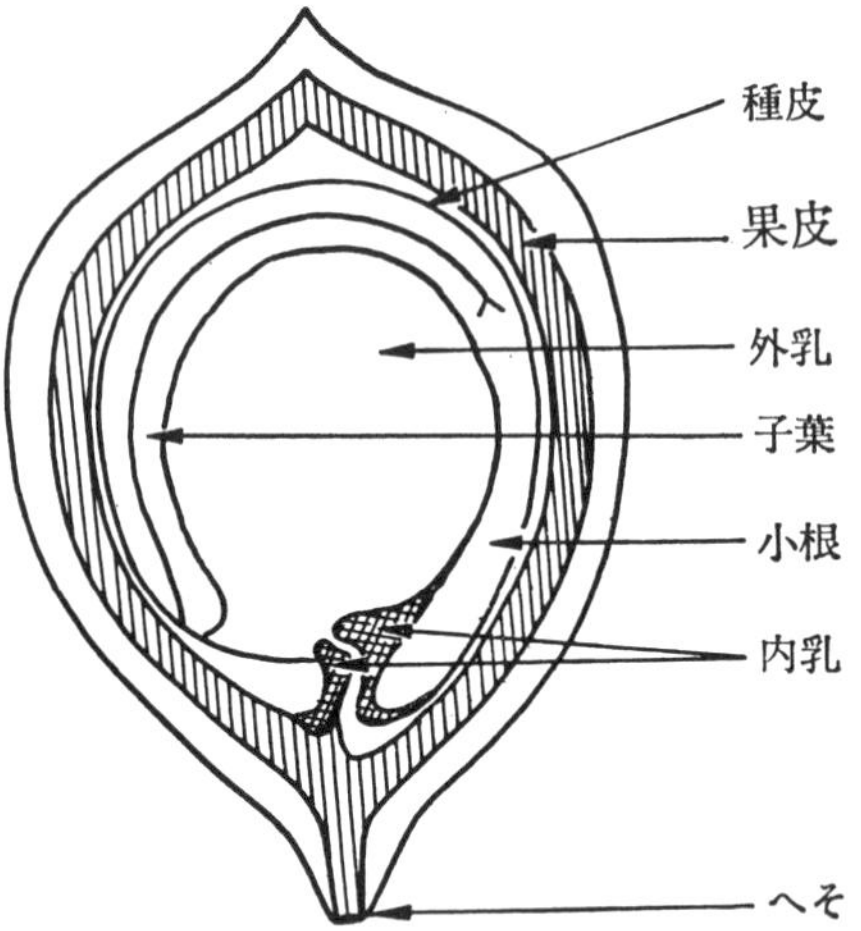

で種子が保護されている。そして登熟後、約三カ月間の休眠期をもつ硬実現象がある。だから、早まきほど発芽がわるい。果皮をむきとれば、全部発芽するが、やっかいで実用性がない。

発芽の仕組み

したがって、ホウレンソウはタネまきしたときに、水は果皮をやわらげてから内部に入り、そのうえで種子に水を供給し、それから発芽が始まるので、タネまきから発芽までには長い日時が必要であり、条件がととのわないと、発芽はふぞろいになる。また、果皮が厚いから、水分は含みすぎになりやすい。そうすると種子への酸素の供給がさまたげられて、発芽不良となる。実際には、ホウレンソウの播種後のタネでは、はじめは水分がたくさん含まれて、土が乾くにつれて果皮の水分が減少し、酸素が供給されて、発芽が促されるものである。

また、果皮からは発芽を抑制する水溶性のシュウ酸塩がにじみでて、種子に浸透するから、発芽がふぞろいになる。とくに過熟および大粒のタネが発芽不良である。その原因は、この発芽抑制によるもので、これを〝半硬実〟の傾向があるといっている。このように発芽がふぞろいになることは、短期で勝負をする栽培には、都合がわるい。

このホウレンソウのタネの特性を生かすとすれば、やはり長期どりがよいということになる。長期どりでは、タネを厚まきしても、前記したタネの〝半硬実〟のために、発芽はふぞろいになり、密植害はでない。いっぽう短期栽培では、芽出しで発芽をそろえようとするだけに、幼苗に密植害がでて、早くからベト病が多発することになる。

鳥取地方では、わざわざ新ダネと古ダネを混ぜまきして、一週間ぐらいのバラツキで発芽をふぞろいにする方法が行なわれている。それで密植害を防ぎ、それが病気への対策になり、間引き収穫の際、残した株の老化を防ぐことにもなる。

タネまきは台風のあとで

播種の適期

ホウレンソウのタネまきの適期は、一般に関東以西では「台風一過の秋晴れ」で、充分な土の湿りがあってからということになっている。九月下旬から十月中旬ごろが播種期になる。このころは気温的にも平均気温が一六度ぐらいで生育の適期となる。日長は一二時間以下になり、抽台の危険性も完全になくなる。第42図に見るように、最もつくりやすい時期である。この時は、タネまき後の発芽や生育は第43図にみるように晴天続きで発芽するから、葉姿は立

第42図　ホウレンソウの年間における生育，花芽形成，抽台と気象との関係　（平岡達也　1974年）

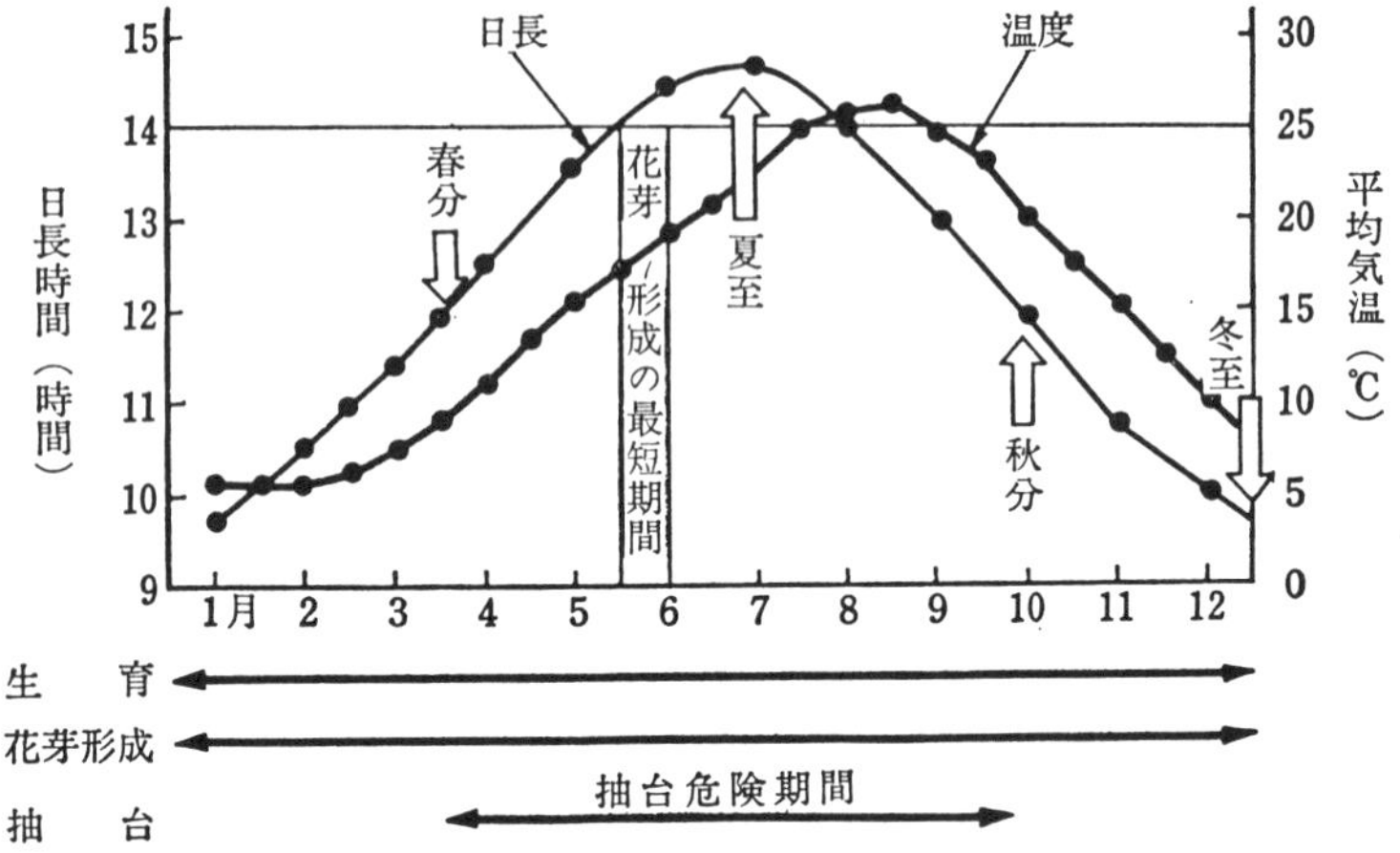

性、生育は盛んで、収量も最高である。

ホウレンソウの発芽は、タネの特性からみて、土壌水分と密接に関係している。タネまき時のかん水については、従来から「タネまき後のかん水より、タネまき前にかん水して畑土を充分湿らせておいたほうが効果的である」といわれてきた。事実、降雨後にタネまきしたものは、よく発芽する。つまり「台風一過の秋晴れ」にタネをまくとよく発芽するのである。それに台風一過の秋晴れ（高気圧）では、ホウレンソウの根は、直根がまっすぐによく通り、すくすく生長する。

中国ではホウレンソウを「赤根菜」（『本草綱目』一五九〇年）といっている。このよく発達する根の生態が名称によく表現されている。

初期伸長と深根性

とにかく、根は、長大な発達をする。とくに、根の初期伸長は第44図にも示すように、すごく敏速である。低温期に向かう栽

第43図 適期にタネまきしたホウレンソウの生育
（藤井平司 1974）

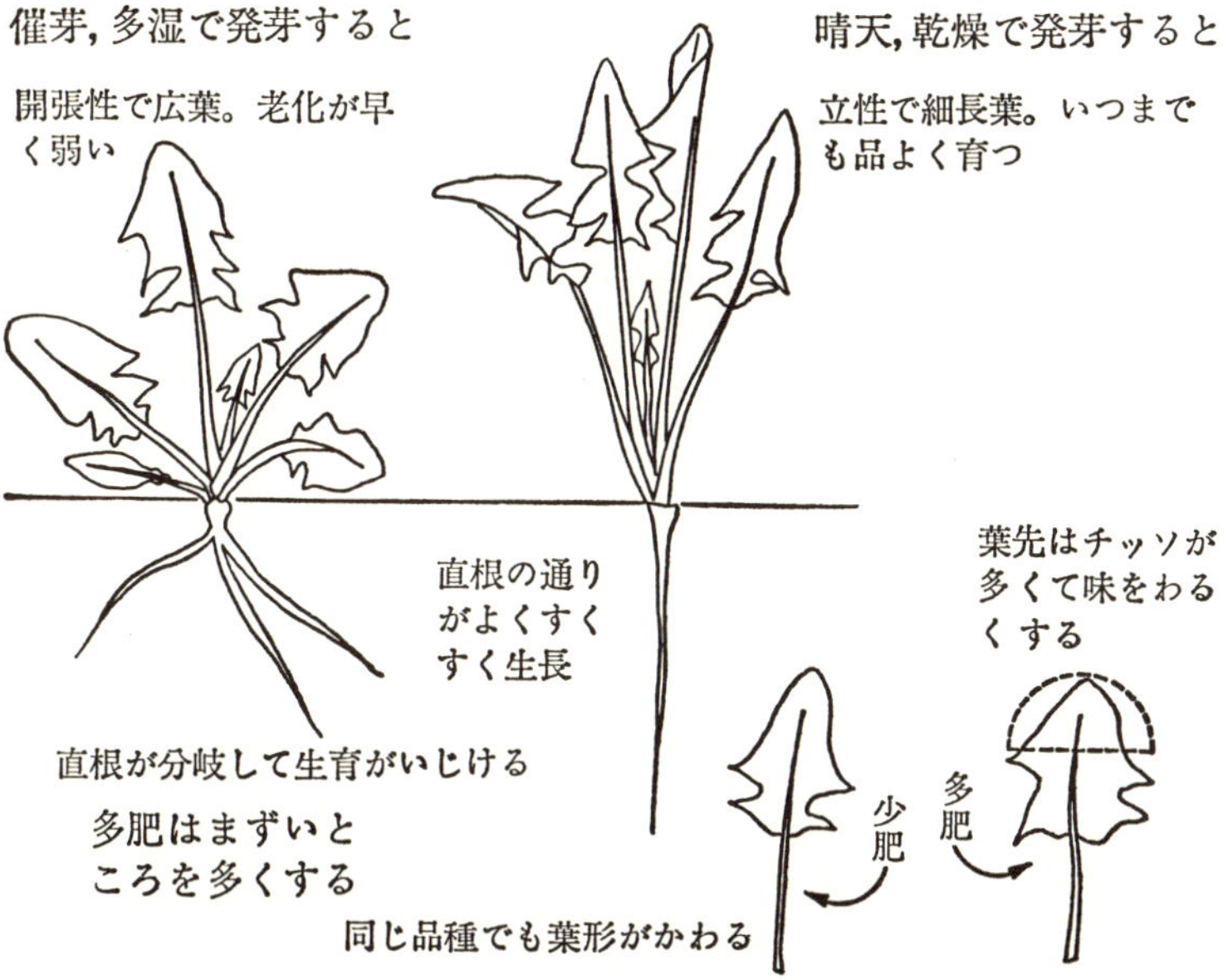
催芽，多湿で発芽すると
開張性で広葉。老化が早く弱い
晴天，乾燥で発芽すると
立性で細長葉。いつまでも品よく育つ
直根の通りがよくすくすく生長
葉先はチッソが多くて味をわるくする
直根が分岐して生育がいじける
多肥はまずいところを多くする
少肥
多肥
同じ品種でも葉形がかわる

（注） 酸性にはきわめて弱いが，アルカリ性にも強くない。適当なpHは6～7。

第44図 ホウレンソウの根の初期伸長 （治田辰夫 1964年）

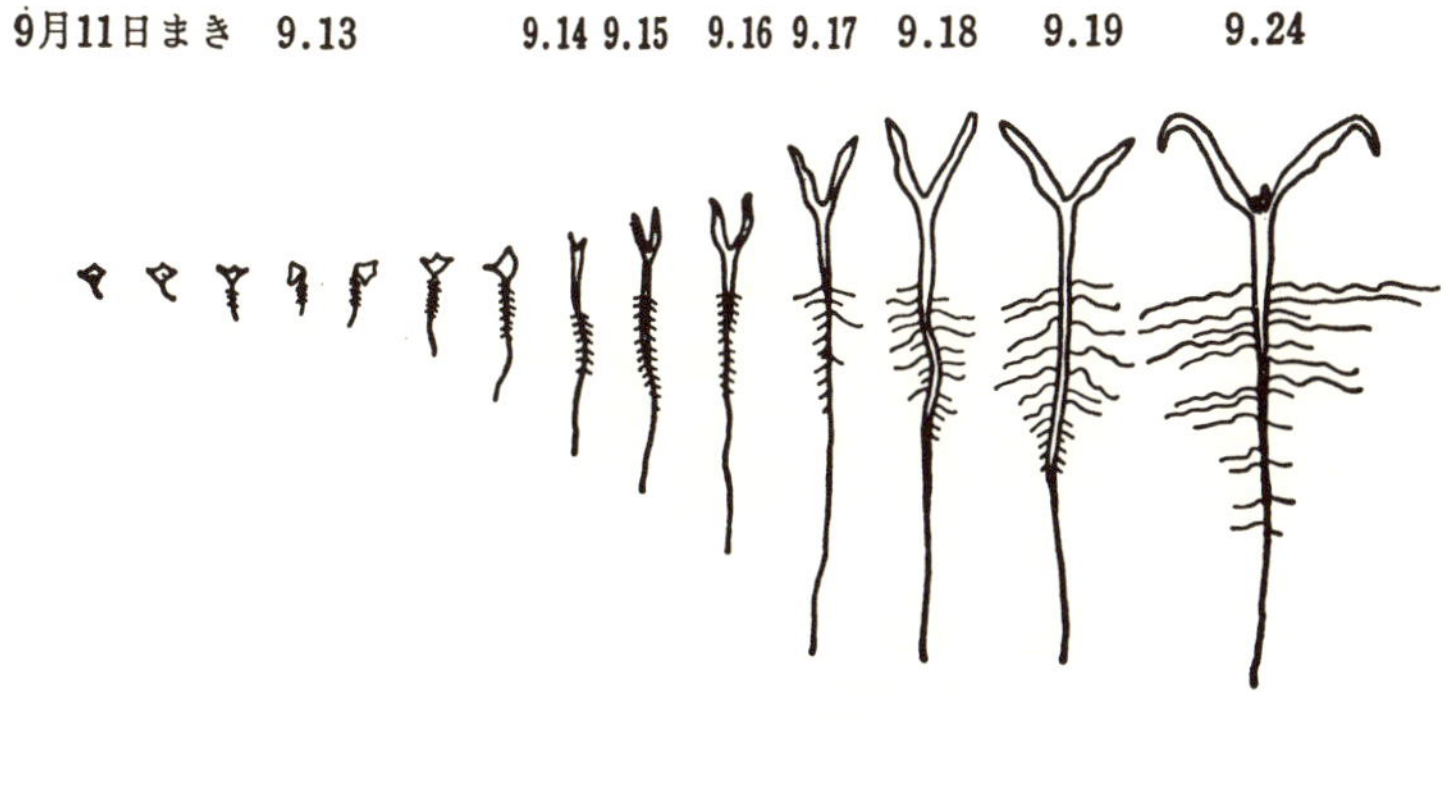
9月11日まき
9.13
9.14
9.15
9.16
9.17
9.18
9.19
9.24

培型では、この伸長性が大切である。こうした気候への適応性からみると、ホウレンソウの生長は、明らかに根菜型なのである。にもかかわらず、今の栽培は、ホウレンソウを葉菜扱いして、化学肥料の連用をしている。それがホウレンソウの生育を困難にして、連作障害の原因にもなっている。この野性的な適応性を無視した葉菜的な肥培管理や、発芽ぞろいをねらって芽出しをすると、長大な根にならなくて、第43図左側のように根が分岐して、葉姿は、つねに開張性になる。これでは病害への抵抗性がなくなる。

葉重がふえ始めたら間引きする

しかし、ホウレンソウの生育が根菜型とはいっても、根菜と全く同じように育てるというわけにはいかない。ホウレンソウの食用部は地上部の葉が主体であるからだ。

育て方のコツは、根菜なみの間引きをしないところにある。そのかわり、密植の害がない程度の密生状態が必要である。それは、強健な草姿に育てるためである。

間引きのコツ

ホウレンソウは、本葉二枚までは、生長がおそい。その間に、発芽日のちがった幼苗が混ざり合う程度の密生状態が生長によい。それ以後は、側根の発達とともに、急速に生長してくる。本葉八〜一〇枚ごろまでは、葉数が増加し、その後は、葉の増大が主体となって、葉重が急に増加し始める。この時点から、草姿が開張しない程度に間引きながら収穫する。間引き収穫が早すぎて疎植になると、単に収量が減るばかりでなく、生育もおくれがちとなり、商品価値も低くなる。この長期どりに適合する品種が在来種である。在来種は、タンポポのような葉形をしていて、この栽培では、本性を発揮する能力がある。しかし、象耳形の洋種では、葉の裏に熱気や湿気がこもって、生育に不都合な条件となり、正常には育たない。つまり、耐病性がないということだ。

春まき栽培は気圧配置で可能

もういちど、第42図を見よう。そして、日本列島の気圧配置を考えながら、天気現象を思い出してもらおう。

秋まきと春まき

日本の十月は北高型で、高気圧は北日本に向かって張り出す日が多く、関東以北の北日本は、晴天が多い。それでホウレンソウの秋まきは、北日本には、播種のチャンスが多いから、結果的につくりやすいことになる。いっぽう、西日本は、移動性高気圧の利用で、きわどいチャンスしかない。しかし、冬には西高型の大きな高気圧が張り出し、春の移動性高気圧に覆われる季節までつづく。ここにホウレンソウの春まき栽培を可能にする播種期がある。

西高型と低温発芽

ホウレンソウは低温性で一〇度くらいでもよく生育する。タネは四度で発芽するから、西高型の気圧配置を利用すれば、一～二月まきは、直根のよく通った生育状態で、トンネル栽培ができる。また、三～四月まきでは、秋まきと同じように栽培することができる。

春まきは、根をつくってからの気温上昇であるから、短期間で生育し、収穫ができる。多少の節間伸長は、実用的にはさしつかえないが、草丈は、播種期がおそくなるほど、伸長する傾向がある。そして抽台に関係してくるので、品種の選定が大切である。抽台と生育の傾向をみると、洋種の晩抽性は春まきには好都合であるが病気に弱い。だから早まきの低温時にはよいが、おそまきは温度が高くなるから、洋種でもミンスターランドの切れ葉がよいということである。

花芽分化と抽台について

春まき栽培では、抽台の心配があるが、秋に適期まきをしているばあいにはその心配はない。しかし、周年化をねらっている栽培では、花芽分化と抽台の問題を大きく考えているので、いちおう、問題点としてふれることにする。その前に、慣行の作型を第33表に示しておく。

第33表 ホウレンソウの作型 （熊沢三郎 1965年）

作型	播種期	収穫期	品種	産地
夏まき栽培	6～7月	7～8月	キング オブ デンマーク，禹城，日本	高冷地
	8	9～10	禹城	
秋まき栽培	9～10	10～3	禹城，日本，治郎丸，若草，新日本，豊葉	
	10～11	3～4	ミンスターランド，ビロフレー	
春まき栽培	2～3	4～5	ミンスターランド，ビロフレー	
	4～5	5～6	キングオブデンマーク，ノーベル	

（注） 著者は，4～5月播種はミンスターランドがよいと思っている。

花芽の分化　ホウレンソウの花芽分化は、温暖長日の条件では、発芽後二週間で花芽が形成され、抽台してくる。しかし、花芽が形成されても低温短日の冬の生育では、抽台は徐々にしか進行しない。それで、秋まき栽培では、抽台性は問題にならないが、春まき栽培では、抽台性は、きわめて重要な問題となる。

抽台現象　ホウレンソウの抽台は、長日によって促進される。在来種は三～四月の長日期にまくと三〇日内外で抽台を始め、生長量は本葉一〇枚ぐらいである。五月中、下旬まきが花芽の分化や抽台が最も早くなる。九月以後の播種では、花芽分化までに三〇～四〇日かかる。分化後は短日期になるので、抽台は翌春になる。このばあいの生長量は、本葉二〇～三〇枚の大株に育つ。一般に、花芽が分化しても、抽台のさけられる限界は、八月二〇日～三月の期間である。そこで、ホウレンソウの一生を形態的にみた変化を図示すれば第45図のとおりである。

第45図　ホウレンソウの一生の形態的変化　（香川彰　1974年）

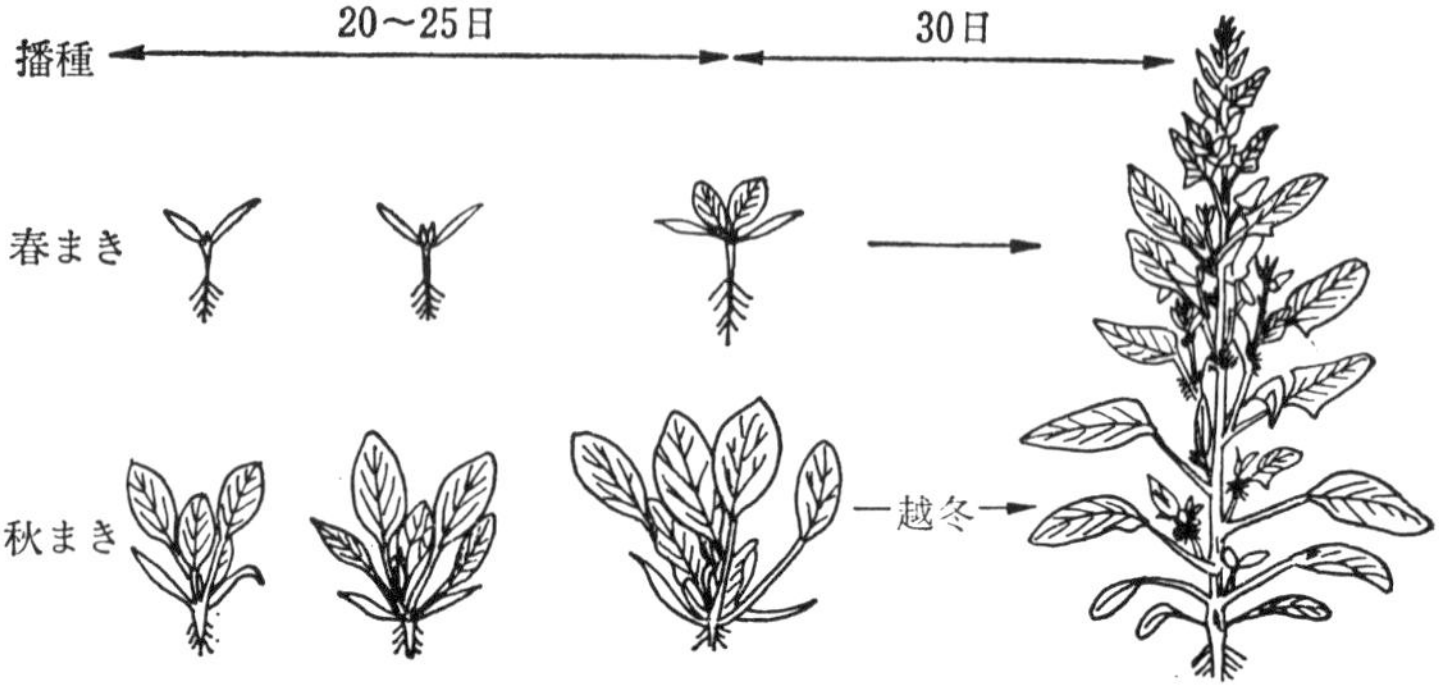

春まきの品種

実際の栽培では、春まきは、抽台のおそい品種が必要となる（第33表参照）。ふつう、東洋種は、抽台が早く、洋種は抽台がおそい。一般に、春まきはミンスターランドが使われる。特別に晩春まきで晩抽性を選ぶときは、ノーベルやキング　オブ　デンマークがつくられる。

晩春まきは、生長が早いので密植して三〇日内外で収穫を終えるようにしている。しかし関西以西の春暖地では、ノーベルやキングでは、収穫期に暖雨があるとベト病で全滅するから、やはりミンスターランドに耐病性がある。

ホウレンソウの酸性害

土質を選ばない

直根型のホウレンソウの栽培では、土質のことよりも気象条件（とくに気圧）が生育の基本になる。ホウレンソウが土質を選ばないという証拠は、関西地方の粘質壌土、名古屋地方の砂壌土、関東地方の火山灰土など、各地の名産地が、いずれも優品を生産していることである。

それよりもここで、だれもがホウレンソウの栽培で問題にする「酸性害」について考えてみよう。

酸性害にもいろいろある

ホウレンソウは、酸性土壌に対する抵抗性がないから、生育は、土壌酸度に強く影響されるといわれている。たしかに、実験ではpH六・〇～七・〇で順調な生育がみられ、酸性になるにつれて生育はわるくなり、pH四～五ではほとんど生育しない。

それで、ホウレンソウの整地には、必ず石灰を使って酸度をなおすことになっている。

だが、ここで酸性害の問題について、反省が必要であろう、とわたしは思う。とくに、酸性害として問題にされるのは酸度よりも、二次的に発生する病虫害である。主な病虫害の発生条件は次のようになる。

最も多く発生する病気は、ベト病である。雨天や曇天がつづくと、発生がひどい。降雨後、畑に水がたまるとベト病がでるから排水に注意する。しかも肥培がチッソ過多であれば、その時は致命的な被害がある。いうまでもなく、ホウレンソウの葉が大きくなるほど、ベト病にかかりやすくなるのである。

次にタチガレ病である。ホウレンソウ栽培の成否は、ひとつにタチガレ病対策にある、という警告がある。幼時、根ぎわから倒れる病害で、高温多湿のとき、とくに多い。しかも、化学肥料の連用畑（酸性になっている）は、ばたばたと倒れていく。

こういわれてみると、そのとおりに聞こえるが、このタチガレ病は、夏の早まきで、大雨、夕立、風などにホウレンソウをあわせ、わざわざ腰折れにしておいて〝必ず発生する〟といっているのだ。これはまさに人災的な病気である。その証拠には、九月になれば発病しない。

三つの対策を

こうしてみると、ホウレンソウの病害虫は、人間が多肥多収で病害虫に弱いつくり方をしているから起きるのだ、ということがわかる。なにもかも、酸性土壌のせいにするわけにはいかない。もっとも、酸性土壌での一次的な生育障害は、酸性によって溶出するアルミニウムの害であるといわれている。このアルミニウムの害を軽減するためには、有機質の施用が効果的である。

それでは、酸性害を防ぐには、どのようにしたらよいのだろうか。対策は三つある。

多肥はダメ

対策の第一として、多肥多収式の栽培は禁物である。一般に酸性害といわれるもののなかには、化学肥料多用の害がある。夏冬では乾燥によってひき起こされる塩類集積害が大きく、春秋では化学肥料のガス害が大きい。

石灰と堆肥の施用

第二の対策は、石灰や堆肥を施すことである。ふつう石灰は、酸性をなおすものと受けとられているが、むしろそれ自体栄養的な効果が大きいから、四季を問わず石灰施用の効果は有効なのである。堆肥も乾燥や多湿からホウレンソウを守り、またpHの急激な変化をやわらげたり、さらに前記したようにアルミニウムの害を少なくして酸性害を防ぐ力は大きい。

群馬県で秋まきホウレンソウを栽培している人は〝堆肥はホウレンソウの特効薬〟といっている。つまり、石灰や堆肥の施用が、ホウレンソウの酸性への適応の幅を広げるのである。

酸性害を防ぐ第三の対策は、適切な前作を選ぶことである。サツマイモの後作のホウレンソウではモンパ病が発生しやすい。菜類や果菜類の後作ではネマトーダが多い。サトイモの後作ではヨトウムシにやられる、といった苦い経験はよくあることだ。

輪作を考える

それでは、ホウレンソウの前作には、何を選ぶとよいのだろうか。

秋まきの旬づくりでは、従来、アワ、キビ、オカボなどのイネ科作物がふつうで、それらは、吸肥性が強く、後作のホウレンソウは、肥料の残効が少ないから無難な栽培ができたのである。また、とくに土壌物理性のわるい畑は、前作にマメ類や、ゴボウをつくって、根群や深耕によって、土の団粒化をはかってきた。こうした配慮が必要であって、どんなところであっても、化学肥料をばらまいて、いきなりタネをまいて、育つと思うは愚かなことだ。

くどいようだが、最後にもう一度、ホウレンソウの芽出しは、旬づくりでは、害あって益なしであることを強調しておきたい。芽出しは発芽を早め、発芽そろいをよくするから、これがタチガレ病やベト病の被害を大にしているのである。

一〇、キクナ（シュンギク）

つみとりを基本にした自給型野菜
食卓の香料＝食欲を増進する

現在の都市近郊農業で、軟弱野菜といえば、キクナは農家の主要野菜であろう。

大脳性し好食品（香りをきく野菜）

関西では、キクナは松タケとともに、香りをきく野菜として、秋冬には重宝なものである。関東以北では、俗にシュンギクと呼ばれ、関西以南ほどの需要はなかったが、冬のナベ物料理に多く使われるようになり、需要はますます伸びている。

また、食生活の多様化などで、キクナは日本じゅうに消費が伸びた。食事文化の向上には、食べものの芳香味が影響している。むずかしくいえば「大脳性し好食品」である。これは、日常生活を明朗にし、その芳香味が胃粘膜の刺激と充血によって、胃の機能を高進する作用がある。

従来、キクナは秋の芽つみ物で、ワンダネや、いいいい、ひたしものの少量消費であったが、ナベ物料理の普及で、冬の需要が多量となる、十二月から三月が高値になった。ここにも、キクナは最近の成長野菜である理由がある。

近ごろの生活改善は、ナベ物料理がよいとする傾向が強い。その理由として、石垣純二氏は主要事項を一二目あげている(一九六五年)。この項目は、野菜の需要形体として、関係があるので転載することにしよう。

① ナベ物はいろんな材料を取り合わせて食べる総合栄養食である。
② 煮ながら食べるから食中毒の危険が少ない。
③ 輪になって食べるから心理的に楽しいムードが生まれる。
④ 料理する手数がはぶける。
⑤ 皿を多く使わないから後片づけがラク。
⑥ 味つけを濃くも淡くも変えつつ食べられる。
⑦ 取り分けるときのムダがなく、好きなものを好きなだけ食べられる。
⑧ 材料を生の形でみてから使うので安全。
⑨ 残りものがあれば、きざんで出しておけば廃物利用でよい。

⑩ 汁に逃げる水溶性ビタミンを回収できる。
⑪ ふところぐあいに応じ、どのようにデラックスにも、どのように手軽にでも自由自在だ。
⑫ 水だき形式をとることによって、塩を少なくできるから減塩食として年寄りや高血圧者にふさわしい。

とにかく、今は外国人でさえ、すき焼きを愛好するようになってきている。冬の熱料理は、キクナに限らず、野菜への影響が大きいであろう。

キクナは輸送ができない

一般に、軟弱野菜は〝いたみが早く、鮮度がとりえ〟だから、市場が近くにあることが必要条件である。市街地園芸にとっての強みはそこにあった。

しかし、最近の包装の完全性と流通の敏速性は、軟弱野菜といえども、遠隔地での大量生産を可能にするにいたった。レタスやホウレンソウは、その代表的なものである。ところが、キクナだけは趣きがちがう。まだ、荷造りや包装の適当な方法がない。まして、香りの輸送までは、まだできていない。

キクナは踊る

ある時、ある農家が、野菜の品評会へキクナを出品した。午前中にキクナを会場へ搬入した。午後、審査員といっしょに出品会場を回った。さすがに、天狗たちの野菜はみごとである。にもかかわらずそのなかで、キクナだけはなんとぶざまな格好をしていることよ……。きちんとした並べ方でねさせておいたはずのキクナは、いま、腰をうかして半身を起こしているではないか。入賞どころか、皆が笑って通り過ぎた。これだ。「キクナは踊りよるな」。これは輸送のできない野菜だ。

市街地園芸の特色

事実、キクナの収穫は早朝、その日に出荷する分だけを収穫する。出荷量はその日のお天気で決まる。きょうは寒いからナベ物用によく売れるとみたら、いつもより多く出荷する。そして近くの市場へ運ぶ。市場では、目の前で自分の荷に値がつけられるから、生産者間に競争心がでる。しぜん、いい品物を出そうという気になる。ところが前日に収穫したものは、鮮度が落ちるだけでなく、キクナは踊って荷姿を変えるから、いい値がつかないものである。

たえず生産過剰の危険が

軟弱は病弱でない

とかく、軟弱野菜は病弱なものと思われがちである。しかしそんなことはない。軟弱だから病気に弱いというのは、つくりやすい適期をはずして、病気に弱いつくり方をして「病弱である」といっているのだ。幸いにも、キクナは、需要の多い時期と栽培の適期が合致するから、軟弱は病弱でなく「やわらかくて強い野菜」ということになる。そのうえ、キクナは格別な病虫害がなく、極端な連作障害もみられない。栽培は至極容易な野菜である。

しかしつくり方がやさしいだけに、一方ではいつも生産過剰の危険がつきまとうことになる。しかもキクナの過剰には、消費がますます伸びない、というわざわいが二重になっている。

暖冬に泣くキクナ　かつて昭和四三年(一九六八)、東京の江戸川地区のキクナつくりは、十二月の異常天候で、ひどいめにあった経験がある。小春日和がつづいて、日中には気温が二〇度にもなり〝暖冬〟となったばっかりに、キクナの生育が盛んだが暖かいのでナベ物の消費が伸びない。価格は低迷し、農家は出荷すれば赤字になるという打撃を受けたことはまだ忘れない。

小面積で輪作に組みこむ

もともと、キクナは、家庭菜園的な自給型野菜であった。だからキクナが、市街地園芸での成長作物になったことは都会的な親しみがあったからだ。それは、キクナが企業化しにくい野菜ということになる。近ごろは、貯蔵や輸送に耐える野菜は、すでに不適地がなくなった。今いう野菜の適地とは、労働力があり、組織力があって、集団産地化のしやすいところでの栽培地である。

キクナの特色　その点、キクナは大型産地化しない経営形態がある。その特色は①栽培が容易、②栽培の期間が短い、③周年栽培ができる、④生産物の日もちがわるい、ということである。これでは、だれもが気ずい気ままにつくりこなせるわけだ。そしてこれがキクナ栽培の利点としているが、はたして、それはどうだろうか。

なるほど、それは必需野菜として選定される特色にはちがいない。しかし、この特色には、つねに、生産過剰の〝こわさ〟がついている。

そもそも、この特色は、家庭菜園では都合よい自給型野菜の本領を意味している。だから、家庭菜園でのキクナは「生えさえすれば、もらったも同然」というやさしさでつくられてきた。それに、以前、キクナは吸肥力が強いから〝土地を荒らす〟といって、農家が専作はしたがらなかった。だから今とちがって、キクナは家庭菜園の主要野菜であった。

カネをかけず利点を生かす

逆に、このキクナの特色を生かすとすれば、できるだけ安価な生産費、それもせいぜい簡単なトンネルぐらいまでにとどめ、カネをかけずに、なおかつ小面積を能率よく回転することである。さらに、キクナのもつよさは、キク属特有の強い吸肥力が、土地を荒らすのではなく、現在の多肥栽培のなかで、残存肥料の後始末をキクナがする、ということである。

こういう利点を生かして、小面積の作付けで、輪作のなかに組みこめば、キクナのよさは充分に発揮されることになる。キクナは一かく千金を望む作物ではない。と同時に、それは大衆野菜化した必需野菜である。

つみとり栽培と抜きとり栽培

従来から、キクナは新葉を利用するもの（新菊）で、やわらかい生長部の収穫がキクナの香りをよくしていた。そして、長期間にわたるつみとり収穫をしていた。貝原益軒の『大和本草』（一七〇九年）でも、キクナは〝不尽草〟といっているほどである。

昔も今もつみとり栽培

現在では、この不尽草式のつみとり方法が専作の中心になっている。つみとり栽培は、十月上旬にタネまきして、十月下旬に定植し、十一月から三〜四月までつみとり収穫をつづける方法である。

そこで今、もう一つの方法が考えられる。それは抜きとりとつみとりとを合わせた栽培である。タネはうすまき、一〇アール当たり一〜一・五リットル（あらかじめ土で発芽率を調査しておく）ぐらいで、直まき間引き栽培をする。初期は間引きながらの抜きとり収穫をする。残りが適当な株間になれば、その後はつみとり収穫にうつる、という方法である。この栽培は、定植労力が間引き労力にみあう能率である。

栽培型についても、第46図のようにいろいろあるが、秋まき冬どりのつみとり栽培が、キクナに適した栽培、旬のつくり方である。

第46図　キクナの栽培型（東京地方の標準）（沢地信康　1967年）

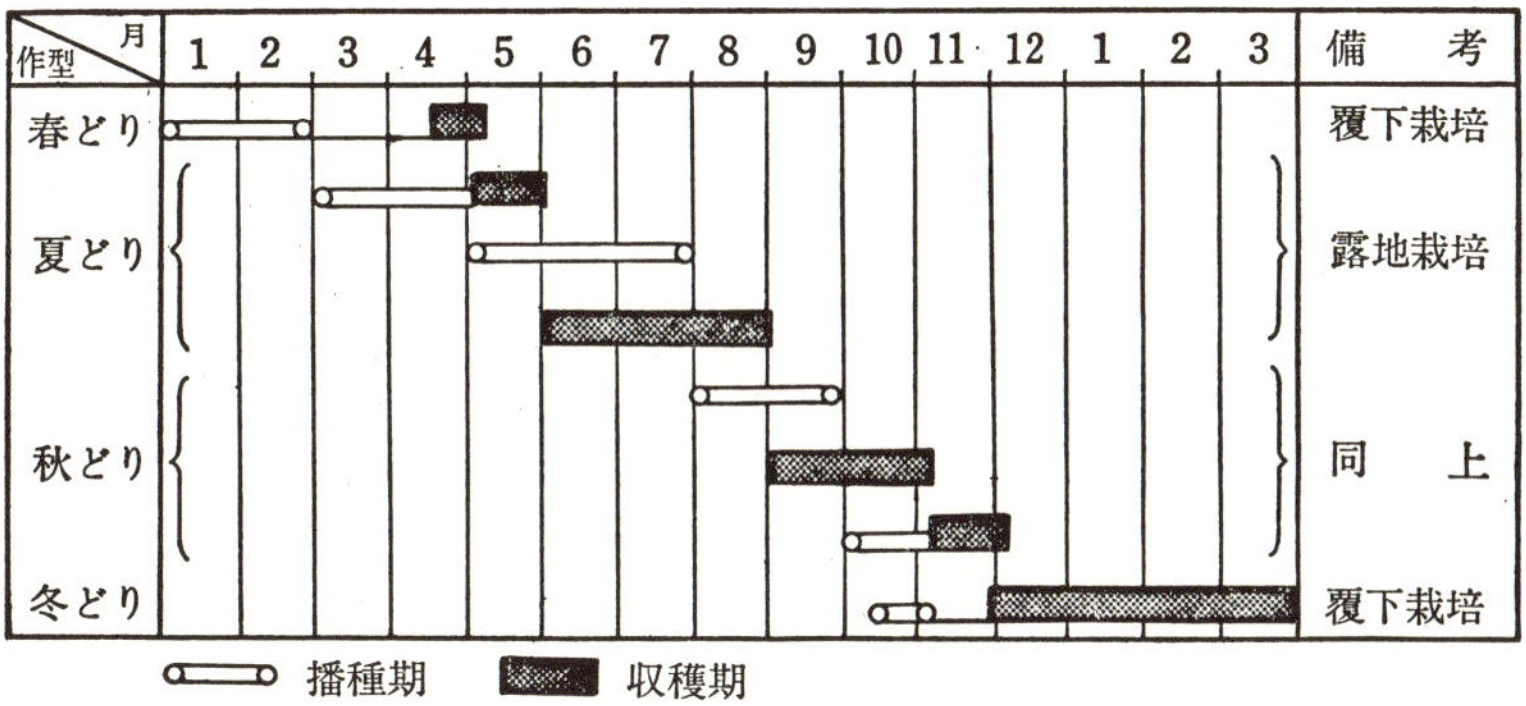

それではつぎに、この秋まき冬どりのつみとり栽培の基本をみてみよう。

品種は中葉が基本

キクナには、まだ品種分化がない。目下、神奈川県農業総合研究所で、平岡達也氏がキクナの系統を探索し、生態型の適性決定をいそいでいる、という現況である。

ただ、一般にいわれてきた品種は、単に、葉形のちがいだけをあげて、大葉、中葉、小葉の三系統が区別されているにすぎない。

葉の形態

第47図は代表的な葉形を示したものである。大葉は、葉の切れこみが少なく、オカメ葉で、葉色は白っぽくて、葉肉が厚く、味は淡泊である。しかし、とう立ちがおそいので、長期のつみとりができ、春まきにもよくて、家庭菜園の好適品種である。

第47図　キクナの葉形（藤井平司　1975年）

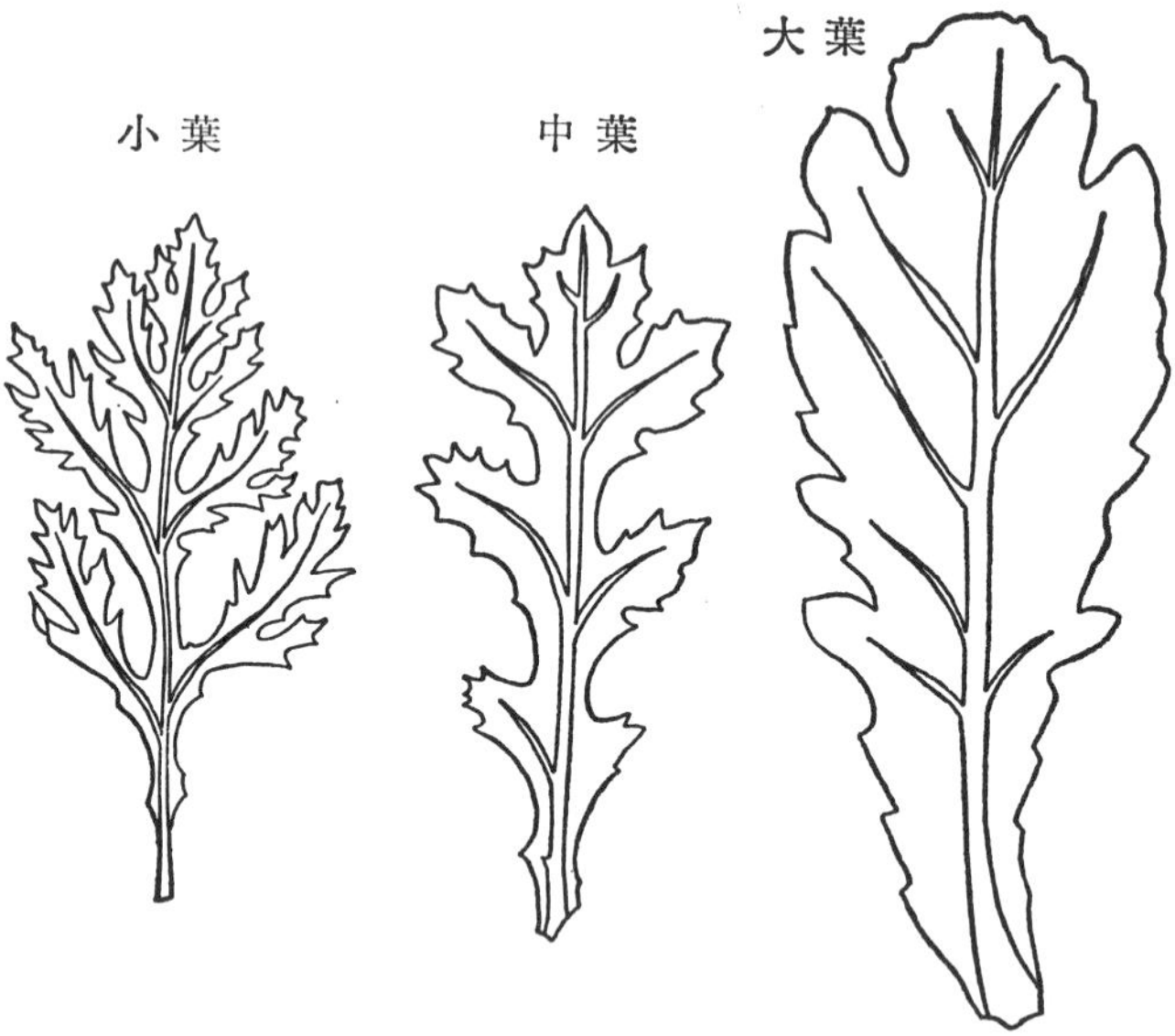

中葉は、葉の欠刻が多く、葉幅もあり、葉先もとがる。葉色も濃く、やわらかで、味、香りがよい。

小葉は、葉幅が狭く、欠刻も細く、キクナらしく見えないので、好まれない。

結局、今のところは、経済性からも中葉が独占品種になっている。中葉種には、味、香り、葉色、葉形など、いずれもキクナの品種的特性の基本があるからである。

ともあれ、暖地の冬どりには大葉でもよいが、高温期や多湿期には、葉の本性として葉の切れこみが有効な働きをするから、中葉のほうがよいのである。高温期の大葉は、タンソ病が発生する。葉間が蒸れるからである。

できれば、高温期には小葉で、葉先のよく伸びた品種が育成できれば、タンソ病の抵抗性が現われるだろう。

ヒネダネを時雨で発芽させる

キクナは、タネまき後から発芽期に雨にたたかれると、発芽率が落ちたり、生育がわるくなったりして、思わぬ失敗をする。

播種と発芽

このことについては、すでに下川義治氏の名著『蔬菜園芸』(大正五年初版発行)にも〝播種当時の軟雨は好むも、強雨に打たるるときは発芽せざること多し〟と言明されている。

もともと、キクナのタネは地面へまいた時には、発芽率が低いものである。およそ七〇パーセント前後のものと思えばよかろう。しかも、風雨、温度などの条件により、さらに発芽率が不安定になる。だから、発芽率の予測はしにくいもので、えてして多めにタネをまくのが常である。とくに早まきである夏まきは、発芽がわるいから、タネは厚まきする。それが意外に発芽良好ともなれば、高温と過密がタンソ病を激発することになる。

タネの特性

この発芽の不安定さの原因は、次のようなタネの特性にある。キクナのタネは、一般に種子といっているが、植物学的には、果実である。ホウレンソウの果実と同様に、果実は果皮で包まれており種子が保護されている。そして休眠があって、条件がととのわないと

第34表　貯蔵期間と発芽の関係

（萩屋薫・田中祝詞模　1951年）

置床月日	種　　子	種子貯蔵期間	発芽勢	発芽率
6月11日	前年種子	—日	73%	80%
	当年種子	1	15	21
6月28日	前年種子	—	72	78
	当年種子	18	15	20
7月24日	前年種子	—	59	77
	当年種子	44	36	51
9月9日	前年種子	—	60	75
	当年種子	91	53	62
10月9日	前年種子	—	58	71
	当年種子	121	74	79

（注）品種は大葉，タネまきは6月10日。

発芽しにくいものである。

第34表に見るとおり、その年に採種したタネは、夏まきの場合に、発芽がわるく、その休眠期間は、だいたい二カ月ぐらいとしている。また、不発芽の原因が果皮にあることもわかった。新ダネの果皮は、水分の透過性がよくないために、吸水困難で発芽しないのであろうと考えられている。

つまり、これらの発芽条件を考えると、露地栽培でのキクナのタネまき適期は、下川氏のいうように〝軟雨は好む〟ということで、秋の時雨《しぐれ》で発芽するように、十月下旬が好適である。それより早くまく時は、絶対に強い雨に打たれないようにしなければならない。

発芽密度の調節

このようにタネまき適期は十月下旬であるが、この秋まきにはヒネダネがよいといわれている。新ダネを使用すると、タンソ病の発生が多いからである。タネまき時期は発芽のしやすい時であるが、それでもキクナのタネは発芽が不安定である。といって、厚まきして発芽がよければ困ってしまう。ところが、ヒネダネだと発芽を調節してくれる。ヒネダネは、いいぐあいに播種量に対して、発芽数は少なめになっている。

第46図でもわかるように、十月中旬から十一月上旬までに播種する冬どり栽培は、播種期の幅が短いが、生育期間が最も長く、収穫期間も長いという特徴があり、好都合である。

株間は広すぎず狭すぎず

栽植距離　つみとり栽培のむずかしさは、植付けの株間の決め方にある。株間を狭くすると株数が多く入る。そのことは、初期生育が徒長的であるが、伸びがよいということだ。だが、すぐに株と株とがくっついて過繁茂になり、茎が細く品質もわるくなる。そのうえ病害が発生する。逆に、株間を広くすると、初期生育は、がっちりするが、伸長がにぶり、収量が落ちる。平岡達也氏は、栽植距離は一五センチ×一五センチが最もよいとしているが、一般には一二センチ×一〇センチほどである。

心つみは葉の広がりをみて　株間と関連して品質に影響するのが心つみの位置である。これはあとあとから、出てくる茎の長さや太さ、あるいは品質や味に関係する。最初の心をつむ位置は、低すぎると当然、茎数が少なくなる。高すぎると、一時的に、茎数はふえるが、茎は細くなり、品質も収量も低下する。そしてその次の分枝力が弱くなり、株自体が弱まる結果になる。だから、心つみの位置は、葉の広がりぐあいから判断する必要がある。

つまり「株間何センチ、何節心つみ」という機械的なやり方ではなく、作柄によって（葉伸びがよければ、株間が広くても密植状態になる）、密であれば、最初は四節以下の低い節位で、疎であれば、四節以上の高い節位で心をつむ。そうすることによって、分枝力（芽吹きの勢い）が弱くならないから株弱りがなく、品質のよいものがつづけて収穫できる。さらに、このことは、タンソ病はじめ、べト病、キンカク病などの耐病性にもなっている。

キクナの耐寒性を生かす霜除けと防寒

冬のナベ物料理が目あてのキクナは、畑では霜と寒さから守ってやらねばならない。しかし、キクナは暖房ぎらいの野菜である。

寒さになれるまでじゃましないこと

キクナの高温管理は、軟弱徒長して、側枝の発生がわるく、分枝力が弱くなる。とくに密閉状態の暖房や保温は、キンカク病やタンソ病が激発することになる。

ふつう、冬の野菜は、暖房することが失敗の原因になっている場合が多い。冬野菜は、秋末からだんだんに気温が下がり、弱光と乾燥とで耐寒（冬）性がそなわってくるものである。この耐寒性の獲得には、人間の操作はじゃまなのである。

だから冬の管理は、暖房や保温でなくても、単なる霜除けや防寒といえども、あまり早くからこれを行なうと、かえって耐寒性がなく、寒害を受けやすい野菜にすることになる。

覆い菊の収穫　キクナの霜除けは二、三度霜にあってから、ヨシズの覆いをする。防寒は収穫の四、五日前に、穴あきフィルムかビニネットのトンネルをかける。冬どりのキクナは〝覆い菊〟といわれ、このくらいの管理は必要であろう。

まちがった密閉状態の保温や暖房は、けっして栽培のプラスにはならない。必ず病気がでる。とくに密閉内では、過湿と、気温の逆転層とは、異常現象を起こすから、せっかくの耐寒性が台無しになってしまうのである。

そこで、キクナのつくり方をまとめよう。

キクナは周年栽培ができるとはいえ、主に十二月から二月にかけて出荷する〝覆い菊〟が本命である。それには、タネまきは十月下旬に行ない、あまり早まきはしないほうがよい。本葉四～六枚で定植し、最初の心つみは、十一月中旬ごろの早めにして、その後、霜にあってからヨシズかけをする。そして作柄をみながら、生育の調子をくずさないように、覆い菊のつみとり収穫をつづけていくのが旬づくりである。

一、冬の露地野菜

道理にかなった防寒対策
農家のしきたりに生きる知恵と原理

冬は寒い。だから、暖房が必要だという。とんでもない！。冬は、低温だけではない。弱光と短日がついているのだ。

寒さや、霜から野菜を守るために、古くから、ワラやヨシズなどの簡単に手にはいる資材を使って、くふうしてきた。そこには農家がやってきた〝しきたり〟のなかに総合的な防寒対策の基本がいきづいている。

現在は、なんでもビニールということになっているが、自給資材には、ビニールに変えがたいよさがある。それでは、防寒の知恵と原理を考えよう。

越冬は風土を生かして

わが国では関東以南、九州に至るまで一部の温暖無霜地帯を除いて、どこでも十一月上〜中旬には初霜期に入る。この時期になると、野菜は生育が緩慢だが充実期である。

野菜の端境期と防寒

昔から野菜類は霜を浴びてやわらかく、そして甘美な味がでるといわれている。しかしいっぽう、寒さがきびしくなるにつれ、そのままでは、寒さに耐えられなくなるので、適宜、収穫を終えるようにしなければならない。その後は、いわゆる冬の端境期がつづき、それが四月半ばにならなければ回復しない。

冬期は野菜不足によって、人体には栄養の欠陥が多発する。かつて東北、北海道の積雪地帯は、この端境期の回復がおそく、春先の野菜不足は、農家の栄養障害の一原因ともなっていた。冬の野菜不足に備えて、多くの農家は自家用野菜を貯蔵する。

また、畑のなかで、そのまま防寒して越冬させるくふうもした。それには寒さに強い種類を選び、多少の防寒設備をすることによって、なんとか新鮮な野菜を絶やさない努力をしてきた。たとえば、東京付近を中心に考えると、ホウレンソウがいちばん寒さに強く、そのほか、コマツナ、キョウナ、カブ、タカナなどが冬でもとれる代表的な野菜である。

ところで、防寒設備の利用は、たとえ手近に得られる材料でも費用や手間がかかる。そこで、原則として考えたいことは、まず土地柄を生かすことである。実際、冬の野菜管理には、風土色を生かした農家の〝しきたり〟がある。それは資材を必要としていない。そして、あくまでも手間損にならない技術が基本であろう。

雪には雪で

たとえば、積雪地帯では、耐雪性の野菜（雪菜、茎立菜、札幌菜など）は、覆いをせずに降雪を待って雪掛けをするのが常識である。積雪量は一～二メートルが適当で、遮光上、たえず六〇センチ以上の積雪が必要である。積雪が少ないばあいは、周囲から雪をかける必要もある。

この雪掛け法は、春の雪どけを早めるために、雪の上に灰やモミガラクンタンを散布して、日光の吸収をよくして、効果をあげることが行なわれる。これが積雪地帯にぜひ必要な「雪には雪で」の越冬法である。

土寄せして越冬

次に最も一般的な越冬法は、土寄せである。根菜類の首部露出は、寒害をまともに受けるから、首が露出しないように土を寄せる。また、葉菜類では、北側や西側に、日だまりの土手をつくるように高く土寄せするだけでも充分効果がある。

このような合理性は、すでに各地に〝風土〟化しているものである。

寒害の大敵は霜プラス凍結

冬の寒害には、降雪、寒風、結霜、霜柱、凍結などがある。一般に、植物体内の水分が凍結して、細胞が死ぬことを凍害といっている。

回復には時間をかける

冷えた空気は、密度が濃厚でおもく、低いところへ流れていく。そのたまり場が霜穴である。こんな場所は、とくに霜の害がひどい。晴天で、日中は暖かく、夜も雲がなく、風の少ない夜、こんなときは野菜の生長が促進される。だが、早朝、日の出前ごろに地熱の放散が最もひどくなり、気温が低下して、霜は増していく。そして新しい生長部がこの霜にいためられる。これが霜害である。

通常、硬化（ハードニング）された野菜の霜害は、日の出とともに元にもどる。葉つきのササ竹を立てるとか、敷草程度のことで害は軽くすませる。ところが、霜プラス凍結のばあいは、かんたんな処置がかえってわるい結果になるから、注意しなければならない。作物の下にワラや草が敷いてあったり、雑草が茂っていたり、作条が間作や混作で密植状態になっていたりすると、逆に地熱の放出がわるく、裸地よりも温度が下がり、結霜や凍結がひどくなる。

また、霜だけなら、朝日の早いところが回復が早いものだが、凍結がともなうと、早朝からの朝日の直射は、凍害をひどく受けることになる。気温が急上昇するからである。凍った後は、だんだんと温度を上げていかないと凍死する。寒い夜が明ける時には、日の出前の暗がりに葉面かん水をしたり、あるいはまた、朝日が急に当たらないように光をよけるくふうをしたり、とにかく朝日の照りつけを防いでやることである。盆地やクボ地などの霜穴が、とくに凍害をひどく受けるのはこのためである。

耐寒性はハードニングで

ところで、寒害から野菜を守るのには、耐寒性をつけることが必要になってくるわけだが、この耐寒性については、じつは、科学的にはまだはっきりとわかっていない。ただ観察上、ホウレンソウ、ネギ、タマネギ、キョウナ、カブ、イチゴ、エンドウなどは、たしかに耐寒性は強い。そして重粘土では軽粗土よりも耐寒性が強くなる。

ということで、結局は、耐寒性の強い品種は、含糖率が高いということである。それを栄養状態からみて、カリ不足やチッソ質肥料の過多が含糖率を低め耐寒性を弱めるといわれている。だが、栄養といっても、肥培管理の状態は、結果論的な理屈であって、肥効の要素は複雑であるから、前もって加減できることではない。

それよりも、多くの人たちの実験によれば、耐寒性と生理状態との関係は、野菜の硬化（ハードニング）により強められるものとしている。硬化は、野菜に温度変化を与えて、しだいに寒さにならす方法である。このような温度処理は、耐寒性を増し、凍害への対策にもなる。つまり、野菜の自衛手段が働くわけである。

いちがいに耐寒性があるといっても、硬化の処理がなければ、寒さに強いとはいえない。だから、霜除け風除けをするにしても、何回か痛い目（硬化のチャンス）にあわせてからするほうが有効である。

寒さ対策は防風が第一

木枯らしは気温を五〜六度低くする。さて、風の流れを弱めることは、気温の低下を防ぐだけでなく、作物の葉面からの蒸散量も減少させることになる。それにより冷害への抵抗力が増加し、生育も盛んになるわけである。

防風は北側に風除けをして寒風を防ぐということであるが、それよりも、厳寒期をねらう野菜は、タネまきの時から、建物、塀、立木などが風除けになるように、計算しておくことが先決である。

関西より西南地方では、とくに厳重な凍害防除は考えるほどのことではない。しかし寒風は、しばしば乾燥害をもたらすことがある。厳寒期は、土が乾燥したからかん水すればよい、というわけにはいかないものだから、畑の北側と西側とに風除けをする。それが乾燥防止にもなる。防風は、まず第一の越冬法である。

ヨシズ覆いの実際

野菜の凍霜害を防ぐには、被覆法は効果が最も確実である。これはヨシズ、ムシロ、ワラ、コモ、板、布地などで野菜を覆う方法である。つまり、野菜の覆下栽培がこれに該当する。近年のビニール園芸といわれるトンネルやハウス栽培も、被覆栽培にあてはまりはするけれど、ヨシズ覆いとビニール被覆には、光線に対する考え方がちがっている。覆いの傾斜があべこべなのだ。

そこで両者を比較検討しながら、凍霜害の防除を考えてみよう。

冬の野菜つくりには、低温と弱光線とが、いろいろな失敗の原因になっている。要は太陽光線をうまく利用することであるが、一日じゅう移動している太陽光線は、思うように利用するわけにはいかないものである。

理想的にいうならば、厳寒期にはできるだけ長時間、太陽光線に当てることである。ヨシズやコモは、カゲにならないようにすれば、直接、日光に当てることができる。ところがビニールでは、ビニールの表面で光が反射して、野菜に当たる光の量は減ることになる。そこで、できるだけ日光に当てるためには、月別の「陽光来射角(第48図)」に対して、ヨシズ覆いはカゲのできないように立てかけること、ビニール屋根形は、直角に近い角度で太陽光線を受けるようにすることである。

ここに掲示した第35表は、高知における冬の正午の陽光来射角度である。各地において若干の差はあるが、大きなちがいがないから参考になろう。

第35表　高知における正午の太陽角度　（野々村増男　1950年）

月　別	11月中旬	12月中旬	1月中旬	2月中旬	3月中旬	4月中旬
陽光来射角	度　分 31. 41	度　分 33. 3	度　分 35. 30	度　分 45. 46	度　分 56. 33	度　分 68. 12

さらに被覆物の傾斜を、栽培時期と陽光来射角との関係で、わかりやすく第49図で説明した。

ヨシズの立て方

　今、十二月から三月を栽培時期とするならば、東西うねで、第49図（上）のように来射角度と同じ角度にヨシズを立てることである。これは防風の効果も合わせているから、高めに仕上げるのがふつうである。前面がビニール覆いのばあいは、第49図（下）のように、来射光線に対して直角に近い角度に当てるようにしなければならない。これで、光の反射を少なくできる。そして保温効果を上げるために低めに仕上げる。もちろん、このばあい、覆いの角度は、野菜生育の後半のピーク時期の陽光来射角に合わせることが賢明な処置である。とりわけ、空っ風と霜柱との関東は、ヨシズ覆いの栽培が古くから考案されている。今さら、ビニールが昔の方法を無下にするわけにはいくまい。

　ついでにいえば、温室屋根の勾配やフレーム栽培の障子の傾斜は、年中固定したものであるから、陽光来射角を平均的にみて、その土地の緯度と一致させるようにしている。だいたい春分の来射角に合わせたものである。

第48図

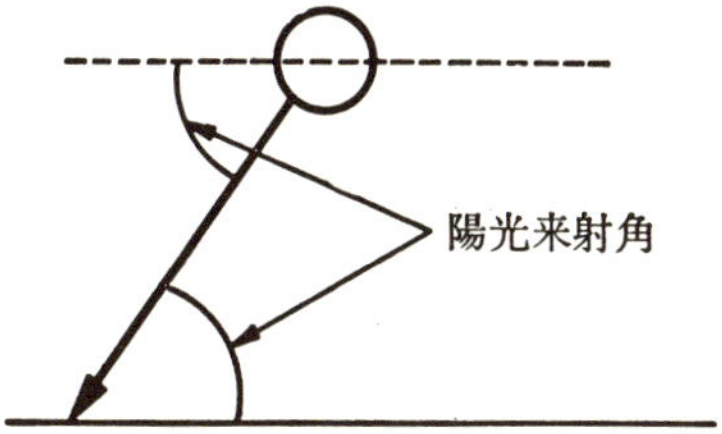

第49図　防寒用覆いの傾斜　（藤井平司　1974年）

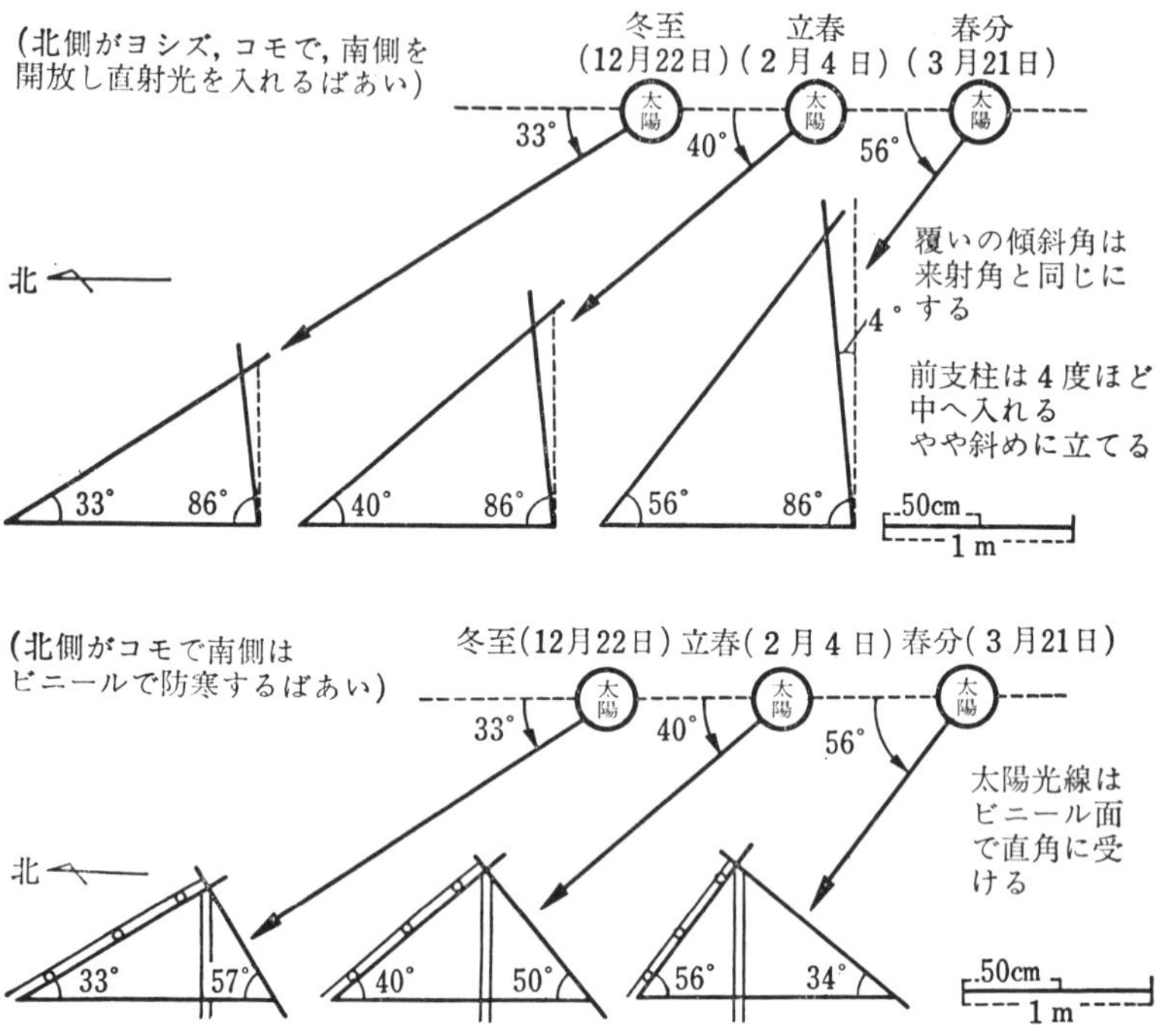

（注）　上図は高めに，下図は低めに仕上げるばあい。いずれもうね幅1.4m。

保温効果はマルチングで

今の栽培は、低温時期ならば暖房すればよいと考えている。とんでもないことだ。冬の寒さは、低温だけではない。冬は弱光と短日とが気温低下の要因になっている。いわゆる「冬の日ざし」というやつだ。温度だけを考えた暖房には、作物の健全な生育が配慮されていないから、出費高と手間損のほか、なんの利得もあることはない。

低温時期の栽培はあくまで、地熱の保温を考えることが積極的である。さまざまな寒害への対策は、ある一面のみに対処する傾向がある。それは野菜の生育にとって、プラスばかりではなかろう。たとえば先の冬の暖房にしても、光線不足による生育不良、軟弱徒長などがあるにもかかわらず、それはやむをえないことだと考えているのではないか。

マルチングの効果

その点について、地下部を対象にしたマルチングの効果は、おろそかにはできない。マルチングは土を保護するというだけではなく、土の保温と、根群の保護、ひいては生育の促進に効果がある。とくに霜柱への効果は抜群である。

たとえば、モミガラクンタンを地面に敷くことが、地温を保つうえに効果があり、霜柱の立つのを防ぐのである。昔は、カワラの破片や小石を敷いて霜柱を防いだというから、今では古ガワラを敷き並べるのも一方法であろう。

画期的な洗える紙

また、使い古したビニールのマルチングも有効である。農家にとって、ビニールは「洗える紙」である。学者先生たちは、ビニールの光線透過率と暖房栽培への効能を高く評価して、今のビニール園芸が発達したようにいっているが……。農家は、カネを使ってまで、園芸を発展させようなんて、だれも考えてはいない。ただ、ビニールの大量使用は、今までの油紙とちがって、使い捨ての資材でないというところに画期的な経済性があったからである。これなら洗たくがきくと知ったからだ。

だからビニールは、使って使って、そのあげく野菜つくりのマルチに使用するのである。ビニールのマルチは、その敷く幅は狭ければ狭いなりに、広ければ広いだけ、その敷かれた部分の地温が高まるから、低温期のマルチは、非常に効果がある。わざわざ新品を使って、敷幅を一定に決める必要はない。

黒ビニールは、光線の透過量は少ないが、保温効果がすぐれていて、しかも雑草の発生を防ぐから一石二鳥の効がある。そのことは農家はよく知っているが、特別に収益率の高い野菜でないかぎり使用しない。新品からマルチにしか使えないビニールは、最初からドロ付きにしたくないからである。これが栽培の基本を追求する合理性というもので、ややもすれば、このごろのように、この合理性を無視して、算数的な計算だけで資材を使って、エエカッコをする人がいる。それよりも、昔風にいうならば「もったいない」という使い方がほんとうだ。

あり合わせが間に合うことが、農業資材の価値である。

厳寒期はなにごとも総合的なくふうで

終わりに、もともと冬は、太陽の光が弱く、日が短く、温度も低く、野菜つくりには不適当な時期である。この期に新鮮な野菜を生産することは、大なり小なりの寒害があって、野菜の端境期となる。そのうえ、昔から、端境期対策は至難のことになっていた。だからといって、その対策は、資本化された農業経営では、たとえ端境期がなくなったとしても、内容は人間の生活上に建設的な役割を果たさない。

借りものの役立たず

野菜の端境期とは、それなりの自然環境があってのことで、なにもムリな対策をたてるにおよばない。もちろん、環境制御の装置化栽培が生産を可能にしたからといっても、その野菜は、中身がない。どうせ、環境制御は、見かけはおおげさでも、実質は、とうてい、自然の力におよぶわけがない。

要は、多くの環境要素（自然界）が対象である。冬の野菜つくりは風土に対応した総合的なくふうによって成立するものである。そしてその対応は、他所からの借りものでは役に立たないというきびしさがあろう。

一つの対策が端的に現われるということは、農業にはないものと思わなければならないことである。

【付録】野菜つくりはこれでよいのか

この付録は、一九七五年に発行された本書初版の巻頭に「野菜つくりはこれでよいのか」と題して書かれた五節のうちの一～二節部分である（三～五節は、本新装版で「暮らしと野菜つくりの原型をさぐる」一～三節として巻頭に掲載）。当時、多肥、多農薬にささえられ、野菜栽培の施設化、周年化がすすんだが、それがいかにムリで不健全な栽培になっているかについて批判した部分である。現在では多肥、多農薬など「近代化」への反省は、多くの方の共通認識になっているので本文からは割愛したが、著者藤井平司氏の独自の視点からの発言としてとどめたく、付録として掲載した。（編集部）

一、ゆがんだ野菜つくりへの道

売る野菜のはじまり

農業の〝近代化路線〟は、農家のもうける意欲をかきたてた。そして、今、野菜農家の多くは、消費欲を満たすために、売るための野菜をつくるようになった。自ら食べるためにつくる野菜まで放棄して、売る野菜だけに単作化するとか、稼ぎにでるとか、農家としての強みをかなぐりすてるというのが現在のありさまである。まさに〝植民地型農業〟への指向である。

もともと、農業は、商いではないのだから、農業自身が商行為をするはずがない。否、それどころか、農業には都市のための生産もなかった。それは〝農業は、生活のため、自分で食うためにものを田畑につくり、その一部を田畑のない都市の人間が分けてもらう、そういう関係なのだ〟である。

それなのに、農家は、なぜ、食べるためにつくる野菜と売るためにつくる野菜とを分離したのだろうか。

問い屋にせがまれて

農家の商行為は〝悩む〟こと

明治中期ごろの急激な都市膨張にともない、問い屋は、野菜つくりの現場を見て回り、都会の人たちの需要を聞き、農家の供給量を聞いて、双方からの問いを合わせて商行為を成立させる役割をしていた。

この問い合わせは、生活と密着した生産をしている農家側にしてみれば、収入に結びつく「よろこび」ではあるが、いつもそうとばかりはいえない。ときには、食べる野菜をムリにせがまれることもあった。それで、農家は、この取引きを「なやむ」といっている。今でも、大阪の農家は〝野菜を売る〟ことを「野菜をなやむ」といっている。

こずまあきんどから青田仕

近郊の野菜地帯にあって、人知れずつくしていた問い屋の性格を紹介しよう。それは「勝間商人《こずまあきんど》」――勝間は地名（現大阪市住吉周辺）で、もとはコズマナンキン（南瓜）の産地だった。勝間商人は野菜農家へ無料でタネを渡し、収穫期には需要に応じた必要分だけ買集める。契約栽培でないから、全量買ってくれるわけではなかった。それに入用がなければ知らぬ顔だった。それでもけっこう、双方とも役立っていた。この関係がその後、青田買いを専門とする〝青田仕〟のばっこになった。今でも大阪の青田仕には、農家との掛け合いに「まあ、つくっといてんか」という種子提供が名ごりとしてある。

やがて「青田買い」をする青田仕と「見込み買い」をする漬物業者（一種の倉入れ）とが現われ、野菜産地の表面的な発展につくすようになった。これが〝仲買人〟というわけである。大阪のタマネギ産地では「ネギ仕」、埼玉のゴボウ産地では、「ゴボウ屋」という人たちが収穫一切を引受けるようになった。

振り売りから野市へ

いっぽう「貧しさ」のなかで、野菜を商品化する場合もある。言葉通り、悩みに〝なやんでのこと〟であるが、これは野菜を売ることよりも、生活物資の買い物が優先する現金収入の方策である。その商行為が「振り売り」（私の地方では「ボテフリ」という）である。

このばあい、農家の最大の悩みは、収穫しながら販売することが、生産労働の時間的マイナスになることである。それだけ「けがえ」の畑仕事ができないからだ。この悩みの解決は〃野市〃がした。野市は、持っていくだけでなやまずに現金化してくれたのである。

もともと、野菜つくりは、果樹とちがって、けがえが必要である。いうなれば、けがえは次期作物へのスタートであるだけに、とくに旬づくりには最大の要素であって、一瞬のおくれが〃労して功なし〃の結果になることが多い。その意味で、野市出荷は、ある程度の安売りであっても、農家は、やむをえないでなっとくする、ということもある。その損失（不足）分は、次の野菜が取り戻してくれるように期待するものである。

この段階では、農家は「食べる野菜」をつくるかたわら、つとめてその野菜を「売る野菜」として、都会の人たちに分けていたということになろう。

習慣を断切った中央市場法

ところが、大正七、八年に空前の野菜景気がおとずれた。野菜価格の騰貴は、社会問題にまで進展した。政府は、欧米市場の実状を調査して、大正一二年（一九二三）中央市場法を公布した。野菜価格をおさえる中央市場法は、問屋を中心としての小売商と生産者の強い系列化の習慣を断切る役割をした。その結果は、野市への打撃が、けがえへの悪影響となって、農家の自主性をなくする流通機構へと進展していった。

不況に悩んで

やがて、決定的に売るためにだけ野菜をつくる契機がおとずれた。それが、昭和恐慌である。

昭和恐慌の体験は、米プラスアルファの複合経営を対策とした。アルファは、野菜、果樹のほか、養蚕、養鶏、養蜂、養魚、酪農など、カネになるものであり、現金収入のアルファによって、娘を売らずにすませてくれた。

だが、カネがめあての売る野菜は、高く売るのにはコストを上げなければならないという、商行為上の落し穴がつきまとった。それは意外なことだった。

低コストはテとカの生産性

つまり、もともと日本の農業生産というのは手《て》と足《か》とで糧《かて》を得るのが常道であった。手と足の労働生産性は、エネルギーコストいちばん低いという合理性があったからだ。農家は、土地とカラダが資本で、カネを使うことは資本だとは考えてなかった。かんじんのタネでさえ、カネを出して買わなかったのだ。

なのに、商品化が前提になる以上は、土地と、労働生産性に加えて、資本投下が加わってくる。農業生産への資本投下は、目先のカネもうけをもとめて、すでにつくる野菜を単作化するものであった。

科学信仰で拍車

そして、「売る野菜」が、なだれを打って出回るのは、戦後のことである。

科学信仰は多肥多農薬栽培を広めた

敗戦直後、鈴木首相は〝わが国の将来は、科学の振興を第一に考えねばならない〟と第一声を発した。なにごとも科学進歩の美名にかくれて「売る野菜」の生産は、機械化と施設化の資本投下をますます大にした。

それにふさわしい生産は、収穫目標として多収性と確実性とを見込まねばならず、そうするためには、機械化と、施設化にますます拍車がかかる。規模拡大の悪循環である。

これにひと役を買ったのが、いわゆる指導機関の指導者たちである。彼らは、〝肥料で多収性を、農薬で確実性を〟という多肥、多農薬の技術をやたらに普及してまわった。そして、その技術普及には〝肥料や農薬のメーカーサイドのもうけ主義農業に、指導者が協力したことはいなめない（南清彦氏、一九七三年）〟実績である。

しかし、化学肥料と農薬とで野菜をつくるという思想は「売る野菜」なればこその仕業であって、食べる野菜をつくるというところからは生まれない思想である。

現在の場当り農政は、刻々と補助金農政を確立し、農家は、補助金をねだって、他力本願によって、手っとり早い方法として「売る野菜」の専作化に走っている。その主体性のなさによって、商品化した野菜は、ますます規格化され、それによって苦しめられている。「食べる野菜」と「売る野菜」の分離は、農家をますます苦しめるだけである。

二、施設が野菜をつくるのか

野菜つくりには、昔から、決まった組合わせのパターンがある。それは一年間の食生活の基本をかたちづくり、そのことが生産を安定させていたものである。

化学肥料や化学薬品の発達は、ムリな栽培によって、不健全に生長した作物でも、薬剤でムリ押ししようとする傾向が強くなっている。それは、病気や生育障害に結びつくことになる。

建設的でない施設

まず、高価格をねらって早どりのために、ハウスを。もう少し早どりするために暖房機を。温度調節ために換気扇。雨が入らないハウスだから、かん水設備を。しかし、生産費が増大するから手取りはそれほどふえない。そこで、規模拡大へ。そして、ますます前進栽培へ。「手間で金をとる」といわれるほど手間がかかるから、大きくすればするほど省力化しないとやっていけない。そこでカーテンは自動に、うね立ても機械で。前進栽培は、温度管理のまちがいがゆるされないから、自動温度調節器を。生育を早めるために、ハウス内の気温だけでなく地温も上げたいと、地温ボイラー。光が少ないなかでも光合成を活発にさせようと、炭酸ガス発生装置。農薬による健康破壊が心配になり、ハウスに入らなくとも消毒できる蒸散機を。いったい、この施設の増大はいつまでつづくのであろうか。

はじめのトンネル栽培は、霜害を防ぎ野菜の生育を助けるためだったにちがいない。ビニールが普及して、施設をふやすなかで、いつの間にか「施設が野菜をつくる」という錯覚をもつようになってしまっている。

苦悩する前途

しかし施設野菜はもうすでにほう和状態で、生産が不安定になりつつある。

いったい、食べる側からみて、いちばん基本にすえるべき野菜は、なんであろうか。

最近は、施設化のはじまりがそうであったように「高く売れるかどうか」が栽培の第一条件になっている。それは、もう常識にすらなっている。消費者も〃より高価なものを求め、その瞬間の満足を追いつづける。その結果が冬のスイカだ。スイカまで冬に食べる必要はない（武市慎平氏・高知市三重農協組合長、一九七五年）〝といえる。今の野菜のあり方を考えては、その常識を疑いたくたる。野菜の大衆化と高級化との関係は、その矛盾した方向でのジレンマに苦悩している。

事実、みんなが高級（?）野菜という施設野菜をつくるから、イモ類のようなものが、ずいぶん高価になっている。こうしたところにも生産のゆがみが生ずるのであろう。

矛盾した対立要素

とくに野菜つくりの産地化、作化は、すればするほど「おいしいものを売る」と「有利に売る」との対立、「生産を安定させる」と「収益をあげる」との対立が深まるばかりである。こんな対立要素も、おかしな話である。

もともと、野菜の希少価値は、その品目品種の出回りが少ないときには、買手の八百屋と仲買いとの間で競争が起こる。値段はつり上がって必ず高値になる。これを希少価格といっている。元来の施設野菜は、つまるところ、この希少価格をねらったわけである。だが、産地化、単作化に加えて、品種統一は、どっと出回って、希少価値をなくしたわけである。

悲しい現実

現在のもうけるための野菜つくりは、生産が不安定である。そのはなはだしいのは、キャベツ、レタス産地のごときモノカルチャーにみられる。それは全くの植民地型野菜つくりの姿である。

死に向かうムリな働き

ここ愛知県渥美では、昭和七年（一九三二）当時、一部のひとたちで始められた施設園芸が、現在、温室栽培ガラス室六五万平方メートル、ビニールハウス約五〇万平方メートルと、一大集団地としての発展をみるようになった。しかし、この発展の裏には、恐ろしい健康破壊がしだいに進んでいる。

いや、なにも渥美地方だけのことではない。野菜農家で健康の悪化が問題となっているのは、最近の全国的傾向である。単作化、機械化、あるいは施設化が進むなかで、もうけようと思ってももうからず、ラクをしようと思っても、かえってカラダをこわすほど、ムリな働き方になってしまっている。これは、土つくりをおろそかにし、自然にさからったムリなつくり方になっているところに、ひとつの原因があるのではないだろうか。

ちなみに〝全国の自殺者は年に二万人、そのうち農民は四千人、職業別比率ではトップ（一九六〇年）、しかも、六〇年代の後半から目立ちだしたのは、近代化投資をした中農上層の自殺と、出かせぎ留守家族の心中と、過疎地帯の農家の老人の自殺、の三つである（美土路達雄氏、一九七四年）〟。

機械が作物をつくるのか

もともと、農林省の「近代化」農政の推進は、機械と施設と化学肥料と農薬とを有機的に結びつけ、農業を工業化しようという構想である。システム化は、もとはといえば財界すじから出された構想であり、重化学工業、機械工業、資材工業などの製品をふんだんに農家に使わせる農業システム化なのである。それが「近代化」農政のなかに全面的に組込まれ、いわゆる〝農業構造改善事業〟として推進されてきた。今後も大資本の利益になるかぎりつづけられるであろう。

その証拠に、ハウス野菜の生産拡大は、まだ、ますますエスカレートしている。はじめは〝主産地形成〟を進めた昭和三〇年代の前半〝園芸作物は、資本的にも労働的にも非常に集約的な栽培が行なわれ、また反当収入、労働報酬ともに高い（農林省振興局、一九五八年）〟ということで、トンネル栽培を拡大させた。それが今では、施設園芸における環境制御技術は、農業生産にとって、安定供給、高収益性、また省資源化への効率的な運用が不可欠である。とりわけ、高度に発達した工業技術を農業生産に導入することは、コンピューターなどの導入により、周年栽培、安定供給、増産、省力作業などが目的である、とする。

つまり、農作業を自動化し無人化しても、農業はやっていける、これぞまさに農業の技術革新という、けっこうなお話である。

機械の目先の便利さは、人間の考え方をありありと変えていく。だが、裏を返せば、人間が機械を使う段階から機械に使われる段階を経て、機械によって人間が追出される段階への進行である。知らず知らずのうちに、機械が作物をつくるという考え方に引きずりこまれている。これは、農業を工業化する終局の考え方である。

そのうえ、こういうたぐいの「近代化」農政には、補助金がついているから、自治体も農協もとびつくことになる。悲しい現実だ。

薬づけの栽培、ハウス野菜は「農薬を使う」前提があやまり

野菜つくりには、人間的な働き方を基本とした組合わせがあって、そのなかに、生活のリズムもあった。そのことを否定して、周年栽培や施設園芸が広がった。その結果は、非道なまでの健康破壊と、食べる側の身になった野菜つくりをすることの否定へとそれていったのである。生活のリズムと働き方のリズムとを見失った野菜つくりは、非人間的である。

ハウス野菜をはじめ、現在の野菜つくりは、農薬を使うことを前提にした栽培が一般化している。播種時には、まず種子消毒に始まり、土壌はセンチュウ防除をして、発芽すればヨトウムシ、アオムシ、アブラムシの防除である。その間、病気の予防も、除草剤の散布もある。今の指導基準は、タネまきから収穫まで、まるで薬づけのような状態である。これが現代の農事暦であって、農協や農業改良普及所は、この栽培基準や防除暦にしたがって、事こまかく指導する。農家は、機械的にタネをまき、肥料をやり、農薬をかける。そのうえ、肥料や農薬の分量、散布の予定日まで決められる。ここまですれば、もう指導ではない。それは指図《さしず》である。なぜ、どうして野菜つくりに、こんな一律化した指図が必要なのだろうか。

農薬の恐ろしさを意に介しない

だから、指揮官の言いなりにしないと良質な野菜などは、ぜったいにできないかの錯覚を受けている。今は、自分でつくる作物に農薬をかけることの危険性すら感じとれなくなっている。第1表は、神戸大学農学部の研究報告である。農薬使用に関する野菜農家の意識を示したものである。保田茂氏は、「農薬意識の主体的な希薄さは、農家へ科学的情報が提供されないかぎり、自らの体験を判断基準にせざるをえないので、それは農薬行政の欠陥と、技術指導のあり方に原因があるといえる。そのことが、自分自身の農薬事故についても軽視する傾向を生んだ」と指摘している。つまり「農薬散布は〝クスリで消毒す

問題意識（保田茂　1971年）

No. 3	No. 4	No. 5
いいかげんには使わない。しかし，都会の人がいうほど危険なものとは思わない。	今まではそれほど意識しなかったが，最近考え方が変わった。	危険意識は一般的でない。1000倍から2000倍にもうすめて使うから問題ないという人もいる。
何の薬がどういう害を起こすのかわからない。なぜ使用したらいけないのか納得できない。	コストは上がるし，農薬が蓄積されるからというだけで，それがどういう意味をもつのかわからない。不満だ。しかしやむをえない。	よく効く薬を使うなというのは納得できない。身体にそんなに害があるのか信用できない。 今までたくさん使ってきたではないか。使うなというから産地の信用のために使わないだけ。
具体的な方法はない。 地域的に一斉に防除すれば防除回数は減るだろう。	できれば使いたくないが経済的な理由でできない。 土つくり苗つくりで病害を防ぐというのは理論的にはわかるが，温室ではそうはいかない。	少なくするためには残留期間を長くすることだ。 1ヵ月ぐらい効果があれば量は少なくてすむし農薬をやるのもラクになる。
自分で注意する以外に方法がない。	ボタン一つで集中管理ができるようになれば可能だろう。しかし，経済的には採算がとれないし今のところ危険は覚悟しないといけないように思う。	土つくりに励めばいいだろうが，それは農薬以上の費用がかかる。 予防して死んだ人はいないし，農薬を恐れていて農業はできない。

る〞のだから、悪かろうはずがない」という消毒の思想である。

こんなバカなことがあるものか。昔は、農薬など使わなくとも野菜はつくれたはず、また現に、旬の時期につくれば、農薬など使わなくともつくれるはずである。

栽培の周年化が病虫害を呼んだ

それにしても、今となって、栽培は自然破壊である、という人がいる。たしかに無謀な周年栽培は、自然界のバランスを混乱させてしまった。

野菜が商品化された以上、欲すると欲しないとにかかわらず、いつでも店頭に飾られている。この野菜が「いつでもある」ということの栽培の実現は、とりもなおさず、野菜にとっては、毎日が天災的な異常環境であり、虫にとっては、思わぬ時の

第１表　農薬に関する

事　項＼農家番号	No. 1	No. 2
農薬の危険性について	危険なものである。消費者のことを考えると農薬は使えない。	恐ろしい。できるだけ使わないようにしている。
ＢＨＣ、アルドリン等残留性農薬の使用観制について	やむをえないだろう。産地の信用のためにも規制は守る必要がある。	虫が薬に強くなってきた。ほかの薬では効かないのでアルドリンだけはどうしても必要だと思う。
農薬をできるだけ少なくする方法について	健全苗の育成と土つくり。	予防につとめる。病害が発生してからでは農薬を使う割には効果がない。予防だけだとそれほど多量の農薬を使わなくともすむ。
安心して農業がやれるということについて	そのとおりだが一般にはむずかしいことのように思う。	農薬に頼らないとしかたがないのかと思うと残念だ。農薬を使うのはまちがっているように思うのだが。

天恵的食草となっている。こうして病気と害虫との因果関係が存立する。現に、野菜の周年栽培は、施設や肥料によって、野菜自体を弱体化し、発病をうながしている。その反面、野菜の不時生産が虫たちへの飼料化となって、害虫は羽化性にまで影響するほどの猛威をふるうようになった。

だからといって、農薬依存の栽培が悪循環しても「しようがない」といっていられるであろうか。とどのつまりは食品公害だという。いっぽう、農家は、自分自身の農薬事故を軽視する事態が食品公害への加害者的にみられることになりかねない形勢である。かつて、農業に発する自然破壊が、古代文明を滅ぼしたように、今また、わたしたちの近くに迫ってきているように思う。

著者略歴

藤　井　平　司（ふじい　ひらし）

1924年大阪府岸和田市に生まれる，旧制岸和田中学校卒業。

「わたしが野菜の品種改良を始めて30年が過ぎた。このうち，なか20年は，野菜農家の現地指導をした。その間，人間の自給生活を追究して，私自身，自然人的思想基盤をつくった。そして，人間が生きることと野菜とは，ただならぬ関係にあることを知った。」

2002年歿。

著書

『本物の野菜つくり』1975年　農文協
『共存の諸相－食べものと人間』1977年　農文協
『栽培学批判序説』1980年　農文協
『甦えれ・天然農法―暮しの思想をたどる　天然農法講座 1』1983年　新泉社
『食生産の原理―食べもの栽培学　天然農法講座 2』1985年　新泉社
『台所大事―からだを満たす料理』(共著)　1985年　新泉社
『旬を食べる－からだの四季と野菜の四季』1986年　農文協
『老いと健康の生命科学－65歳以上は老人という前に』1991年　農文協
『野菜で老いを美しく－水と生命の健康学』1996年　農文協

新装版 本物の野菜つくり
――その見方・考え方

1975年８月30日　第１刷発行
1997年８月31日　第17刷発行
2005年８月31日　新装版　第１刷発行

著　者　藤　井　平　司

発行所　社団法人　農山漁村文化協会
郵便番号　107-8668　東京都港区赤坂７丁目6-1
電話　03(3585)1141(代)　振替　00120-3-144478

ISBN4-540-05216-0　印刷／藤原印刷
〈検印廃止〉　製本／笠原製本